华中师范大学政治学一流学科建设成果文库 · 桂子山政治哲学论坛文集

COLLECTED PAPERS OF THE FIRST GUIZISHAN POLITICAL PHILOSOPHY FORUM (2022)

国家治理现代化的哲学理据

首届桂子山政治哲学论坛（2022）文集

华中师范大学政治学部政治哲学研究中心　编

熊富标　李婉芝　主编

《国家治理现代化的哲学理据
——首届桂子山政治哲学论坛（2022）文集》

编委会

编者前言

在人类浩瀚的思想长河中，虽然“治理现代化”是一个新近的概念，但政治哲学的产生和发展却有着悠久的历史，并对社会形态、国家建构、政治运作、历史演进都产生了十分重要的影响。20 世纪 90 年代以来，政治哲学在中国大有发展成“显学”之势。从理论上看，“治理现代化”无疑需要从深厚的政治哲学中寻找理论的根基，而政治哲学也需要通过研究“治理现代化”来拓展和丰富学科的内容领域和应用场域。

从实践上看，党的十九届四中全会已进一步明确把国家治理现代化作为新时代中国特色社会主义建设事业的重大战略和重要目标。为实现这一目标，我国国家制度和国家治理体系已具有多方面的显著优势，国家治理的现实水平也在逐渐提升，但是对于如何始终遵循社会主义的价值原则、如何充分保障治理主体的地位、如何创新科技支撑的治理体系、如何塑造治理共同体、如何构建现代治理格局、如何积极参与全球治理等一系列重大问题，无论在理论研讨上还是实践探索中都有待进一步突破。

为此，我们发起并主办了首届“桂子山政治哲学论坛”，并把主题定为“国家治理现代化的哲学理据”。该论坛是华中师范大学政治哲学研究中心创建的“七大学术品牌”之一，我们也期望把它搭建成与全国学术同人协同研究和交流探讨的重要学术平台。幸运的是，举办论坛的消息发出后，得到了国内专家学者、期刊编辑、政府公务人员以及各大高校和科研院所研究人员的广泛关注和大力支持。论坛组委会共计收到参会论文 80 余篇，来自清华大学、复旦大学、武汉大学等单位的百余名会议代表以线上线下相结合的方式参会。论坛交流讨论主要集中在国家治理现代化、社会正义、政治制度以及中国传统政治智慧等几个方面。

首先，聚焦中国国家治理现代化问题。中国国家治理现代化是运用政治哲学真理的自觉实践，其进程及成就为政治哲学的真理性提供了实践检验，其实践为中国特色政治哲学构建和完善提供了丰富滋养并提出了需要解决的重大问题。因而，它无疑成为本次论坛讨论最为热烈的问题。

其次，关注社会正义问题。社会正义问题是政治哲学研究者孜孜以求的问题，也是在探索国家治理现代化过程中不可回避的问题。古今中外的政治哲学家关于正义思想的论辩及其再反思，在本次论坛讨论中仍然激起了阵阵涟漪，同时也留下了新的思想成果。

再次，探讨政治制度及治理体系问题。政治制度是国家治理的根本依据，是一切国家治理活动的基本遵循。与会者围绕政治制度以及国家治理体系现代化等问题，深入讨论了将国家制度优势转化为国家治理效能和治理能力的实践路径。

最后，探索汲取中华优秀传统文化的治理智慧问题。与会者普遍认为，中国特色社会主义制度和国家治理体系具有深厚的历史底蕴，因而需要进一步探索如何推动中华优秀传统文化进行创造性转化和创新性发展，以期为国家治理现代化提供有益的思想借鉴和方法参考。

与会代表的广泛参与、激烈讨论和智慧碰撞，以及论坛收到的良好社会反响，进一步坚定了我们将论文集精编出版以飨读者的决心。同时，论文集的出版计划得到了华中师范大学政治学一流学科建设经费的资助，以及社会科学文献出版社的大力支持，加上诸位作者欣然同意，及时提交修改文稿和授权同意书，让我们倍感鼓舞、深受感动，希望以加快文集出版进程来回馈作者和广大读者。

论坛结束 20 余天后，党的二十大在北京顺利开幕，这次大会吹响了“以中国式现代化全面推进中华民族伟大复兴”的号角。大会报告 90 余次提及“现代化”，50 余次提及“治理”。这不仅再次说明我们举办“国家治理现代化的哲学理据”研讨会的及时性和重要性，而且进一步鼓舞了我们继续办好“桂子山政治哲学论坛”的信心和决心。我们希望与全国学术同人一道为推动国家治理体系与治理能力现代化研究工作做出新贡献，共同努力推动新时代政治哲学的发展和进步。

编者

2022 年 12 月

目　录

治理现代化与政治哲学

治理现代化理论与实践

博士生论坛

治理现代化与政治哲学

中国式国家治理现代化的政治哲学审思*

江　畅**

（华中师范大学政治学部政治哲学研究中心，武汉）

摘　要：中国式国家治理现代化是不同于西方式国家治理现代化的中国特色社会主义国家治理现代化。中国国家治理是人民至上、国家一切权力属于人民的民主化国家治理，是以法律为国家最高权威、依法治国的法治化国家治理，是使社会成员各尽所能、各司其职、各得其所的公正化国家治理，是追求全体社会成员共同富裕和生活更加美好的普惠化国家治理。从政治哲学的角度看，中国式国家治理现代化实质上是使国家治理回归政治的应然本质并与时俱进，以使之实现民主化、法治化、公正化、普惠化。中国式国家治理现代化实践为中国特色政治哲学构建和完善提供了丰富滋养并提出了需要解决的重大问题，它开启了人类迈向政治哲学所追求的世界大同理想的历史进程，具有重大的政治哲学意义。

关键词：中国式国家治理现代化；西方式国家治理现代化；自由主义政治哲学；马克思主义政治哲学；中国特色政治哲学

自习近平同志在庆祝中国共产党成立100周年大会上的讲话中首次明确提出我国创造了中国式现代化新道路以来，中国式现代化成为学术界、

---

* 本文系研究阐释党的十九届四中全会精神国家社会科学基金重大项目“中国特色社会主义制度‘人民至上’价值及其实践研究”（20ZDA005）、2019年国家社会科学基金一般项目“新时代公务员行政伦理建设研究”（19BZX121）的研究成果。

** 江畅，华中师范大学政治学部教授，教育部“长江学者”特聘教授。

理论界关注的热点。研究者从不同视角对中国式现代化的内涵、特征、意义等问题展开了讨论，但不论从什么视角研究中国式现代化都绕不过中国式国家治理现代化这一中国式现代化的核心问题。现代化存在西方式与中国式的差异，国家治理现代化亦如此。如果说中国式现代化作为中国特色社会主义现代化，为人类实现现代化提供了新选择，那么中国式国家治理现代化作为中国特色社会主义国家治理现代化，则为各国实现国家治理现代化提供了新选择，开启了人类社会治理现代化的新征程。党的二十大报告提出“以中国式现代化全面推进中华民族伟大复兴”，[①] 中国式国家治理现代化将面临更艰巨的任务。因此，在全党全国各族人民迈上全面建设社会主义现代化国家、向第二个百年奋斗目标进军的新征程之际，我们需要运用哲学尤其是政治哲学对人类社会治理现代化这条新路进行审视和思考，以为它的合理性、优越性提供哲学论证，并为推进其发展提供学理支持和规导。正是基于这一考虑，本文尝试对中国式国家治理现代化的政治哲学意蕴、理据、意义三个问题做些初步探讨，以期引起政治哲学界对中国式国家治理现代化问题的进一步重视和深入研究。

一　中国式国家治理现代化的政治哲学意蕴

党的十八届三中全会通过的《中共中央关于全面深化改革若干重大问题的决定》首次明确提出“推进国家治理体系和治理能力现代化”，党的十九届四中全会通过的《中共中央关于坚持和完善中国特色社会主义制度、推进国家治理体系和治理能力现代化若干重大问题的决定》（以下简称《决定》）对推进国家治理体系和治理能力现代化做了全面部署。“国家治理体系和治理能力现代化”就是我们今天所说的“国家治理现代化”。[②] 这里所说的“国家治理现代化”，并不是一般意义上的国家治理现代化，更不是西方式的国家治理现代化，而是中国式的国家治理现代化，

① 习近平：《高举中国特色社会主义伟大旗帜 为全面建设社会主义现代化国家而团结奋斗——在中国共产党第二十次代表大会上的讲话》，《人民日报》2022年10月26日。
② 许耀桐：《应提“国家治理现代化”》，《北京日报》2014年6月30日。

是中国式现代化的核心内容。中国式现代化"是人口规模巨大的现代化，是全体人民共同富裕的现代化，是物质文明和精神文明协调的现代化，是人与自然和谐共生的现代化，是走和平发展道路的现代化",[①] 概言之，就是习近平同志所指出的"我们推进的现代化，是中国共产党领导的社会主义现代化"。[②] 这种中国式现代化正是中国式国家治理现代化所致力于追求实现的社会主义现代化。

中国式国家治理现代化包括国家治理体系现代化和治理能力现代化两个基本方面，其内涵非常丰富，要求非常具体。国家治理体系是包括经济、政治、文化、社会、生态文明等各领域的一整套紧密相连、相互协调的国家制度，国家治理能力则是运用国家制度管理社会各方面事务的能力，两者是一个有机整体，相辅相成。习近平同志指出："推进国家治理体系和治理能力现代化，就是要适应时代变化，既改革不适应实践发展要求的体制机制、法律法规，又不断构建新的体制机制、法律法规，使各方面制度更加科学、更加完善，实现党、国家、社会各项事务治理制度化、规范化、程序化。要更加注重治理能力建设，增强按制度办事、依法办事意识，善于运用制度和法律治理国家，把各方面制度优势转化为管理国家的效能，提高党科学执政、民主执政、依法执政水平。"[③] 从政治哲学的角度看，中国式国家治理现代化实质上就是国家治理的民主化、法治化、公正化和普惠化。这"四化"从理论和实践的结合上回答了国家的治理者是谁、国家治理者如何治理国家、国家治理者以什么为国家治理的依据、治理国家的终极目标是什么等政治哲学的重大问题，因而具有深刻的政治哲学意蕴。

中国国家治理是人民至上、国家一切权力属于人民的民主化国家治理。从政治哲学看，国家治理所要解决的首要问题是谁是国家的主人以及国家权力由谁执掌，简言之，就是国家的主权属于谁。政治哲学主张国家

---

① 温红彦等：《坚定不移沿着这条光明大道走下去》，《人民日报》2022 年 2 月 28 日。

② 《习近平在省部级主要领导干部专题研讨班上发表重要讲话》，光明网，2022 年 7 月 29 日，https://m. gmw. cn/baijia/2022 -07/29/1303067171. html，最后访问日期：2022 年 11 月 29 日。

③ 习近平：《切实把思想统一到党的十八届三中全会精神上来》，《求是》2014 年第 1 期。

实行民主化治理。在历史上有君主至上、个人至上和人民至上三种主要的情形。“君主至上”是指国家的主权属于君主（或国王、皇帝等），君主在国家中具有至上的地位和权力，其基本特点就是“朕即国家”。在君主至上的国家，人民是指不包括统治者在内的百姓，他们虽然是社会中的大多数人，但不是社会的主人，不拥有国家的主权，而是被统治者、被压迫者、被剥削者。他们没有做人的权利，甚至没有人身自由，生存常常得不到最起码的保障。世界上几乎所有进入文明社会的传统国家都是君主至上的国家。西方资产阶级为适应资本主义市场经济发展的需要，针对“把人不当人看”的基督教教会和封建国家的专制统治，把个人权利（尤其是自由权和平等权）视为不可转换、不可剥夺的天赋权利，于是就有了个人至上的所谓民主国家治理。个人至上是指每一个人在法律上都是平等的自主个体，在社会上具有至上地位，国家不过是为他们服务的受托人。但西方近代以来在法律上平等的社会成员并非人民整体，而是分散的、个别的个体。这种分离的个体不可能真正行使国家权力，国家权力最终落入了占有社会大多数资源的少数富有者或财团手中，那些生活在社会底层的大多数穷人难以真正享有各种权利和资源，更不可能成为国家权力的真正拥有者。与君主至上和个人至上不同，中国式国家治理是以“人民至上”为根本价值理念和国家一切权力属于人民的民主化的国家治理，它从根本上否定了传统社会“君主至上”的封建主义、专制主义制度，将国家的主人、主体和中心由君主转换成人民，同时也跨越了西方式个人至上的国家治理，它不否定个人的自由权利，而是要用社会主义制度更好地让每一个社会成员的自由权利得到尽可能充分的实现，防止出现西方近现代社会在“个人至上”名义下发生的穷人自由权利事实上虚无化和社会贫富两极分化的情况。更为重要的是，中国式国家治理为政治民主化提供了日益完善的法制保障。新中国成立后，中国始终坚持党的领导、人民当家作主和依法治国的有机统一，坚持和完善人民代表大会制度、中国共产党领导的多党合作和政治协商制度、民族区域自治制度和基层群众自治制度。党的十八大以来，我国进一步深化了对民主政治发展规律的认识，提出全过程人民民主的重大理念，不仅有完整的制度程序，而且有完整的参与实践。“我国全过程人民民主实现了过程民主和成果民主、程序民主和实质民主、直接民主和间接民主、人民民主和国家意志相统一，是全链条、全方位、全覆盖的民主，是最广泛、最真实、最管用的社会主义民主。”① 中国开辟了人类政治民主化的新道路，充分体现了政治哲学民主化的实践要求。

中国式国家治理是以法律为国家最高权威、依法治国的法治化国家治理。与国家主权属于谁直接相关的一个问题是主权者如何行使国家权力，这也是政治哲学重点关注和力求解决的重大问题。政治哲学主张国家实行法治化治理。这个问题的历史情形因与国家主权问题交织而更为复杂。传统社会主权掌握在君主手中，国家不可避免地会按君主的意志进行治理，实质上实行的是所谓人治。君王为了有效地实行国家治理，也会利用法律、道德、礼制等进行治理，也有所谓法治、德治和礼治，但所有这些治理方式所体现的不过是统治者的意志，是统治者用这些规范手段进行统治。近代以来的西方国家彻底打破了传统社会的人治，而且否定了运用道德等非法律治理方式，将法律视为国家的最高权力，并将其作为国家治理的唯一方式，这就是所谓的“法律就是国王”（潘恩语）。② 的确，现代西方国家的国家治理方式已经不是人治而是法治，但存在两个明显的问题：一是制定法律的议会议员虽然是通过民选产生的，但所代表的并不是全体人民，而主要是资产拥有者，法律体现的是少数资产者的意志，而非全体人民的意志；二是社会只有行为规范体系而没有价值引导体系，忽视了在“一个人怎样生活”或“一个人应该成为什么样的人”③ 方面给人们提供指导，导致现代西方人患上了一种美国伦理学家和政治哲学家米切尔·斯托克（Michael Stocker）所提出的“道德分裂症”（moral schizophrenia）的疾患。④ 中国式国家治理方式彻底否定了传统社会的人治，同时也与现代西方的法治有着根本性的区别。一方面，它坚持依法治国、依宪治国，用法律制度确保人民主权，用法律制度控制权力，建立对权力的全方位制约和

---

① 习近平：《在中央人大工作会议上的讲话》，《求是》2022 年第 5 期。

② 《潘恩选集》，马清槐译，商务印书馆，2004，第 36 页。

③ Bernard Williams, *Ethics and Limits of Philosophy* (London and New York: Routledge, 2006), p. 1.

④ Michael Stocker, “The Schizophrenia of Modern Ethical Theories,” in Roger Crisp, Michael Slote (eds.), *Virtue Ethics* (Oxford: Oxford University Press, 1997), p. 77.

监督体系；另一方面，建立了共产党领导、人民当家作主、依法治国有机统一的社会主义民主政治，法律是由人民的代表制定的，体现的是人民意志。体现人民意志的法律才是真正的“国王”，尤其是中国式国家治理在坚持依法治国的同时坚持以德治国，用社会主流价值观和道德引导人民，使全体人民追求全面而自由的发展。当然，实现真正意义的法治，关键还是在于解决人民主权转换为法律主权的问题。

中国式国家治理是使社会成员各尽所能、各司其职、各得其所的公正化国家治理。政治哲学致力于确立国家治理所依据的根本原则，以确保社会秩序的和谐稳定。社会公正就是政治哲学公认的国家治理根本原则，国家治理就是要使社会公正化。社会公正的前提是社会成员自由和平等，没有自由和平等就不会有社会公正。君主至上的传统社会总体上看是专制制、等级制的社会，社会成员不具有真正的自由和平等。君主和统治者看起来是自由的，但因为社会大多数成员受压迫、受剥削，他们也就始终生活在火山口上，随时都有可能遭到被统治者的反抗，这就是卢梭所说的“自以为是其他一切的主人的人，反而比其他一切更是奴隶”。[①] 至于等级制更是传统社会的显性特征，社会成员之间存在严重的尊卑、贵贱、主仆差别，他们都不具有法律上的权利，甚至不具有独立的人格。显然，这样的社会是极其不公正的，也因而极其不稳定，战乱成为常态。伴随着市场经济兴起和发展产生的西方资产阶级，打着“自由”“平等”的旗号，赢得了广泛的支持，并凭借自身的经济实力最终推翻了传统社会，建立了自由和平等的西方现代社会。但是，经济上的自由放任主义导致了社会严重的两极分化，法律上自由平等的人又重新划分为富人和穷人、强者和弱者，新的不自由、不平等产生。国家干预主义政策出台后，解决了绝对贫困问题，但两极分化问题并没有从根本上得到解决，今天的西方社会仍然是两极分化严重的不公正社会。后发的中国式国家治理不仅彻底破除了传统社会人普遍受奴役、不平等的皇权专制统治，也不断致力于克服西方式国家治理所不能解决的市场经济带来的两极分化问题。一方面全面贯彻马克思所主张的“各尽所能，按劳分配”原则，努力使全社会做到“幼有

① 〔法〕卢梭：《社会契约论》，何兆武译，商务印书馆，1982，第8页。

所育、学有所教、劳有所得、病有所医、老有所养、住有所居、弱有所扶”；[①] 另一方面持续向贫困宣战，采取强有力措施“脱贫攻坚”并取得全面胜利，“在中华大地上全面建成了小康社会，历史性地解决了绝对贫困问题”。[②] 今天的中国正在意气风发地向着全面建成社会主义现代化强国的第二个百年奋斗目标迈进，目前存在的一些社会不公问题将得到妥善解决。

中国式国家治理是追求全体社会成员共同富裕和生活更加美好的普惠化国家治理。政治哲学的根本使命就是要根据哲学观念和原理为国家治理提供理想社会及其实现路径的蓝图。哲学家提供的理想社会蓝图各不相同，但社会成员生活幸福美好是其普遍共识。然而，在君主至上的传统社会，国家治理者为了获得统治者的特殊利益，当然也受制于文明发展的局限，不可能将全体社会成员幸福生活作为社会理想和奋斗目标，相反他们往往将自己的幸福建立在广大被统治者的痛苦的基础之上。市场经济发展不仅为传统社会崩溃提供了物质力量，也要求人们凭实力竞争取胜从而获取自己的利益，这样就给所有社会成员都提供了获得自己幸福生活的机会。但与市场经济相应的“市场社会”[③] 的国家治理存在两个突出问题：一是以利益最大化这一市场经济根本原则为价值取向，必须允许社会的两极分化存在，否则市场经济就无法正常运行，结果社会两极分化问题不仅存在而且不可能被克服；二是以物质利益为价值取向，只重视人们的物质需要而忽视人们的精神需要，其结果是社会及其成员成为马尔库塞所说的“单向度社会”和“单向度人”。[④] 显然，这样的社会不可能实现共同富裕，也不可能让其成员普遍过上幸福生活。与中西传统社会和西方现代社会不同，中国式国家治理吸取历史上所有理想社会方案尤其是马克思、恩格斯的共产主义理想社会的方案，最终确立了中国特色社会主义理想和奋

① 《习近平谈治国理政》第 3 卷，外文出版社，2020，第 18 页。

② 习近平：《在庆祝中国共产党成立 100 周年大会上的讲话》，人民出版社，2021，第 2 页。

③ 参见〔美〕迈克尔·桑德尔《金钱不能买什么——金钱与公正的正面交锋》，邓正来译，中信出版社，2012，引言第XV页。

④ 〔美〕马尔库塞：《单向度的人：发达工业社会意识形态研究》，刘继译，上海译文出版社，2008，导言第 6 页。

斗目标，这就是实现共同富裕，使全体人民生活更加美好。今天，作为重要价值理念的“共同富裕”已经不是单纯经济意义的富裕，而是全体社会成员过上好生活，这就是习近平同志所指出的“共同富裕是全体人民共同富裕，是人民群众物质生活和精神生活都富裕”，“促进共同富裕与促进人的全面发展是高度统一的”。[①] 在历史性地解决了绝对贫困问题之后，全体人民共同富裕的问题就提上了国家治理的议事日程，“现在，已经到了扎实推动共同富裕的历史阶段”。[②] 因此，中国式国家治理在坚定不移地朝政治哲学所指向的全体社会成员普遍幸福的普惠化方向大步迈进。

二　中国式国家治理现代化的政治哲学理据

中国式国家治理现代化是人类历史上最自觉创造和践行的人类社会治理现代化新路，是在吸取、凝聚人类有史以来的优秀政治思想观念元素和政治智慧的基础上，根据中国特色社会主义伟大实践的要求对西方式国家治理现代化实行的创造性转换和创新性发展。这一人类社会治理现代化新路具有深厚的政治哲学基础和充分的政治哲学理据，可以说是政治哲学基本原理尤其是马克思主义唯物史观同中国具体实际相结合、同中华优秀传统文化相结合的产物，其合理性和优越性深深植根于人类政治哲学文化和智慧之中。由前文阐述可见，中国式国家治理现代化的政治哲学意蕴在于民主化、法治化、公正化和普惠化，而这“四化”正是人类政治哲学历来追求并致力于论证的四大基本政治理念。

政治哲学对上述“四化”的论证，并非根据人类自古至今的历史事实揭示政治（在文明社会国家是其载体，体现为国家治理）的本然本质或现实本质，而是以哲学的本体论、知识论和价值论为依据，主要运用思辨方法反思和批判人类社会现实，通过揭示政治的本性或本然本质，为政治的应然本质提供论证。“四化”实质上是政治哲学家着眼于宇宙、人类和社会的相互关系揭示人类本性并根据人类本性的要求构想和设定的，虽然它

① 习近平：《扎实推动共同富裕》，《求是》2021 年第 20 期。
② 习近平：《扎实推动共同富裕》，《求是》2021 年第 20 期。

并不是客观真实的反映，并非科学真理，但却具有思想真实性，是哲学真理。在政治哲学中，实际上并无所谓现代化概念，几个世纪以来人们普遍使用的“现代化”一词不过是对西方社会从传统到现代断裂性转换的表达。对于政治哲学来说，有的只是人类本性的内涵丰富和发展及其在不同时代的实现，体现为政治哲学观念和原理与时代及其精神的结合，这种结合就是使“四化”现实化、普遍化，也可以说就是“现代化”。但这里所说的“现代”指的是一定历史阶段的新时代，而“化”则是指得到普遍实现。显然，这种“现代化”不是西方意义上的现代化，而是哲学上的不同时代精神的提炼和提升，并使之现实化。今天，中国式现代化和中国式国家治理现代化显然也不是西方意义上的“现代化”，而是使国家治理回归政治的应然本质并与时俱进，使之实现“四化”。这相对于中国传统社会的国家治理忽视甚至有意违背政治的应然本质，也可以说具有革命性，与西方式国家治理现代化具有相似性，但实质上是不同的。

政治哲学意义上的民主化，其基本内涵及要求在于一定社会的全体成员都应成为社会的主人，社会由人民当家作主，人民是社会的主体，拥有社会的主权和治权。今天社会的形式是国家，将来社会的形式无疑是世界，对于政治哲学来说，无论社会的范围是国家还是世界，其成员都应是社会的主人，拥有社会的一切权力，自己谋求自己的利益，自己管理自己的一切事务。从当代来看，社会成员不只指单个个人，也指基本共同体之内的家庭、企业、组织、社团等各种组织群体。政治哲学之所以追求民主化并为之提供论证，从根本上来说是因为人在本性上是平等的。人有共同的本性，即谋求生活得更好，而这种谋求必须在社会中进行，因此人的本性包括自为性和社会性两个基本方面。人有社会性，就要生活在社会中，这就是荀子所说的“人有气、有生、有知，亦且有义”，[①] 亚里士多德所说的“人天生是一种政治动物”。[②] 人的本性是一个人是不是人的根本规定性，也是人的本然本质。每一个人的本性虽然不尽相同，存在质和量的

---

① 《荀子·王制》。

② 〔古希腊〕亚里士多德：《政治学》，颜一、秦典华译，苗力田主编《亚里士多德全集》第9卷，中国人民大学出版社，1994，第6页。

差异，但谋求生存得更好是所有人都相同的本性。既然本性相同，就要平等地在社会中生活和作为，享有相同的自由和权利，“每一个人都应当承认他人与自己生而平等”，[①] 因此“四海之内，皆兄弟也”。[②] 在政治哲学史上也有少数哲学家认为人是生而不平等的，最典型的就是亚里士多德所说的“一部分人天生就注定治于人，一部分人则注定治人”。[③] 但他的这个结论是针对那些应具有独立自主性或者理性而不具有的人：“那些要属于他人而且确实属于他人的人，那些能够感知到别人的理性而自己并没有理性的人，天生就是奴隶。”[④] 正是在政治哲学的规导下，民主已经成为全人类的共同价值。[⑤] 政治必须民主，这是近代以来政治哲学家的一致结论，针对政治民主实践中出现的诸多问题，20 世纪以来中西政治哲学家又提出了多元民主论、“程序制”民主论、协商民主论、全过程民主论等多种民主理论，以完善民主化的制度和机制。

政治哲学意义上的法治化，其基本内涵及要求在于用法律治理社会，法律体现人民的意志，体现人民意志的法律是社会的最高权力或权威。政治哲学一诞生就注意到了法治对于社会治理乃至人类生存所具有的重大意义，并不断深化对法治重要性的论证。中西政治哲学史上许多思想家为必须实行法治提供了许多论证，其中有四种论证影响最大。一是根据自然法则论证。中国的儒家、道家，西方的斯多亚派、托马斯·阿奎那、自然法学派，基本上是采取这种论证方式。老子就认为，最理想的社会是“天下有道”的社会，而判断是否“有道”关键在于是否合乎“自然”。于是，老子主张：“人法地，地法天，天法道，道法自然。”[⑥] 就是说，一切事物都要顺应自然，遵从自然法则，才符合“道”的精神。二是根据人具有理

① 〔英〕霍布斯：《利维坦》，黎思复、黎廷弼译，杨昌裕校，商务印书馆，1985，第 117 页。
② 《论语·颜渊》。
③ 〔古希腊〕亚里士多德：《政治学》，颜一、秦典华译，苗力田主编《亚里士多德全集》第 9 卷，中国人民大学出版社，1994，第 10 页。
④ 〔古希腊〕亚里士多德：《政治学》，颜一、秦典华译，苗力田主编《亚里士多德全集》第 9 卷，中国人民大学出版社，1994，第 11 页。
⑤ 习近平：《在中央人大工作会议上的讲话》，《求是》2022 年第 5 期。
⑥ 《老子》第二十五章。

性论证。柏拉图认为权力是法律的使臣，[①] 而法不过是人用来察觉好坏的“判断拥有了由城邦公共决定的形式”。[②] 法国近代自然法学派主张法是理性之言，也属于这种论证。三是根据性恶论证。韩非认为法治是治理国家的正确选择甚至唯一出路，他为此提供的最有影响力的论证是人自私自利。他指出：“夫民之性，恶劳而乐佚。”[③]“好利恶害，夫人之所有也。”[④] 在韩非看来，人天生好逸恶劳、懒惰，而且自私自利、钩心斗角，因此对本性如此的人若不用法加以惩治，必然发生混乱，而依法赏罚则迎合了人趋利避害的本性，一切问题都会迎刃而解。从人性自私自利论证法治重要的思想家还有马基雅弗利、霍布斯等人。四是根据法律的作用论证。卢梭认为，“法律乃是公意的行为”，[⑤] 而之所以需要实行法治，是因为法律既具有对象的普遍性，即法律只是调整一般的、抽象的、具有普遍意义的行为，又具有意志的普遍性，法律所反映的是作为主权者人民的意志，是全体人民意志的体现。虽然政治哲学家论证法治化的依据不同、方法不同，但国家治理必须法治化是他们早已达成的共识。

政治哲学意义上的公正化，其基本内涵及要求是使所有社会成员各得其所，或得其所应得。在西方，柏拉图最早对社会必须公正做出了深刻的阐述。他认为，当城邦统治者有智慧，卫士勇敢，全体公民节制，他们都做他自己的事情，发挥其特定的功能，那么这就是公正，就能使整个城邦公正。所谓公正，就是“每个生活在这个国家里的人都必须承担一项最适合他的天性的社会工作”。[⑥] 对于他来说，公正既是城邦的普遍原则，也是城邦所有其他德性得以产生和存在的根本德性。柏拉图的学生亚里士多德对政治公正的必要性做了更系统的阐述和论证。他认为，“政治上的善即是公正，也就是全体公民的共同利益”，[⑦] 因此统治者和公民都需要公

① 《法篇》，《柏拉图全集》第 3 卷，王晓朝译，人民出版社，2003，第 475 页。

② 《法篇》，《柏拉图全集》第 3 卷，王晓朝译，人民出版社，2003，第 390 页。

③ 《韩非子·心度》。

④ 《韩非子·难二》。

⑤ 〔法〕卢梭：《社会契约论》，何兆武译，商务印书馆，1982，第 51 页。

⑥ 《国家篇》，《柏拉图全集》第 2 卷，王晓朝译，人民出版社，2003，第 408 页。

⑦ 〔古希腊〕亚里士多德：《政治学》，颜一、秦典华译，苗力田主编《亚里士多德全集》第 9 卷，中国人民大学出版社，1994，第 98 页。

正。统治者公正，就会实行法治，就不会成为暴君。“公正是为政的准绳，因为实施公正可以确定曲直，而这就是一个政治共同体秩序的基础。”[①] 公民公正，就会更优秀、更高尚。“公正即是共同生活中的德性，凡具备这种德性，其他的所有德性就会随之而来。”[②] 中国古代的公正思想更为丰富，有许多关于公正重要性的经典性论述。如“无偏无陂，遵王之义……无偏无党，王道荡荡；无党无偏，王道平平；无反无侧，王道正直”；[③]“大道之行也，天下为公，选贤与能，讲信修睦”；[④]“政者，正也”；[⑤]“人臣去私心，行公义”；[⑥]“天无私覆也，地无私载也”；[⑦]“公则天下平矣，平得与公”；[⑧] 等等。在市场经济导致的社会两极分化日益严重的时代背景下，罗尔斯在自由主义传统中，第一次强有力地凸显了平等的意义，成功地实现了政治哲学主题从自由到平等的转变，使古典自由主义过渡到了现代自由主义，同时还将平等与自由纳入社会公正的框架内统一考虑，在人类思想史上第一次建立了庞大、完整的公正理论体系，使公正成为当代西方和整个人类最受重视的价值理念和价值追求。[⑨] 虽然研究者对他的理论观点提出了众多批评，但都认同和赞成他公正是社会制度的首要价值的观点。

政治哲学意义上的普惠化，其基本内涵及要求是社会的一切公共资源（公共善）由社会成员公正地共享，使全体社会成员都过上幸福生活。在政治哲学史上，思想家提出的理想社会蓝图不尽相同、各具特色，但使全体社会成员普遍获得幸福是其实质内涵，他们构建的政治哲学体系几乎都是阐述理想社会蓝图并为之提供论证的。孔子在中国历史上第一次提出了“天下为公”的大同社会理想，他的整个思想体系都是指向这个理想实现

① 〔古希腊〕亚里士多德：《政治学》，颜一、秦典华译，苗力田主编《亚里士多德全集》第9卷，中国人民大学出版社，1994，第7页。

② 〔古希腊〕亚里士多德：《政治学》，颜一、秦典华译，苗力田主编《亚里士多德全集》第9卷，中国人民大学出版社，1994，第100页。

③ 《尚书·洪范》。

④ 《礼记·礼运》。

⑤ 《论语·颜渊》。

⑥ 《韩非子·饰邪》。

⑦ 《吕氏春秋·去私》。

⑧ 《吕氏春秋·贵公》。

⑨ 江畅：《西方德性思想史》（修订版）现代卷上，人民出版社，2018，第98页。

的。孟子将孔子的仁爱学说运用于解决社会政治问题，构想了一种更有现实针对性的有差异的普惠社会：针对所有人的“使民养生丧死无憾也”；针对成年人的“五亩之宅，树之以桑，五十者可以衣帛矣”；针对老人和儿童的“老吾老以及人之老，幼吾幼以及人之幼”；[①] 针对家庭的“父子有亲，君臣有义，夫妇有别，长幼有序，朋友有信”；[②] 针对社会的“民为贵，社稷次之，君为轻”。[③] 马克思、恩格斯从哲学和经济学的角度论证他们所构想的共产主义社会必然来临，这种理想社会是消灭了阶级的、“以每一个个人的全面而自由的发展为基本原则”[④] 的自由人联合体，每一个人在其中都能获得全面而自由的发展。马克思、恩格斯的社会理想已被中国化为“国家富强、民族振兴、人民幸福”的“中国梦”，正在中国逐步实现。西方自由主义的“理性王国”实质上也是普惠性的，只不过它不要求社会给其成员创造幸福，而是确保他们创造自己的幸福所需要的社会条件，尤其是自由，为此着力给人的自由提供论证：“我们是生而自由的”，[⑤] “人们……生来就享有完全自由的权利”。[⑥] 大多数政治哲学家注意到，国家治理追求的普惠化并不等于平均化，而是有差异的平等，也就是公正。今天中国式国家治理强调，共同富裕是仍然存在一定差距的共同富裕而不是整齐划一的平均主义、同等富裕，这所体现的正是政治哲学普惠化应有所差异的要求。

三　中国式国家治理现代化的政治哲学意义

“国家治理现代化”的概念是党的十八届三中全会明确提出的，但中国式国家治理现代化建设肇始于新中国成立，最早可以追溯到中国共产党成立。党的十八届三中全会的提法是“推进国家治理体系和治理能力现代

---

① 《孟子·梁惠王上》。
② 《孟子·滕文公上》。
③ 《孟子·尽心上》。
④ 《资本论》第1卷，《马克思恩格斯文集》第5卷，人民出版社，2009，第683页。
⑤ 〔英〕洛克：《政府论》下篇，叶启芳、瞿菊农译，商务印书馆，1964，第38页。
⑥ 〔英〕洛克：《政府论》下篇，叶启芳、瞿菊农译，商务印书馆，1964，第52页。

化”，用的是“推进”，而不是“开启”，这意味着中国式国家治理现代化已经开启，党的十八届三中全会是根据新的历史背景和实践要求提出加以推进。如果这一说法能够成立，那么中国式国家治理现代化已走过了100多年的历程。百余年来，中国人民在中国共产党的领导下一直致力于国家治理现代化，虽然其间经历过诸多风险、挑战，而且今天国家治理现代化仍然面临着艰巨的任务，但总体上看取得了伟大的成就。习近平同志在庆祝中国共产党成立100周年大会上的讲话宣布：“一百年来，中国共产党团结带领中国人民，以‘为有牺牲多壮志，敢教日月换新天’的大无畏气概，书写了中华民族几千年历史上最恢宏的史诗。”[①] 这100多年来开辟的伟大道路、创造的伟大事业、取得的伟大成就，可以说是通过中国式国家治理现代化取得的，今天中国为了实现全面建成社会主义现代化强国的目标，还在强力推进中国式国家治理现代化。中国式现代化虽然尚未完成，但所开辟的道路、所取得的伟大成就、所积累的经验和智慧，从政治哲学看，具有重大而深远的意义。

第一，开创和推进中国式国家治理现代化是运用政治哲学真理的自觉伟大实践。中国共产党自成立就开启了中国式国家治理现代化的进程。当时中国共产党在俄国十月革命启发下找到了马克思主义，在中国共产党诞生和成长过程中努力将马克思主义基本原理同中国具体实际相结合、同中华优秀传统文化相结合，形成了中国化的马克思主义。中国化马克思主义的形成和发展为中国式国家治理现代化提供了理论依据，同时中国式国家治理现代化的实践又不断丰富和创新中国化马克思主义，两者相互生成、相互促进，不断推动中国式国家治理现代化的历史进程。通常认为，马克思主义由哲学、政治经济学和科学社会主义构成，其中科学社会主义就是马克思主义政治哲学，而哲学和政治经济学则是马克思主义政治哲学的基础。从这种意义上看，马克思主义就是一种政治哲学体系。马克思主义中国化的过程就是中国共产党自觉运用马克思主义政治哲学开创和推进中国式国家治理现代化的过程，是马克思主义政治哲学在中国文化和现实条件下的政治实践。

① 习近平：《在庆祝中国共产党成立100周年大会上的讲话》，人民出版社，2021，第7页。

无论在中国还是在西方，政治哲学在轴心时代就已经产生，但在传统社会政治哲学并没有为统治者所重视，他们主要是依据自己的意志和经验从事国家治理体系的构建和政治实践。在中国传统社会，虽然儒学被统治者奉为官方思想，但先秦儒学已经被改造为适应于皇权专制统治的“儒术”，因此中国皇权专制时代国家治理所依据的并非真正的儒学。西方中世纪奉奥古斯丁的神学为正统神学，奥古斯丁神学本身不过是为作为罗马帝国国教的基督教做阐释和论证的御用政治哲学。在人类历史上，首次自觉运用政治哲学指导政治实践的是西方资产阶级，这种政治哲学就是西方自由主义。西方式国家治理现代化过程就是在自由主义指导下完成的，但自由主义政治哲学是有巨大局限的，其最主要体现就是它是完全适应市场经济发展要求创立的理论，其实践后果是形成了桑德尔所说的具有诸多重大问题的“市场社会”。与自由主义不同，马克思主义是在深刻洞察市场经济弊端和局限，并批判地借鉴自由主义合理内容的基础上创立的，而且它在中国化的过程中又批判地吸取了中华优秀文化的丰富内容。因此，马克思主义作为一种政治哲学体系比自由主义以及其他一切政治哲学体系更具有真理性，是真正意义上的政治哲学真理。开创和推进中国式国家治理现代化的过程就是自觉践行马克思主义政治哲学真理的过程。正因为有马克思主义政治哲学真理做指导，中国才开创了不同于西方的中国式国家治理现代化的新路。从中国式国家治理现代化取得的伟大成就看，这条新路对于当代世界具有范例的意义。

第二，中国式国家治理现代化进程及其成就为政治哲学的真理性提供了实践检验。自政治哲学诞生以来，中西方思想家提出过种种政治哲学理论体系，其中有影响力的主要有如下六种：一是中国先秦儒家的以道德治理社会为主旨的道德主义政治哲学；二是古希腊以苏格拉底、柏拉图、亚里士多德为主要代表的以培养统治者和公民德性为主旨的德性主义政治哲学；三是以董仲舒、“二程”、朱熹等为主要代表的专制主义政治哲学；四是以奥古斯丁、托马斯·阿奎那为主要代表的以追求永恒天国为主旨的信仰主义政治哲学；五是以洛克、约翰·密尔、罗尔斯等为主要代表的以保护和扩大个人权利为主旨的个人主义政治哲学；六是以马克思、恩格斯等为主要代表的以每个人全面而自由发展为主旨的马克思主义政治哲学。在这六种政治哲学中，第一、第二种由于种种原因并没有为国家治理者所采纳；第三、第四种历史事实已经证明是错误的政治哲学，给中西方社会带来了灾难性的后果；第五种虽然自 17 世纪以来为西方国家所奉行，而且今天还为许多人认同、赞成，但西方的社会问题已经对它提出了严峻的挑战；第六种虽然被 20 世纪一度奉行的许多国家因其产生了严重社会后果而背弃，但在中国得到了成功实践。

政治哲学作为知识像其他知识一样存在真理性问题，可以从理论上证明其真理性，尤其需要通过社会实践检验其真理性。在上述六种政治哲学理论中，第一、第二种没有付诸实践，不过从其历史影响看，即使不能说它们就是真理，但其中包含许多真理因素，因而对中西方后世产生了深远影响，至今仍然充满着生命力。就第三、第四种而言，中国皇权专制时代结束和西方中世纪终结的事实已经表明它们经受不住历史的检验，因而不是真理。它们中的真理因素也相当少，相反其中的许多谬误和糟粕对今天的社会还在产生副作用，需要加以肃清。第五种从根本上改变了社会面貌，使西方社会实现了现代化，因而西方人曾长期相信它是真理，后来许多非西方人也信奉它。然而，西方国家治理的历史事实日益表明它并不是真理，虽然其中包含许多真理的因素，为人类社会进步做出了重大贡献。西方社会内部长期无法解决的社会两极分化、周期性经济危机、社会物化、个人单向度化等问题，近代以来西方国家从未停止过的对外侵略、扩张、渗透以及为了自身利益做出的许多丧尽天良的行为，已经结论性证明了这一点。与个人主义政治哲学形成鲜明对照的，是中国式国家治理现代化给中国带来的举世瞩目的翻天覆地变化，尤其是中国绝对贫困问题的历史性解决和共同富裕的大力推进，以及倡导并着力推进人类命运共同体建设，自觉地承担大国对世界的责任，都充分证明中国式国家治理现代化所信奉和遵循的马克思主义政治哲学的真理性，证明了中国化马克思主义政治哲学或者说中国特色政治哲学的正确性。

第三，中国式国家治理现代化实践为中国特色政治哲学构建和完善提供了丰富滋养并提出了需要解决的重大问题。中国特色政治哲学是马克思主义政治哲学中国化的产物，是马克思主义政治哲学同中国传统政治哲学尤其是先秦儒家政治哲学相结合的产物。但是，即使从中国共产党诞生算起，中国特色政治哲学只有百余年的历史，与西方个人主义政治哲学的历史相比短得多——西方个人政治哲学的诞生可追溯到文艺复兴时代，迄今已达600多年。在这百余年中，有很长时间对中国特色政治哲学的构建缺乏自觉意识，直到改革开放后进入自觉构建阶段。因此，中国特色政治哲学还不成熟，还需要构建。马克思主义政治哲学是中国特色政治哲学的来源和实质内涵，构建中国特色政治哲学首先必须坚持马克思主义政治哲学基本原理，在此前提下，还需要从中国传统政治哲学、西方各种政治哲学尤其是自由主义政治哲学中吸取合理内容和有益元素，而更为重要的是要从中国式国家治理现代化的实践中吸取丰富营养，研究和回答中国式国家治理现代化中提出的重大理论和现实问题，在不断完善自身的过程中更有效地指导中国式国家治理现代化实践。

“理论是灰色的，而生命之树长青。”就中国特色政治哲学而言，这里说的“生命之树”就是当代中国和世界的时代精神，就是中国强力推进的中国式国家治理现代化实践。中国式国家治理现代化是中国特色政治哲学理论的现实基础和源头活水，中国特色政治哲学需要全面而深入地提炼和提升中国式国家治理现代化的中国特色、实践创新和其所体现的时代精神。这方面的内容极其丰富，其中特别重要的是《决定》中概括的新中国成立70多年来已经形成的国家制度和国家治理体系13个方面的显著优势。这13个方面既是中国式国家治理现代化的中国特色和实践创新，也体现了“实现中华民族伟大复兴的战略全局和世界百年未有之大变局”的时代精神，它们都需要从政治哲学高度进行概括、总结、提炼和提升，以成为具有普遍意义的哲学真理。唯有如此，中国特色政治哲学才会一方面因为源自当代中国政治实践和中国传统文化而具有中国特色，另一方面因为凝练为政治哲学真理而具有哲学品格。同时《决定》也提出了坚持和完善中国特色社会主义制度推进国家治理体系和治理能力现代化的13个重大问题。这些重大问题不仅要根据国家治理现代化实践的要求加以研究解决，也需要中国特色政治哲学从理论上加以探讨和回答。探讨和回答这些重大问题，既是中国特色政治哲学的使命担当，也是使中国特色政治哲学真正同时成为“密纳发的猫头鹰”和“高卢雄鸡”的唯一路径。

第四，中国式国家治理现代化开启了人类迈向政治哲学所追求的世界大同理想的历史进程。“世界大同”可以说是几千年来所有政治哲学家的共同梦想，他们从不同角度对这个梦想进行了构想和描绘。“大同”的概念是孔子第一次提出来的，但在孔子之前天下大同的观念已经非常丰富了，其情怀已得到了充分抒发，《尚书·尧典》中就谈到尧帝“协和万邦”，《诗经》中也有“溥天之下，莫非王土”的说法。孔子所说的“大同”虽然没有明确说明其范围，但所指的是天下，即天下大同，而这里所说的“天下”正如梁启超所言“天下云者，即人类全体之谓”。[①] 孔子提出并描述了“大同”理想之后，天下大同就成为中国人尤其中国政治哲学家的理想和追求。清末康有为撰写了《大同书》，这是他为将大同理想变为社会现实设计的蓝图；当代中国社会学家费孝通对孔子的大同理想做了当代的诠释——“各美其美，美人之美，美美与共，天下大同”；当代中国倡导并着力推动人类命运共同体建设。西方政治哲学家提出了丰富多彩的社会理想，其中影响最大的有柏拉图的“理想国”、斯多亚派的世界城邦、基督教神学家的“新天新地”（千年王国）、托马斯·莫尔的“乌托邦”、自由主义者的理性王国、马克思和恩格斯的共产主义六种类型。所有这些类型的内涵和内容差别很大，如有的是人间的，有的是天国的，而且有些已经得到了实现，有些永远不会得到实现。但有一点是共同的，它们都是面向全人类的，追求的是世界永久和平和人类普遍幸福。

正是在上述意义上，我们说世界大同是中西政治哲学家的共同梦想。然而现实情况却是人类历史上各个国家所追求的是国家利益，不兼顾甚至根本不考虑人类整体的利益。在传统社会，中外国家治理的目标毫无例外是王朝统治的长治久安和利益最大化，西方国家更是在国家利益驱动下不断对外扩张、侵略，导致几千年战乱不已。西方世界虽然通过国家治理现代化将自由主义的理性王国变成了现实，但与之伴随的是强权政治、霸权主义，而这一点是自由主义政治哲学家不愿意正视和研究、解决的。当代政治哲学巨匠罗尔斯注意到并着力解决西方社会两极分化的社会公正问题，但是他没有研究甚至没有提出世界公正问题，他晚年出版的《万民法》完全回避了对全人类更为灾难性的西方对外扩张。中国式国家治理现

① 梁启超：《先秦政治思想史》，东方出版社，1996，第197页。

代化完全不同，它所追求的是人民幸福、民族复兴和世界大同的有机统一。这就是习近平同志所明确表达的“我们所做的一切都是为人民谋幸福，为民族谋复兴，为世界谋大同”。① 纵观整个人类历史，只有中国式国家治理现代化把历代中西政治哲学家“世界大同”的世界梦作为自己的奋斗目标，真正开启了人类迈向政治哲学所追求的世界大同理想的历史进程。

最后需要指出的是，中国式国家治理尚处于现代化的过程中，还有很长的路要走，还面临着艰巨的改革和建设的任务。西方国家治理现代化经历了600多年的艰难过程，中国式国家治理现代化即使从中国共产党成立算起也不过百余年，而且所走的是一条不同于西方国家现代化的新路，面临着许多深层次的问题和矛盾，需要探索前行，需要进行伟大的斗争。党的二十大报告指出：“全面建设社会主义现代化国家，是一项伟大而艰巨的事业，前途光明，任重道远。”② 我国发展进入战略机遇和风险挑战并存以及不确定、难预料因素增多的时期，各种“黑天鹅”“灰犀牛”事件随时可能发生，来自外部的打压遏制随时可能升级。这些问题和矛盾需要通过国家治理现代化加以解决，也需要运用政治哲学加以研究。总之，中国式国家治理现代化需要政治哲学理论的规范和指导，而政治哲学理论研究和创新亟须大力加强。

---

① 《习近平会见联合国秘书长古特雷斯》，《人民日报》2018年4月9日。

② 习近平：《高举中国特色社会主义伟大旗帜　为全面建设社会主义现代化国家而团结奋斗——在中国共产党第二十次代表大会上的讲话》，《人民日报》2022年10月26日。

“中—西时代”的“阐释政治哲学”研究*

——从中国现代政治哲学话语的三大功能说起

孙国东**

（复旦大学社会科学高等研究院，上海）

摘　要：在“中—西时代”，即告别“唯西是瞻”、与西方平等对话甚至超越西方的时代，中国现代政治哲学话语在中国人文社会科学话语体系中占据基础地位。中国现代政治哲学话语需同时具备三大话语功能，即面对西方的“对话—抗辩功能”、面对现状的“阐释—范导功能”和面对历史的“阐释—反思功能”；相应地，其理论建构面临着“理论视野的去西方化/去自由主义化”、“现代性价值/范畴的中国化”和“中国性价值/范畴的现代化”等三大理论课题。建立在“公共阐释”基础上的“阐释政治哲学”，是有助于推进中国现代政治哲学话语建构的知识形态。思想史重构、政治哲学建构与社会—历史分析相结合、历史政治学与社会政治理论分析相结合，是与上述三大话语功能和三个理论课题相适应的三种公共阐释取径。

关键词：“中—西时代”；政治哲学话语；公共阐释；阐释政治哲学

---

* 本文首发于《新文科教育研究》2023 年第 1 期。

** 孙国东，复旦大学社会科学高等研究院教授、博士生导师、副院长。

导论：“中—西时代”的“知识转型”与“知识悲歌”

进入21世纪以来，特别是由“北京共识”开启关于“中国模式”的讨论以来，中国的发展开始进入一个新的历史阶段，我将其称为“从‘古—今时代’向‘中—西时代’过渡的历史时期”（从2021年开始，中国正式进入“中—西时代”）。所谓“古—今时代”，是指以推进现代化建设（特别是市场经济改革）为主导，把“古今问题”（“古今之争”）放在了比“中西问题”（“中西之争”）更优先地位的时代，也就是把中国的未来在更大程度上与中国的过去（以儒家为代表的古典传统、以马克思主义为代表的社会主义新传统），而不是西方的现在联系起来的时代。相应地，“中—西时代”则是把文明间的“中西之争”看得比文化内部的“古今之争”更为紧迫和重要的时代。如果说，“古—今时代”（1978—2012年，特别是1992—2003年）的主题是现代化，与西方的关系是“学习和尾随”；那么，“中—西时代”的主题就是民族复兴，与西方的关系则是“对话和超越”。①

与中国的发展整体上进入“从‘古—今时代’向‘中—西时代’过渡的历史时期”相适应，中国社会科学开始进入邓正来所谓的“知识转型时代”，即从可上溯至19世纪的“知识引进”阶段，中经20世纪90年代初期开始的“复制”西方社会科学理论创新模式的阶段和20世纪90年代中后期开始的“与国际接轨”的阶段，到“走向世界”的历史阶段。

“‘走向世界’这一新的历史阶段绝不仅仅是此前三个阶段的自然延续，而在根本上为中国社会科学提出了更高的要求：中国社会科学在此一阶段必须建立‘根据中国’的学术判准，并以这样的判准展开对中国问题和一般理论问题的深度研究，进而用西方社会科学界所能够理解的话语形式同它们展开实质性的对话，最终达到影响它们的目的。”②

---

① 参见孙国东《“马克思－孔子范式”——“中－西时代”中国政治/法律发展的思想光谱》，《法律与伦理》2021年第2期。

② 《全球化与中国社会科学的“知识转型”》，《学术自主与中国深度研究——邓正来自选集》，上海文艺出版社，2012，第578页。

“中—西时代”之所以内在地要求中国社会科学的“知识转型”，乃因为“中国文明复兴的关键就是重建中国自己的知识体系”。[①] 然而，正如郑永年指出的，“当中国成为世界社会科学界最大实验场的时候，中国的知识界则进入一个悲歌时代”。“今天知识悲歌的根本原因，在于知识创造者本身对知识失去了认同，知识创造者失去了自身的主体地位，而心甘情愿地成为其他事物的附庸。”[②] 郑永年进一步分析了知识创造者甘愿成为其他事物附庸的主要表征：知识的道德化（道德拜物教）、知识的权力化（权力拜物教）、知识的金钱化（金钱崇拜）、知识的名誉化（名誉拜物教）、世俗主义的宗教化（“主义”拜物教）、社会事物的意识形态化和政治化、知识的神秘化（巫术崇拜）、知识的娱乐化和知识的虚假化等。[③]

“知识转型”遭遇“知识悲歌”这一带有反讽意味的吊诡，堪称“中—西时代”制约中国社会科学发展的最大瓶颈。邓正来为此开出的“药方”，是以对中国的深度研究推进与西方社会科学的实质性对话。郑永年则呼吁中国知识分子发扬“争智于孤”的品格，以解释中国现实的能力获得知识分子的“权力”。两位前辈对于当下中国社会科学的深切自省和谆谆告诫，于我心有戚戚焉。在本文中，我拟遵循两位前辈勘定的思想立场和学术框架，以政治哲学研究为例，谈谈以“阐释政治哲学”（interpretive political philosophy）的知识形态，切实推进中国现代政治哲学之介入性学理分析和实体性理论建构的取向（orientation）和取径（approach），以期通过理论上的澄清助益于实践上的进益。

让我们先从“中国现代政治哲学话语”（Chinese discourse of modern political philosophy）须内在具有的三大功能说起。

一　中国现代政治哲学话语的三大功能

在整个中国人文社会科学的话语体系中，中国现代政治哲学话语堪称最基础的要素。众所周知，中国正在探求一种有别于（甚至超越于）西方

① 参见郑永年《中国的知识重建》，东方出版社，2018，出版说明。
② 郑永年：《中国的知识重建》，东方出版社，2018，第 2 页。
③ 参见郑永年《中国的知识重建》，东方出版社，2018，第 37—52 页。

模式的“他种现代性”（alternative modernity）道路。这一道路能否真正成为广受认可的人类现代文明新形态，端赖于其承诺和践习的政治哲学能否赢得国民认同、社会认许和国际认可。这在根本上乃因为，一种现代文明秩序的政治哲学承诺，集中体现了其集体文化认同（“我们是谁”），是其赢得文化间性承认（intercultural recognition）的关键所在。在这个意义上可以说，“只要中国本身不能回答‘我是谁’的问题，有关‘中国模式’的话语权还是很难建立起来”。[①] 如果说，一种现代文明秩序的正当性（rightness）依系于其道德承诺（moral commitments），即对经济、政治和文化诸领域主要关涉权利（人权）和自由保障的正义事项和正当化压力的有效回应，那么，其可欲性（desirability）则有赖于其伦理承诺（ethical commitments），即对政治共同体之文化认同的积极捍卫。需要马上补充指出的是，“奥斯维辛”之后，任何政治共同体对其文化认同的捍卫都不再是没有边界的了，相反应把文化认同的可欲性建立在最低限度的正当性基础之上，从而避免对文化认同的捍卫逾越文化之不可替代性的正当性界限，滑入文化（价值观）优越论意义上的民族沙文主义。[②] 从学理上看，中国正在探求的“他种现代性”道路，只有“能够创造一个在规范上更为优越的他种现代性”之时，才能作为具有政治哲学意义的多元现代性事实赢得文化间性的认可，因为“并非每一个文化差异的模式都是可以获得证成且善好的”。[③] 换言之，中国的现代转型道路要想获得文化间性证成，必须探求一种在政治哲学上更能充分实现现代性之规范性承诺的现代性理念、制度和实践模式，即一种充分“接榫、吸纳、转化乃至超越”西方现代性模式的他种现代性模式。[④] 如果说，表征着中国文化软实力的人文社会科学话语是由人文社会科学共同贡献的，那么，中国现代政治哲学话语就是其中最具基础性的要素。在很大程度上可以说，中国现代政治哲学话

① 郑永年：《中国的知识重建》，东方出版社，2018，第97页。

② 参见孙国东《捍卫文化认同的正当性界限》，许纪霖、刘擎主编《西方“政治正确”的反思》，江苏人民出版社，2018，第49—70页。

③ See Charles Taylor, “Two Theories of Modernity,” in D. P. Gaonkar (ed.), *Alternative Modernities* (Durham & London: Duke University Press, 2001), p. 185 (note 7).

④ 参见孙国东《迈向一种兼具整全性与规范性的多元现代性——基于艾森斯塔特多元现代性论说的分析》，《东南学术》2022年第4期。

语具有文化间性的话语影响力和话语塑造力，是整个中国人文社会科学话语获得跨文化影响力和塑造力的基础。在这个意义上，政治哲学是建构中国现代学术话语的“第一哲学”。①

作为与中国现代政治秩序建构相适应的政治哲学话语，中国现代政治哲学话语表征着“中国现代政治价值观”或“中国现代文化认同”的理论形态。从西方现代政治哲学话语发挥功能的机理来看，中国现代政治哲学话语要想作为一种有别于西方的“现代政治价值观”真正确立起来，必须基于“沟通理性”（communicative reason）充分发挥促进相互理解、凝聚主体间性（intersubjective）和文化间性共识的功能。从这种功能要求出发，我们就可以厘清中国现代政治哲学话语“是其应是”（what is as it should be）的主要功能。

此处的“是其应是”之表达，借鉴了法兰克福学派第三代成员、意大利哲学家亚历山德罗·费拉罗（Alessandro Ferrara）的一个颇具实践穿透力的洞见：作为介于“实然”与“应然”——“物”的力量（the force of “things”）与“观念”的力量（the force of “ideas”）——之间的第三种认知形态，“是其应是”表征着“榜样”（example）的力量。正如费拉罗指出的，“本真性、美丽、完美、正直、魅力、光环和诸多其他名称，都可归于这种将现实性与规范性，即事实与规范，不仅是短暂、偶尔和有瑕疵地交织在一起，而且是持久、近乎完全而又罕见地融合起来所带来的这种属性”。“榜样嵌入并反映了我们充分意识到的规范性：我们已然知道榜样

---

① 在阐发“公共法哲学”理论模式的过程中，我曾提出了“法哲学是中国现代转型的第一哲学”的命题：“由于现代社会的社会政治秩序以法律秩序为基础，法哲学堪称中国现代转型的‘第一哲学’——这意味着关于‘中国现代性’的理论知识应以‘法哲学’为核心呈现出来（至少法哲学应是其重要组成部分）。”（孙国东：《公共法哲学：转型中国的法治与正义》，中国法制出版社，2018，第 4 页）此处的“法哲学”，当然不是 20 世纪以来盛行的“法学内部视角”所理解的“法律哲学”（*die Philosophie des Gesetzes*，legal philosophy），而是康德、黑格尔等德国古典哲学视野中的“法哲学”（*die Philosophie des Recht*，philosophy of right/law），即从哲学上探讨自由（权利）之保障的知识形态。在当下的学术分科中，它更多地被归于“政治哲学”。在这个意义上，我们也可以说，政治哲学是中国现代转型的第一哲学，不过，我们最好把此处的“政治哲学”理解为具有道德哲学承诺，但同时与法哲学相衔接的政治哲学，也就是从哲学上以探讨法律为基础的理想社会政治秩序的知识形态。

之为榜样的样态。品行端正、精业笃行、治国安邦、骁勇善战和顾复之爱，常常就是这种榜样。”[①] 与纯粹的“实然”和“应然”相比，“是其应是”之“是”是内含“应然”的“实然”，其“应是”是趋向“实然”的“应然”，体现了“实然应然化”与“应然实然化”的统一。

就中国现代政治哲学话语来说，西方现代政治哲学话语显然就是作为“榜样”存在的。从西方现代政治哲学话语“榜样之为榜样”的功能来看，中国现代政治哲学话语至少要同时具备三种“是其应是”的话语功能。

一是面对西方的“对话—抗辩”（dialogical-defensive）功能。“话语”只能靠“话语”的力量来对抗，即使面对一个“霸权性话语”亦复如此。即使面对西方现代政治哲学话语作为“话语霸权”的地位，中国也只能靠其现代政治哲学话语本身的力量——特别是其认知性潜力——来抗辩。因此，就像西方现代政治哲学话语相对中国所具有的“对话—支配”（dialogical-dominative）功能一样，中国现代政治哲学话语要想确立起来，就要“是其应是”地具备面对西方现代政治哲学话语的“对话—抗辩功能”，即要在“沟通理性”基础上具备合法的“正当性赋予力量”（邓正来语），[②] 也就是要能够在与西方现代政治哲学话语平等对话的基础上，对中国现代政治秩序的道德承诺和伦理承诺及其运行机理提供充分的正当性辩护。这意味着我们首先要从西方现代政治哲学话语霸权，特别是自由主义话语霸权的支配下解放出来，确立以中国为思想根据的理论视野，并建构适合中国情境

① Alessandro Ferrara, *The Force of the Example*: *Explorations in the Paradigm of Judgment* (New York: Columbia University Press, 2008), p. 3.

② 邓正来曾提出一个著名的命题：社会科学知识具有“正当性赋予”的力量，即社会科学知识可以“赋予被解释、认识甚或描述的对象以某种正当性的力量”。（参见《邓正来著作集》第1卷《研究与反思：关于中国社会科学自主性的思考》，中国法制出版社，2018，第9页）知识具有的这种“正当性赋予力量”，其实就是知识作为福柯意义上的“话语”所具有的“权力”。然而，我们可以进一步区分出知识之“正当性赋予力量”或“话语权”的合法（legitimate）运用与不合法（illegitimate）运用：唯有建立在沟通理性基础之上，具有充分对话和沟通潜能的“话语”，始能与“软实力”（soft power）对接起来，进而表征着知识之“正当性赋予力量”，即“话语”作为“权力”的合法运用。将“discourse”（商谈或话语）的合法运用与不合法运用区分开来，并将前者与“沟通理性”对接起来，是哈贝马斯意义上的“discourse”（商谈）与福柯意义上的“discourse”（话语）的根本区别所在。正是在这个意义上，我们通常把哈贝马斯那里的“discourse”译为蕴含着对话关系的“商谈”。（参见杨晓畅、孙国东《话语何以成为权力——中国社会科学走向世界的政治哲学分析》，《探索与争鸣》2022年第6期）

的理论模式。质言之，中国现代政治哲学话语首先面临一个告别“唯西是瞻”的理论课题，即要实现“理论视野的去西方化/去自由主义化”。

二是面对现状的“阐释—范导”（interpretive-regulative）功能。西方现代政治哲学话语之为“话语”，具有面对其现状的“阐释—范导”功能，即可以为其现代政治哲学的运行机理及其道德和伦理承诺提供政治哲学阐释。质言之，其政治哲学话语的建构方式，其实是“阐释性的”。所谓“阐释性”，是指它基本认可黑格尔“凡是现实的，都是有理性的”这一判断，并力图对“现实”中的“理性”要素进行阐释。因此，西方现代政治哲学话语的建构，采用的知识形态其实是乔治娅·沃恩克（Georgia Warnke）所谓的“阐释政治哲学”，即一种以秉持阐释学取径的政治哲学研究，也就是把历史—文化传统作为结构化情境（实践约束条件）纳入政治哲学阐释视野之中的政治哲学知识形态。可能是由于属于现代化先发国家，没有“榜样”所带来的外在规范性压力使然，“阐释政治哲学”对西方（特别是当代西方）政治哲学论者而言是近乎本能的取向。借用迈克尔·沃尔泽（Michael Walzer）关于“道德哲学三路向”的说法，西方现代政治哲学话语是从其现代政治秩序形成的历史—实践逻辑中“阐释”（interpret）而来，而不是从某种既存的政治逻辑中“发现”（discover）而来，更不是基于某种外在的价值体系“创造”（invent）出来。[①] 西方现代政治哲学话语作为“榜样”启示我们：我们应该像法官和律师对既有法律的阐释和适用一样，去“是其应是”地阐明中国现代政治秩序建构的历史—实践逻辑中所蕴含的政治哲学原则。同时，这种政治哲学阐释还须具备面对现状的范导功能，即从政治哲学上充分挖掘中国现代政治秩序的历史—实践逻辑中所蕴含的“仍待兑现的承诺”（unfulfilled promises，哈贝马斯语）。这不仅是为了克服“阐释”内在的保守倾向，更与政治哲学的根本性质有关：政治哲学之为政治哲学，乃因为它关涉政治秩序的道德承诺和伦理承诺，而后者的意义就像数学中的“∞”（无穷大）一样，从未在任何现实的政治社会中充分实现。故此，中国现代政治哲学话语要“是

① See Michael Walzer, *Interpretation and Social Criticism* (Cambridge: Harvard University Press, 1987), pp. 18－21.

其应是”地具备面对现状的“阐释—范导”功能，即要在阐释性地把握中国现代政治秩序现实运行逻辑的基础上，为符合其道德承诺和伦理承诺的反思性发展空间提供具有前瞻性的范导。这意味着我们要真正介入中国情境中，以介入性的学理分析和实体性的理论建构，阐释符合中国现代政治秩序之现实运行逻辑的规范性视野。质言之，中国现代政治哲学话语须为自由、平等、民主、正义、法治等现代性价值和国家与社会关系等现代性范畴在中国情境中的制度和实践形式提供一套可争辩、可共享的学理阐释。这就指向了一个与现状阐释有关的理论课题，即我所谓的“现代性价值和现代性范畴的中国化”。

三是面对历史的“阐释—反思”（interpretive-reflective）功能。与中国现代政治哲学话语的建构相适应的“阐释政治哲学”，是一种将中国历史—文化传统纳入政治哲学建构视野的政治哲学，因此，它必然会涉及对历史的阐释。同样，西方现代政治哲学话语作为“榜样”所具有的面对历史的功能启示我们：中国现代政治哲学话语要“是其应是”地具备面对历史的“阐释—反思”功能，即在对中国历史—文化传统进行阐释的基础上，使得社会成员可以“反思性地调用”（reflectively appropriate）历史—文化传统。现代社会之所以为“现代”，乃因为现代人是通过对未来的想象来确定传统的存在形式及其功能，而不是相反。故此，在现代条件下，任何历史—文化传统，唯有通过“反思性的调用”始能成为集体认同的牢固基础。任何对历史—文化传统师心自是的阐释，都只是将其视为一种封闭的意识形态，是在宣示一种非反思性的文化立场。这种独白性的阐释，不仅不会促进社会成员间关于传统的相互理解，反而常常会人为拓宽彼此间的文化沟壑。正是在这个意义上，哈贝马斯（J. Habermas）指出，政治共同体的集体认同是“随着某个历史共同体的政治文化自我理解而形成和变化的”，而“对自我理解的启蒙，则是由这样一种阐释学工作完成的：它批判性地调用传统，并因而有助于本真性生活取向和深厚价值观的主体间确认或革新”。[①] 要想中国现代政治哲学话语“是其应是”地发挥面对

---

① See J. Habermas, *Between Facts and Norms*: *Contributions to a Discourse Theory of Law and Democracy*, trans. by William Rehg (Cambridge: Polity Press, 1996), p. 160.

历史的“阐释—反思”功能，我们必须“反思性地调用”那些在中国现代政治秩序建构中发挥作用的历史—文化传统，并促进其在现代条件下的创造性转化和转化性创造。质言之，中国现代政治哲学话语须为贤能政治、大一统（政治统一）等中国性价值和天人关系等中国性范畴在现代条件下的转进形态提供一套可争辩、可共享的学理阐释。这就指向了一个与历史阐释有关的理论课题，即我所谓的“中国性价值和中国性范畴的现代化”。

二　公共阐释与阐释政治哲学

据我多年探索、体会，为了使中国现代政治哲学话语充分发挥面对西方的“对话—抗辩”功能、面对现状的“阐释—范导”功能和面对历史的“阐释—反思”功能，我们应迈向一种基于“公共阐释”（public interpretation/public hermeneutic）的“阐释政治哲学”，而思想史重构、政治哲学建构与社会—历史分析相结合、历史政治学研究与社会政治理论分析相结合，则是与阐释政治哲学之“公共阐释”相适应的三个研究取径。四者一道，共同为我们推进中国现代政治哲学话语的建构，并促进其“是其应是”地发挥话语功能，提供了认识论和方法论依据。

所谓的“公共阐释”，不仅主动对接了经“阐释学转向”（hermeneutic turn）形成的“阐释政治哲学”，而且主张这种阐释政治哲学要确保在特定政治共同体内具有公共证成的前景。正如沃恩克指出的，政治哲学中的阐释学转向，“放弃了将普遍有效的正义原则根植于人类行动或理性选择之特征的尝试，相反试图阐明那些由于特定文化和社会的传统，即其社会善目（social goods）和公共价值的意义，而适合于该文化和社会的诸正义原则”。[①] 阐释政治哲学，主张把“类文本”的历史—文化传统纳入对政治哲学原理的理论阐释中，“其目标不再是为政治原则的无条件选择建构程序；相反，它力图发现和阐明已然嵌含在某个共同体或者为该共同体

① Georgia Warnke，*Justice and Interpretation*（Cambridge：Polity Press，1992），p. 159.

所隐含的习惯、制度和行动规范”。[①] 然而，传统毕竟只是“类文本”，与阐释学原初的阐释对象——文本（text）相比，它具有明显的模糊性和不确定性：不仅传统的内容具有模糊性，而且每个个体对传统的认知和感受又各不相同，因此，何种传统应纳入以及如何纳入现代政治哲学原理阐释的视野中，具有相当可争辩的空间。为了回应这一难题，我借用了张江提出的“公共阐释”概念，[②] 并吸纳了当代西方政治哲学把对历史—文化的阐释与“伦理—政治商谈”（ethical-political discourse）或“公共商议”（public deliberation）结合起来的认识成果，主张把政治哲学的“阐释学转向”明确提升为“公共阐释转向”，从而提倡一种“基于公共阐释的阐释政治哲学”，即以促进关于中国现代政治价值观的公共证成（相互理解和共识）为前景的阐释政治哲学。这就需要我们把辩护性阐释（apologetic interpretations）和批判性阐释（critical interpretations）结合起来，推进基于“内在批判”的阐释，即在遵循中国现代政治秩序之历史—实践逻辑的基础上，捍卫其“仍待兑现的承诺”。正如沃尔泽指出的，阐释既可以是辩护性的，也可以是批判性的，批判性阐释之批判是从一个社会自身的道德标准出发进行的批判：“较之关于世界的真实（或虚假）陈述，批判更多地建立在对共同观念的唤起性（或非唤起性）呈现基础之上。批判所使用的论据关涉意义和经验，其术语是由文化和社会经济环境确定的。”[③]

就像“转型法哲学”是与“公共法哲学”的思想立场相适应的法哲学理论模式一样，“基于公共阐释的阐释政治哲学”是与“民主社会学”[④]（sociology of democracy）的思想立场和理论视野相适应的一种政治哲学知

---

① Georgia Warnke, *Justice and Interpretation* (Cambridge: Polity Press, 1992), p. 5.

② 参见张江《公共阐释论纲》，《学术研究》2017 年第 6 期。

③ Michael Walzer, *Interpretation and Social Criticism* (Cambridge, Mass: Harvard University Press, 1987), p. 44.

④ 我主张的“民主社会学”，是以“多元现代性”为基本预设，以“内在批判”的建设性方式，推进中国现代政治哲学话语建构的一种思想立场和理论视野。作为一种思想立场和理论视野，民主社会学力图以整全性的政治社会学视角把握中国现代政治秩序的建构和运行，主张把社会情境依赖与社会共识基础深度结合起来把握中国现代政治秩序建构，把社会经济条件与社会文化条件深度结合起来把握中国现代民主秩序的运行。[参见孙国东《多元现代性与“民主社会学”视野下的政治发展逻辑》，《厦门大学学报》（哲学社会科学版）2022 年第 2 期]

识形态。如果说，“阐释政治哲学”有助于把握中国现代政治秩序建构的社会情境依赖，那么，将其明确建立在“公共阐释”的基础之上，则有助于将中国现代政治秩序建构的社会情境依赖与其社会共识基础紧密结合起来。在这个意义上，“基于公共阐释的阐释政治哲学”，不仅自觉秉持了“民主社会学”的思想立场和理论视野，而且将其在认识论和方法论层面落实了下来，为后者由一种疏阔的思想立场和理论视野转化为一种明切的理论模式提供了厚实的学理基础。

政治哲学的公共阐释，预设了一种“情境—普遍主义”（contextual-universalism）的阐释取向：就其凸显政治哲学建构的社会情境依赖来说，它是情境主义的（阐释学取向）；就其强调阐释洞见的社会共识基础（在整个政治共同体内具有公共证成前景）而言，它是普遍主义的（公共取向）。就此而言，“公共阐释”本身表征着一种以公共证成为导向的阐释政治哲学知识形态。政治哲学的公共阐释，需遵循两个认知性原则：确保阐释立场具有公共性的公道性（impartiality）原则，确保阐释内容具有公共性的可证成性（justifiability）原则。它体现了一种“不阿权不贾利、不媚俗不执我”的“言公”立场，即秉持自主于权力逻辑、市场逻辑和传媒逻辑的公道性立场，并以独立于私性价值偏好的可证成内容，推进具有公共证成前景的阐释政治哲学研究。相应地，其在认识论上要求采取基于内在批判的“反思性的情境主义”立场，并自觉践习康德意义上的“理性之公共运用”。政治哲学的公共阐释，其实为政治哲学研究者锚定了一个抚躬自问的思想基点：学术就是学术，它不是“货与帝王家”的治术，不是“为稻粱谋”的商品，也不是阿时趋俗的意见表达，更不是师心自用的观念传销，而是不可得而私之的“天下之公器”。

其实，政治哲学的公共阐释主张把作为情境制约的中国性要素与作为普遍性价值和规范要求的现代性要素，悉数纳入中国现代政治哲学话语建构的视野中，并通过现代性要素与中国性要素之间的交互比勘、相互损益和彼此融通所达致的“反思性平衡”（reflective equilibrium），促进两者最终形成水乳交融的谐和状态。为确保政治哲学阐释的公共性，公共阐释主张否定任何一种单一阐释视角的主导地位，而向所有可能出现的“替代性阐释”（alternative interpretations）开放。故此，它力图把围绕现代性或中国性，特别是把握两者关系格局的各种不同阐释视角都包容进来，其所内含的“反思性平衡”过程其实就是力图挖掘并呈现不同阐释视角达致相互理解和共识的过程。在这个意义上，公共阐释同时充分尊重了阐释者的主体地位和现代民主文化，自始至终立基于主体间性之上。

无论是使中国现代政治哲学话语充分发挥面对西方的“对话—抗辩”功能，还是使其充分发挥面对现状的“阐释—范导”功能和面对历史的“阐释—反思”功能，推进政治哲学的公共阐释都是不二法门。源自西方的知识传统或思想传统、针对政治秩序现状和历史的理论知识，不仅是中国现代政治哲学话语建构的重要参照或重要内容，而且在正常沟通中极易被意识形态扭曲。质言之，存在理解和解释障碍的方面。为了破除这种理解和解释障碍，推进政治哲学的公共阐释，促进不同阐释视角之间的反思性平衡，几乎是唯一施之可行的建设性出路。

三 政治哲学公共阐释的三种研究取径

与中国现代政治哲学话语应当发挥的三种功能以及中国现代政治哲学话语建构的三类课题相适应，我们可以分别采用三种公共阐释的研究取径。

（一）思想史重构

为了充分发挥中国现代政治哲学话语面对西方的“对话—抗辩”功能，促进“理论视野的去西方化/去自由主义化”，近年来我在阐发“民主社会学”理论模式的过程中逐渐形成了一种研究取径：“思想史重构”（the reconstruction of intellectual history）。借用冯友兰及张立文的说法，与典型的“照着讲”的思想史研究不同，思想史重构力图推进“接着讲”乃至“自己讲”的研究。所谓“思想史重构”，是一种具有明确实践关怀的思想史研究，即以服务于中国现代政治秩序的建构为旨趣，以思想史研究的方式呈现关于某一政治概念（现代性价值或现代性范畴）的不同阐释视角（甚或范式），并通过不同阐释视角（甚或范式）的相互对话、辩驳和融通，重构一种更具包容性和普适性的新的理论视野。这一新的理论视野，旨在为中国现代政治哲学话语的建构提供更具现实关怀和情境自觉的理论依据，从而有助于推进更有实践穿透力和思想创造性的政治哲学研究，以促进中国现代政治哲学话语充分发挥面对西方的“对话—抗辩”功能。

作为一种研究取径，“思想史重构”尤其适合于通过对那些被西方主流政治意识形态——自由主义话语笼罩的政治概念（现代性价值或现代性范畴）进行政治哲学考辨，获致一个超越于自由主义话语的理论视野，从而促进“理论视野的去西方化/去自由主义化”。自由、平等、民主、正义、法治等几乎所有的现代性价值，都可以作为思想史重构的研究对象。像“政治发展”这种关涉自由、平等、民主、正义、法治等相对单一现代性价值之制度化过程的综合性价值，以及像国家与社会关系这类典型的现代性范畴，亦可成为思想史重构的对象。①

与建构中国现代政治哲学话语相适应的阐释政治哲学，内在地要求推进更具政治性（而非更具哲学性）的政治哲学研究，即更自觉地观照特定时空政治社会之社会情境的政治哲学研究。如果说经济学是试图在资源稀缺的条件下谋求最优经济决策的学问，那么，具有政治性的政治哲学研究，则力图在特定实践约束条件下探求最理想政制/政治秩序，或者借用一个希腊语表达，即“欧诺弥亚”（*Εὐνομία*，Eunomia）的学问。具有政治性的政治哲学研究，不是毫无实践关照地探求政治哲学的规范性视野，而是力图以罗尔斯意义上的“现实主义的乌托邦”（realistic utopia）想象把握政治哲学的规范性视野，以吉登斯意义上的“乌托邦现实主义”（utopian realism）把握政治发展的实践约束条件（社会情境依赖），从而使政治哲学的规范性视野与特定政治社会的社会情境之间达致某种“反思性平衡”。故此，对政治性的政治哲学研究来说，重要的不是其探求的规范性视野本身是否正当或可欲，而是它们相对于特定社会情境是否正当或可欲。特别是基于最低限的可行性或结果主义考量，这种正当性或可欲性是

① 参见孙国东《现代化理论与政治发展》，郭苏建主编《转型中国的政治发展理论与实践研究》，格致出版社、上海人民出版社，2022，第9—56页；孙国东《“民主社会学”视角下国家与社会的相因相成——基于思想史重构的政治哲学分析》，陈明明主编《观念、价值与政治发展》，复旦大学出版社，2021，第3—43页。

否值得在政治上追求。就此种旨趣的政治哲学研究来说，思想史重构的取径就尤显必要。经由思想史重构，我们可以把那些被西方主流政治意识形态——自由主义话语以普遍主义面目遮蔽和覆压的“被压制的知识”（福柯语）发掘出来，并通过与自由主义话语的对话、辩驳和融通，确立起新的、有别于（甚至超越于）自由主义话语的理论视野，从而为包括中国在内的非西方社会政治秩序的反思性发展提供理论依据。这种经由思想史重构获致的新的理论视野，可以让我们在西方主流自由主义话语之外，“想象另一种可能世界”①，从而为探求有别于（甚至超越于）西方现代性的“他种现代性”提供思想资源。

如果以哈贝马斯商谈/话语理论（特别哈氏对话语之对话潜能的挖掘）为参照，思想史重构对于促进中国现代政治哲学话语充分发挥面对西方的“对话—抗辩”功能的意义，就充分显现了出来。思想史重构对那些“被压制的知识”的发掘，特别是其所促进的那些“被压制的知识”与主流政治意识形态（自由主义）话语之间的对话，旨在释放话语作为知识的对话和沟通潜能。借由这种对话和沟通潜能，我们既可以把自由主义意识形态由具有封闭性和压迫性的“话语”还原为可争辩的“知识”，亦可以挖掘那些“被压制的知识”的规范性内涵和认知性潜力，从而为重塑关于现代政治秩序的社会想象（social imaginaries）提供智识依据。质言之，由思想史重构促进的那些“被压制的知识”与自由主义话语之间的对话，一方面可以扭转甚或消除因自由主义话语作为权力在非西方社会的不合法运用而形成的“唯西是瞻”的“集体无意识”局面，另一方面亦可为非西方社会探求有别于（甚至超越于）自由主义话语的现代政治哲学话语提供新的理论视野。

思想史重构是秉持公共阐释取向的研究取径。思想史本身就构成了基于“文本”的传统，即知识传统或思想传统，属于中国情境中广义上的历史—文化传统。在西方现代政治哲学话语占据主导地位的现时代，这种知识传统不仅构成了西方现代政治哲学话语的知识基础，而且直接影响着我们对中国自身历史—文化传统的阐释立场。因此，就中国现代政治哲学话

① 这一表达，整合了“理想国”文库的口号“想象另一种可能”与赵汀阳的一个政治哲学概念“可能世界”。

语的建构来说，对这种知识传统本身的（批判性）阐释具有前提性和基础性的意义。思想史重构，旨在把属于不同思想脉络的知识传统呈现出来，并力图通过它们之间的相互对话、辩驳和融通，将其整合为一种有别于西方现代政治哲学话语的新的理论视野。这一整合的过程，其实亦是一种反思性平衡过程，即在不同知识传统之间达到反思性平衡的过程。正是这一反思性平衡的过程，既力图重构我们关于现代政治秩序的规范性理解，也试图通过各种知识传统之间的对话促进关于政治概念或范畴的相互理解，从而形成更具包容性的理论视野。故此，思想史重构本身既是阐释性的，亦力图践习公共阐释的取向。

（二）政治哲学建构与社会—历史分析相结合

为了使中国现代政治哲学话语充分发挥面对现状的“阐释—范导”功能，促进“现代性价值和现代性范畴的中国化”，我们可以采取政治哲学建构与社会—历史分析相结合的研究取径。

把政治哲学建构与社会—历史分析深度结合起来，是我一直以来推进中国政治哲学和法哲学的介入性学理分析和实体性理论建构所采用的研究取径。我对“社会—历史分析”的运用，大体有两个阶段：从 2008 年开始，主要受黄宗智和汪晖等启发，我尝试把“社会—历史分析”引入法哲学研究中，以阐发我所谓的“邓正来问题”，即“基于中国文化认同的（法律）理想图景问题”。在随后开展的一项研究中，我试图通过对晚清（乃至宋明）以来中国现代转型（社会转型）的社会—历史分析，把握“邓正来问题”出场的历史意义和时代价值。大约自 2010 年以来，我开始认识到可以采用“政治哲学建构与社会—历史分析相结合”的研究取径，推进我所谓的“转型法哲学”的研究。2015 年以来，我发现在涉及长时段的历史问题时，“政治哲学建构与社会—历史分析相结合”的研究取径，可以转化为“政治哲学建构与历史社会学分析相结合”。也是从那时起，我开始系统思考“作为转型法哲学的公共法哲学”的研究取径，特别是其理论依据。我当时为此找到的理论依据，也是我迄今仍坚持的观点：中国现代转型之政治理想与实践约束条件（结构化情境）之间的反思性平衡，构成了政治哲学建构与历史社会学分析相结合的基本理论依据，亦是其旨趣和归属所在。

在阐发“民主社会学”理论模式之前，我关于“公共法哲学”的研究主要聚焦于（以法治和正义为代表的）“现代性价值的中国化”，“中国性价值的现代化”和“现代性范畴的中国化”并未进入我的视野。故此，政治哲学建构与历史社会学分析相结合的研究取径，也主要服务于“现代性价值的中国化”。

正如我那时在总结以该研究取径推进政治哲学的公共阐释时指出的，“采取政治哲学建构与社会 - 历史分析相结合的研究取径，可以通过政治哲学建构把握中国政治发展的政治哲学承诺（政治价值的理念形态），同时通过社会 - 历史分析把握中国现代政治秩序建构的实践约束条件（政治价值实现的［政治和］社会—历史制约条件），进而通过政治哲学承诺与实践约束条件交互比勘所达致的反思性平衡，对中国情境中的政治价值观（政治价值的具体规范性要求）进行公共阐释”。①

近年来，我进一步认识到：政治哲学建构与社会—历史分析相结合的研究取径，还适合于推进“现代性范畴的中国化”，并且其可用于促进“现代性价值之中国化”中的“现代性价值”——既可以是像自由、平等、民主、正义、法治此类相对单一的价值，亦可以是像“政治发展”这类影响着前述单一现代性价值之制度化的综合性的“现代性价值”。就后者而言，建构适合于中国情境之政治发展的思想光谱，同样需要采用政治哲学建构与社会—历史分析相结合的研究取径，对政治发展的规范性视野进行“学理格义”②。可以说，如果要推进阐释政治哲学研究，即围绕适合于特定政治社会情境的规范性视野，推进介入性的学理分析和实体性的理论建构，采用政治哲学建构与社会—历史分析相结合的研究取径堪称不二法门。舍此，我们要么滑向对普遍主义规范性视野的无反思性接受，要么坠

① 孙国东：《阐释学与政治哲学的公共阐释》，《探索与争鸣》2019 年第 12 期。

② “格义”本为使用中国本土思想对佛教教义进行转译和阐释的方法。所谓的“学理格义”，是相对于“文字格义”而言的。如果说，西学东渐之初我们对西方政治哲学和法哲学术语的翻译（如把“liberty”翻译为“群己权界”“自繇”，进而译为“自由”），是类似于传统中国迻译佛经的“文字格义”，那么在现时中国，为了切实推进中国现代政治哲学和法哲学原理的建构，我们必须进一步推进学理上的“格义”。这种“学理格义”之必要，根源于现代性本身具有内在的文化/情境依赖性。参见孙国东《公共法哲学：转型中国的法治与正义》，中国法制出版社，2018，第 68 页注［1］。

入对实践约束条件的无谓妥协，从而摇摆于“向假定处思考”的“去情境化的普遍主义”与“向给定处妥协”的“封闭的中国特殊论”之间。

之所以称为“社会—历史分析”，而不是“社会和历史分析”，乃因为我一直秉持“问题导向”的跨学科视野，试图把社会学视角和历史学视角深度结合起来。正如历史社会学家彼得·伯克所言，历史学视野预设了“复数的人类社会”的存在，侧重“研究它们之间的差别和各个社会内部基于时间的变化”；社会学视野则预设了“单一人类社会”的存在，“侧重对其结构与发展的归纳”。[①] 所谓“社会—历史分析”，试图把社会学整体主义视角对跨越文化之同质性（现代社会同质的复杂性、共同的社会结构和共通的演化逻辑等）的洞察，与历史学具体主义视角对特定时空之异质性（历史延续性、时代特殊性和文化多样性等）的敏感深度结合起来。故此，它力图把注重把握历史延续性、时代特殊性和文化多样性的历史分析，与注重观照现代社会同质的复杂性、共同社会结构和共通演化逻辑的社会分析结合起来。此种意义上的“社会—历史分析”，旨在把握作为中国现代转型之实践约束条件的各种“结构化情境”，即“经由历史的积淀、社会的演化和政治的博弈而形成的某些相对固化的情境”。[②] 因此，当关涉长时段的历史问题时，它会以“历史社会学分析”表现出来（如《公共法哲学：转型中国的法治与正义》第八章对“中华民族多元一体格局”的政治社会学分析）；当涉及具有时代性的政治和社会—历史条件时，它会以“具有历史感的政治社会学分析”或“制度化情境分析”（analysis of institutional contexts）表现出来。

（三）历史政治学研究与社会政治理论分析相结合

为了使中国现代政治哲学话语充分发挥面对历史的“阐释—反思”功能，促进“中国性价值/范畴的现代化”，我们可以采取历史政治学研究与社会政治理论分析相结合的研究取径。

近年来，以姚中秋（秋风）、杨光斌等为代表，部分中国学者开始倡

---

① 参见〔英〕彼得·伯克《历史学与社会理论》第2版，姚朋等译，上海人民出版社，2010，第2页。

② 孙国东：《公共法哲学：转型中国的法治与正义》，中国法制出版社，2018，第8页。

导“历史政治学”的研究范式。对于像中国这样有着数千年国家治理史的国家来说，历史政治学范式的研究价值不言而喻。依鄙见，历史政治学范式最大的价值在于，它可以最大限度地激活中国历史上的国家治理经验（乃至教训），从而挖掘其于中国现代政治发展的借鉴意义。然而，历史政治学对历史视角的排他性关注，亦有明显的弊端。历史政治学主张在“历史中探究善治之道”，认为“‘应当’就在历史地展开的‘是’之中，正是时间让‘是’凝定为‘应当’，且让后人可从先人之‘是’中探知‘应当’，也即从历史中探求致善之道，舍此，别无他途”。[①] 我们只需要借用鲁迅《狂人日记》中的一句名言，就足以反驳这种将历史意识形态化的独断主义立场：“从来如此，便对吗?”如果排他性地秉持历史视角把握政治现象，国家治理现代化就变得无关宏旨了，甚至会被视为相背而行的歧途，因为它从根本上扭转了现代性的时间意识：不是对未来的想象，而是对过去的循守，决定着我们当下的政治选择和政治行动。历史视角尽管重要，但绝不是把握中国现代政治发展的唯一有效视角，甚至也不是其中最具决定性的视角。李泽厚在九十周岁生日到来之际接受《南方人物周刊》访谈时，曾说道，哲学高但空，历史狭且深，文学肤浅然而广博，要三者兼备才能有原创力。[②] 这个说法侧重人文学科。如果换成社会科学，我们庶几可以说，实践哲学高但空，历史视角狭且深，社会视角泛却通，政治视角质野然而切实，唯有把实践哲学与政治视角、社会视角和历史视角深度结合起来，始能达致敏感于中国情境的思想创造和理论创新。

正是为了弥补单一历史政治学视角的缺憾，我一直尝试把它与社会政治理论分析深度结合起来。“社会政治理论”，顾名思义，就是把社会理论和政治理论（政治哲学）融合起来所形成的跨学科理论视野。典型的社会政治理论研究，在学术传统中以哈贝马斯—霍耐特一脉的法兰克福学派为代表，不仅注重对政治价值或政治理念的政治哲学研究，而且注重对政治价值或政治理念所依托的社会结构和社会情境进行“社会分析”。霍耐特

---

① 姚中秋：《学科视野中的历史政治学：以历史社会学、政治史、比较政治学为参照》，《政治学研究》2020 年第 1 期。

② 参见《九十李泽厚 最后的访谈》，《南方人物周刊》2020 年第 20 期。

认为，“在制约当代政治哲学最大的一些局限中，其中有一个局限就是它与社会分析的脱节，这使得哲学只能定位在纯粹规范性的原则上”。① 不同于规范性政治哲学，社会政治理论分析力图把政治哲学建构与对现代社会结构形成、演化及其病理逻辑的社会分析结合起来。故此，把历史政治学研究与社会政治理论分析结合起来，就可以弥补单一的历史政治学视角对历史延续性的排他性关注，从而在社会转型和国家治理现代化的逻辑中恰当定位政治现象的历史延续性及其现代转进空间。

历史政治学研究与社会政治理论分析相结合的研究取径，主要适合于把握那些与“中国性价值/范畴的现代化”有关的论题。把历史政治学研究与社会政治理论分析结合起来，旨在超越历史政治学（新儒家）与自由主义政治哲学之间的二元对立，通过把现代性价值（如自由民主）及其实践病理学逻辑与中国性价值/范畴（如贤能政治）的可能超越空间结合起来，为我们以中国性价值/范畴“接榫、吸纳、转化乃至超越”西方现代性价值提供想象和探索空间。②

为明晰起见，我们不妨把与中国现代政治哲学话语的三大功能相适应的上述三种公共阐释取径列入表1。

表1　中国现代政治哲学话语的三大功能与“公共阐释”的三种取径

话语功能	研究取径	适合课题	理论旨趣	公共阐释的表征
面对西方的“对话—抗辩”功能	思想史重构	理论视野的去西方化/去自由主义化	建构可容纳非西方发展实践，进而更具包容性和普适性的理论视野	推进对作为知识传统的自由主义理论与非自由主义理论的对话和反思性平衡
面对现状的“阐释—范导”功能	政治哲学建构与社会—历史分析相结合	现代性价值/范畴的中国化	推进对现代性价值/范畴的“学理格义”	以现代性价值（如政治发展）和现代性范畴（如国家—社会关系）为构成性价值，推进中国性与现代性之间的对话和反思性平衡

① 〔德〕霍耐特：《自由的权利》，王旭译，社会科学文献出版社，2013，第9页。

② 参见孙国东《内倾型的贤能政治——基于“历史终结论”病理学逻辑的政治哲学分析》，《复旦学报》（社会科学版）2017年第5期。

续表

话语功能	研究取径	适合课题	理论旨趣	公共阐释的表征
面对历史的“阐释—反思”功能	历史政治学与社会政治理论分析相结合	中国性价值/范畴的现代化	推进对中国性价值/范畴的现代阐释	以中国性价值/范畴为构成性情境（如贤能政治）或范导性价值（如身份美德），推进现代性与中国性之间的对话和反思性平衡

四　结语：“中—西时代”的阐释政治哲学研究

与西方现代文明的遭遇，是中国数千年文明史上继佛教之后面对的第二次大的外来文明挑战。就像中国最终以宋明理学完成了“以儒融佛”一样，中国的现代转型同样需完成“以中化西”的历史任务。这就需要我们最终完成“接榫、吸纳、转化乃至超越”西方现代性的历史课题。“中—西时代”的到来，为我们推进与西方的平等对话并最终超越西方提供了历史契机。

“中—西时代”的启幕，极易激发一种文化民族主义心态：就像以韩愈为代表的士大夫面对佛教在唐代的汹涌来势时的“以儒辟佛”一样，我们也很容易有一种“以中辟西”的心态。不过，尽管可以如韩愈般激情满怀地批评“佛本夷狄之人，与中国言语不通，衣服殊制，口不言先王之法言，身不服先王之法服，不知君臣之义、父子之情”,① 但历史告诉我们的却是另外一种景象：是后来的朱熹，而不是韩愈完成了“以儒融佛”的工作。这启示我们：面对外来的异质文明挑战，文化民族主义的激愤庶几可以激昂情绪，但相对我们的历史使命来说，却常常会陷入一种心余力绌的困境。

如果从东汉初年（约公元1世纪）佛教西来算起，到宋明理学成熟并获得官方认可（以朱熹从祀孔庙的1241年计），中国文化完全吸纳佛教经

① 《论佛骨表》，马其昶校注《韩昌黎文集校注》（下），马茂元整理，上海古籍出版社，2021，第877页。

历了1100多年时间。西方文化的传入即使从利玛窦进入中国（1582年进入澳门）算起，迄今也不足450年；而如果从1840年特别是1895年西方文化对中国开始产生实质性、全局性影响算起，则迄今不过百余年。即使考虑到现代信息传播和文化交融的快捷性，我们完全“接榫、吸纳、转化乃至超越”西方现代性，恐怕至少还需要数代人的时间。

是故，我们必须清醒地认识到，尽管那种有别于（甚至超越于）西方的中国现代政治哲学原理对于我们十分紧要，但它既非个别学者可独力完成，亦非一日之功，相反需要数代，甚至十数代中国学人踵武赓续地接力完成。只要稍稍梳理一下西方从霍布斯、洛克到卢梭、康德再到罗尔斯、哈贝马斯等历经近400年形成现代政治哲学话语的思想史脉络，就不难知晓，我的上述判断绝非一种妄自菲薄的谦虚。毋宁说，在全社会为文化民族主义氛围笼罩的背景下，它其实体现了一种实事求是的清醒和困知勉行的自觉。

如果要直面“中—西时代”的“知识转型”所遭遇的“知识悲歌”，这种实事求是和困知勉行还须齐之以“争智于孤”的孤往品格始能真正得到践习。与其他知识领域一样，政治哲学（和法哲学）领域的“知识悲歌”并无新意：论者要么师心自用地陷入无情境自觉的意识形态性“观念争夺”；要么阿时趋俗地滑入无现实关怀的技术流研究，特别是将政治哲学（和法哲学）分析哲学化的学究化研究；要么有情境自觉和现实关怀却只能浅尝辄止地流于口号性号召和论纲性研究。以上均无力推进中国现代政治哲学（和法哲学）的介入性学理分析和实体性理论建构。有如其他知识领域，政治哲学（和法哲学）领域已无有待拓荒辟壤的“处女地”，但到处是需要深耕厚植的“半熟地”，甚至亟待“养护性耕作”的“毒地”（特别是那些被意识形态性的“观念争夺”糟害的论题，如“宪制”“普适性价值”等）。是故，为了给切实推进中国现代政治哲学（和法哲学）原理的介入性学理分析和实体性理论建构做探索性和积攒性的努力，我们不得不做诸多“清理地基”的前提性、基础性工作。

以“阐释政治哲学”推进政治哲学的公共阐释，就是这样一种旨在“清理地基”的工作。它从中国现代政治哲学话语“是其应是”的三种功能（面对西方的“对话—抗辩”功能、面对现状的“阐释—范导”功能和面对历史的“阐释—反思”功能）入手，力图通过思想史重构促进“理论视野的去西方化/去自由主义化”，通过政治哲学建构与社会—历史分析相结合促进“现代性价值/范畴的中国化”，通过历史政治学研究与社会政治理论分析相结合促进“中国性价值/范畴的现代化”，从而在确立更具包容性和普适性的理论视野的基础上，促进现代性与中国性——现代性价值/范畴的政治展开与转型中国的实践约束条件、中国性价值/范畴的历史延展与现代性精神的正当性限制之间的“反思性平衡”，并借此为中国现代政治哲学话语的介入性学理分析和实体性理论建构做探索性和积攒性的努力。唯其如此，我们始能“不泥国粹，不做洋奴，努力原创”（李泽厚语），从而在告别“知识悲歌”的基础上，推进“知识转型”。

最后，让我们录下黑格尔的一段话，与诸位共勉：

> 作为哲学著作，它必须绝对避免按照它应该如何存在来建构一个国家的做法。……
>
> 这里是罗陀斯，就在这里跳罢。
>
> ……哲学也就是被把握在思想中的它的时代。妄想一种哲学超出它的现在世界，就像一个人妄想跳出他的时代之外，跳出罗陀斯岛一样，是愚蠢的。①

① 《法哲学原理》，《黑格尔著作集》第7卷，人民出版社，2016，第13页。

国家治理现代化视域下的两难抉择与情感认同*

谢惠媛　常舒铭**

（北京航空航天大学马克思主义学院，北京）

摘　要：由多种具有正当合理性却不可公度的社会诉求引发的价值冲突，容易导致治理者在制度制定与执行时陷入两难困境，不利于提高治理效能。要推进国家治理现代化，就应正视与重视这一问题，把握价值冲突的实质和特性，明确两难抉择的行为属性和责任，并在此基础上，以情感进路有效化解矛盾、缓解冲突，进而维护社会稳定，推进改革发展，满足人民日益增长的美好生活需要。

关键词：国家治理现代化；价值冲突；两难抉择；情感认同

一　引言

《中共中央关于全面深化改革若干重大问题的决定》提出国家治理现代化的重大理论命题，把推进国家治理体系和治理能力现代化作为全面深化改革总目标的重要组成。尔后，十九届四中全会颁布的《中共中央关于

---

* 本文系北京社会科学基金项目“国家治理中的价值冲突与政治情感体认”（18ZXC011）的阶段性成果。

** 谢惠媛，北京航空航天大学马克思主义学院教授、人文与社会科学高等研究院特聘研究员，博士生导师；常舒铭，北京航空航天大学马克思主义学院硕士研究生。

坚持和完善中国特色社会主义制度、推进国家治理体系和治理能力现代化若干重大问题的决定》把推进国家治理现代化提升至国家建设发展之重大战略任务的高度。作为全面建设社会主义现代化国家的有机组成，国家治理现代化是解放与发展社会生产力、增强社会活力的必然要求，是规范公共权力运行和维护社会秩序的必然要求，是满足人民日益增长美好生活需要的必然要求。

“天下之势不盛则衰，天下之治不进则退。”推进国家治理体系和治理能力现代化的目标及其实践体现治国安邦的中国之道。就概念内涵而言，治理和国家治理内在蕴含对多元治理主体的承认，以及对由此带来的多元社会诉求的关注。我国的国家治理现代化需要在中国共产党领导下，形成政府、社会、市场和公民良性互动的局面。另外，治理理论主张立足于社会，协调国家与社会之间的关系，使国家逐步与社会相融合，不断提升人民群众的参与度与满意度。相应地，国家治理不仅强调“转型社会国家发挥主导作用的重要性”，而且还要求重视“治理理念所强调的社会诉求”，体现一种“更为均衡和客观的理论视角”。① 这意味着，来自人民群众的不同呼声应得到正视与重视，在政策制定与执行过程中得到充分关注。

思想共识能为行为提供确切的方向与必要的引导，有利于提高治理效能。需要多个治理主体共同参与的国家治理强调协同共治，“体现为多元主体之间建构良性互动关系，形成协同和协商治理的集体行动；体现在国家制度和法治建设的共同性方面”。② 但与此同时，推进国家治理现代化的过程，不可避免地会出现相异或相互矛盾的诉求。由于国家治理是一个多主体参与的过程，受能力、制度、客体、环境等各种因素的共同影响，此间凸显的不同诉求容易产生分歧，甚至引发冲突。在文化多元与个体自主性彰显的背景下，不同诉求所引发的矛盾冲突并没有因经济增长、物质丰富与技术进步等而减少，反而有所增加。面对人民群众多元的需求与不平衡不充分的发展问题，要不断推进国家治理现代化，就应当正视多样态的社会诉求，提高制度制定与执行能力，以恰当的方式统筹协调，解决矛

① 徐湘林：《“国家治理”的理论内涵》，《人民论坛》2014 年第 10 期。

② 王浦劬：《推进国家治理现代化的基本理论问题》，《中国党政干部论坛》2021 年第 11 期。

盾冲突。唯此，才能在理论层面捍卫道德权威性和价值统一性，才能在实践层面帮助人们更客观地看待治理者及其行为，更全面地理解把握制度制定与执行的主旨，更有效加强权力监督与维护公共权力的公信度，更有力地维护社会稳定与发展，开启全面建设社会主义现代化国家新征程。

二　两难抉择及其背后的诉求冲突

受环境或资源条件的限制，当多种相异社会诉求同时呈现且相互冲突时，治理者往往无法同时满足多种需求，只能从中选择其一。但不管选择满足哪一方的需求，又或是放弃选择，其行为抉择都会造成对无辜者的伤害，这使他陷入“不管怎么做，都是错误的”处境。[①] 在社会转型期或经济飞速发展阶段，类似的两难抉择并不鲜见，并且突出体现在制度执行过程中。诸如城市发展进程中的房屋拆迁及补偿、重大突发公共事件和危机干预，都容易让治理者在决策与执行时感到无所适从。要真正理解治理者抉择上的两难，首先应把握相异的社会诉求在何种意义上导致两难困局。

引致两难的必要前提是不同社会诉求之间存在矛盾冲突。但由于一些诉求是不合理的，即便与其他诉求产生矛盾，它们也无法获得支持，因此不会造成治理者选择上的困难。与此同时，一些可还原为物质利益的同质化诉求也不难借助已经达成共识、可普遍化的标准进行协调。以房屋拆迁为例。为了加快城镇化进程，部分城市重新规划区域发展模式，进行大规模的旧城改造，征收原有土地上的房屋和设施，用以修筑公路、修建地铁或铁路等公共基础建设。该发展规划可能引发原有土地上的居民、商户等的权益与城市整体的公共利益之间的矛盾。此时的矛盾主要涉及如何评估原有土地上财产价值的问题。通过行政部门与财产使用人和所有人的沟通与协商，借助《国有土地上房屋征收与补偿条例》等制度，经由社会稳定风险评估等程序，可以依法对拆迁当事人进行合理补偿，从而兼顾维护公

① 托尼·科迪（Tony Coady）把两难抉择概括为“不管做X还是不做X，其选择都是错误的”处境。参见Tony Coady, *Messy Morality: The Challenge of Politics* (New York: Oxford University Press, 2008), p. 79。

共利益的诉求与保障被征收房屋所有权人之合法权益的诉求。换言之，维护公共利益所体现的价值诉求与保护所有权人之合法权益所体现的价值诉求之间可以相互协调。就此而言，直接或间接可还原为物质利益的诉求在一定程度上可以规避两难。

而造成两难困境的诉求冲突往往基于不同诉求，是非同质的，因此无法在同一“天平”上做出孰高孰低的权衡。仍以房屋拆迁为例。在前几年的房屋拆迁过程中，拆迁当事人拒绝搬迁的其中一个理由是，在房子里居住多年，因此产生难以割舍的感情。类似的诉求在性质上有别于获得满意的补偿金的诉求。在这种境况下，假如相关部门仍想借助物质补偿的方式来弥补被拆迁者的损失，显然并非“对症下药”，无法满足后者的需求。[①] 非同质化使得不同诉求之间的矛盾冲突异常复杂，治理者无法依据同一标准进行取舍。

从价值的角度来看，诉求的非同质化使得相互间形成的冲突更深层次地涉及多种价值，而不单纯涉及物质利益。诚如哈特曼指出：“社会的利益冲突……并不依赖于指向他们利益的本质，而是依赖于价值的本质。”[②] 事实上，现实生活中有着许多难以从利益的角度量化衡量的价值诉求。“除了利益，还要生动有趣的生活经验、政治权力、文化权力以至精神、人格和幸福等等，尤其是那些钱权换不来的幸福和生活意义。”[③] 这些要素都因其价值难以估量而无法进行量化比较。“无价的价值——由于其无价性——是不可替代、无法转换和还原的，而且相对于有价的东西来说，无价的东西更难获得，它们对整个生活的影响也更大。”[④] 无价意味着难

---

① 有研究表明，因城市拆迁引发的冲突已经不再单纯是物质利益问题，而是“演变为深层次的结构性问题，透射出社会急剧转型中官民之间的信任危机和社会的信仰危机”。（参见蒋俊杰《国家治理体系与治理能力现代化视野下的社会冲突研究》，同济大学出版社，2015，第 24 页）

② 转引自冯平主编《现代西方价值哲学经典：先验主义路向》，北京师范大学出版社，2009，第 752 页。

③ 赵汀阳：《论可能生活》，中国人民大学出版社，2010，第 157 页。

④ 赵汀阳：《论可能生活》，中国人民大学出版社，2010，第 181 页。他富有洞见地指出：“无价的价值之所以是无价的，因为它是人的存在本身的目的，这是不可让渡的东西，除非迫不得已。因为这种价值一旦出让就等于否定自己、出卖自己，或者说，等于证明自己是无价值的。这种出让是自己无法承受的自我缺失。”

以通过价值排序的方式做出选择，这时治理者的抉择失去可依据的评判标准。这体现真正意义上的价值冲突及其带来的抉择困局。

除此以外，抉择上的两难也常常出现在涉及生命或维持生命之基本权利的场合。“人的生命是人的全部其他利益诉求的基础与前提，每个人的生命都是一次性的、独一无二的，生命之间是平等的、无价值度意义上的可比性。在危急情况下，保存自己生命的愿望与意志是正当合理的，每个人都有权采取必要的措施实行自救。”① 但问题在于，当两种诉求都希望能保全生命，而结果只能满足一方的意愿时，治理者依据什么样的标准做出选择。② 这同样体现了真正意义上的价值冲突。

公共权力的核心功能之一是满足正当诉求的需要，维护国家利益，保障公民基本权利，体现社会正义。面对不同的社会诉求，治理者有必要予以判别与回应。从判别与选择的难易程度来看，鉴于有些诉求本身并不具有正当合理性，又或是不同诉求之间能够借助可普遍化的标准予以协调，因此治理者不难做出扬善避恶的选择，不会陷入两难困境。这是国家治理的常态。然而，国家治理体系和治理能力现代化同样需要正视各种非常态的情境，有必要恰当处理真正意义上的价值冲突问题。

三　价值冲突的实质与特性

实质上，真正意义上的价值冲突往往蕴含两种或多种均能说明自身合理性，却相互排斥且不可公度的（incommensurable）价值诉求，体现应当得到履行的相异基本义务之间不可公度、无法调和的根本矛盾。导致两难抉择的价值冲突在组成要件和逻辑结构方面具有自身特殊性。

从组成要件来看，真正意义上的价值冲突不仅仅意味着存在多种不同的价值诉求，而且这些诉求具有自身特性。具体而言，它们通常涉及应被履行的基本义务或应被保护的基本权利，如保障公民人身自由和人格尊严

① 甘绍平：《非常态下的道法抉择》，《哲学研究》2016 年第 10 期。

② 如新冠疫情初期，欧美多国医疗设备匮乏，在这种情况下，医疗机构在应该给年轻人还是老年人提供呼吸机等问题上不同程度地存在抉择两难。

不受侵犯。如果某一目的的实现，要以威胁甚或是剥夺无辜者的生命为前提，那么，在此基础上形成的价值诉求无法构成必须履行的义务，类似的情境在大多数情况下并不会导致价值冲突。就此而言，黑格尔关于价值冲突反映“相互冲突的义务”的论断具有说服力。正因为履行某一基本义务是合理的要求，治理者往往也认为满足相关诉求的做法责无旁贷。

另外，相互冲突的诉求均具有正当合理性，但同时无法公度。不管在逻辑推演上抑或在实践上，每一种诉求都能证明自身的有效性与正当合理性。然而，这些存在差异的诉求之间相互排斥、无法共存。“每一个论证在逻辑上都是有效的，或者，很容易通过推演达到这一点；所有结论的确都源于各自的前提，但是，对于这些对立的前提，我们没有任何合理的方式可以衡量其各个不同的主张。因为每个前提都使用了与其他前提截然不同的标准或评价性概念，从而给予我们的诸多主张也就迥然有别。”① 虽然每一种诉求都获得相应的合理性支持，理应得到满足，但不同诉求的同时呈现让治理者无法兼顾。由此可见，真正意义上的价值冲突是更深层、更难解的价值分歧。

从逻辑结构来看，置身真正意义上的价值冲突境况中，治理者需要在两种或多种不可公度的合理诉求当中做出非此即彼的选择，其相应的行为有别于常规境况中的行为，体现了背离常规判断逻辑的“不可能的应当”。一般而言，当某人被认为应当履行某一义务时，意味着他被相信有能力采取相关的行为。亦即说，“能够/可能”（can）与“应该”（ought to/should）之间有着某种相关性：从“应该做某事”的判断可推导出“能够/可能做某事”的论断。“能够”更多地带有描述性质，它反映出个体的身心状态足以支撑他履行义务或实现目标，且客观的环境也会为他履行义务或实现目标提供必要的条件。这是对行为进行规约的前提条件。一旦行为者没有能力完成某件事情时，“做某事”自然并不构成其义务，更不会成为价值评判的依据。例如，没有掌握游泳技术的人往往不会因他没有跳入河中拯救落水者而备受指责。而“应该”则反映了带有规范性的价值取向。在大多数情况下，“应该”蕴含对某种或某些义务的确认或要求，具有行

① 〔美〕阿拉斯代尔·麦金泰尔：《追寻美德》，宋继杰译，译林出版社，2003，第9页。

为引导的作用。换言之，当“某人应该做某事”的论断成立时，“做某事”便成为人们希望“某人”选择的任务，甚至认为完成这件事是某人的义务。

不难理解，“应该做某事”的判断可推导出“能够/可能做某事”的结论。具体而言，当做出“某人应该做某事”的论断时，说话者的言下之意是，不管是物质、技术、环境、机遇等外部因素，抑或是生理、心理等个人内部因素，都为某人做某事充分提供了支撑条件，使得他胜任某事，具备相关的能力。比如，购房合同中关于出卖人应当如期把房屋交付客户使用的相关规定表明了，建筑施工方和开发商不仅有责任，而且有能力，在保障房屋质量的前提下，按照约定时间为客户办理交接手续。因此，应然判断不仅反映了某种需要，而且蕴含了对具备满足需要之能力的确认。这种推理模式被称作 OIC（ought implies can）原则。尽管我们在表述事态的发生时，或许会做出不同的表述，如“某人应当做某事”、“某人应当做某事是可能的”以及“某人应当做某事是可能的这一状况应当发生”，但这三种事态都说明了，某人通常情况下至少已经具备完成某事的能力。对此，苏珊·沃尔夫（Susan Wolf）指出，如果个体在心理上打定主意，出于正当的理由而要去做正确的事情，那么，这跟他所具有的所需能力相一致。[①]“假如我们被要求应当做某事，我们就能够做某事。”“在我们已经向这种义务概念承认了其权威之后，还要说我们不能做到，那显然是荒谬的。”[②] 这意味着，不具备完成任务或义务的主观能力，或因不可抗力等外在因素而无法完成任务，那么，针对他所做出的应然判断便失去意义。比如，在精神病患者处于不具备完全行为能力时，我们难以从道德或法律的角度来谴责他在这期间所做的错事。针对类似的现象，亨德森（G. Henderson）在《“应该”蕴含“可能”》一文中明确指出，当行为者已被证明缺乏相关能力来做某事的时候，便意味着没有办法实现应然判断所指向的目的，此时，义务已然终止，而坚持认为行为者“应该”为实现

---

① Susan Wolf, “Asymmetrical Freedom,” *Journal of Philosophy*, Vol. 77, 1980, pp. 151 - 166.

② 〔德〕伊曼努尔·康德：《道德形而上学原理》，苗力田译，上海人民出版社，2005，第 42 页。

目的而做某事是不合适的。①

在真正意义上的价值冲突中，治理者缺乏以完全合乎道德的方式来满足诉求的手段。相互排斥、不可公度的价值诉求使得他不管选择何种诉求，都不可避免会损害另一诉求的正当权益。这意味着，治理者的选择无法遵循从“应该”推断出合乎道德的“能够”的常规模式。这种反常关系可具体描述为人们希望治理者能推进某一良善目标，但实际情况是他并没有能力以合乎道德的方法做到这一点。这种“不可能”的“应该”的反常关系在很大程度上暴露了行为自身的逻辑不自洽。当然，“应当”并不意味着“必须”。治理者可以选择放弃目标，或者选择借助离经叛道的方式来实现目标。这意味着治理者缺乏以符合道德要求的方式来实现目标的可行性手段。显然，该类价值冲突中的行为选择对“应该”推出“能够”这一惯常思维逻辑提出挑战，说明后者并不适用于非常态情况。假如把遵从道德或法律看作 A，把背离道德或法律看作 - A，那么，其逻辑结构可以被描述为：A 没有能力自我证明，必须借助否定自身的 - A 来促成 A。逻辑结构上的二律背反使得行为选择既让人生成“理应如此行事”的责任感，同时又令人产生道德上的厌恶感。

透过对组成要件和逻辑结构的分析，不难理解，真正意义上的价值冲突有别于一般意义上容易化解的利益冲突。面对真正意义上的价值冲突，治理者无法找到足以统摄相异诉求且具有普遍说服力的评价尺度，在行为抉择时容易陷入两难困境。

四　两难抉择的行为属性和责任认定

真正意义上的价值冲突不仅仅意味着存在多种不同的价值判断，而且往往伴随相应的行动。分歧只是对差异的事实性表达。假如价值分歧停留在观念或观念表达层面，而没有外化为行动，那么冲突并不会发生。这意味着，价值分歧是产生价值冲突的前提条件，但分歧并不必然导致冲突。冲突不仅意味着存在思想观念上的差异，有可能引致争议性论辩，更重要

① G. Henderson, “‘Ought’ Implies ‘Can’,” *Philosophy*, Vol. 41, 1966, p. 106.

的是，观念上的分歧有可能外化为包括言语在内的带有对抗性的行动，对他人或社会产生不可忽视的影响。尽管面对真正意义上的价值冲突时，治理者往往容易感到无所适从，但他仍然需要做出选择。因此，国家治理过程中应充分重视两难困境中的行为抉择及其带来的后果。

就两难处境中治理者的行为性质而言，由于价值冲突的双方（或多方）均涉及合理的价值诉求，体现治理者应履行的基本义务，因此，不管他选择促成哪一方的诉求，都不意味着另一种（些）诉求是不正当的或错误的。就此而言，关乎真正意义上的价值冲突的行为抉择在性质上属于优先性选择，而非否定性选择。假如治理者的抉择属于一种否定性选择，那就意味着只承认了一方诉求的价值，而故意忽视另一方的诉求，或者并不认为它是合理的、有意义的、应该受到珍视的，此时并不属于两难情形。相反，如果治理者认为相互冲突的诉求均具有正当性，理应得到支持，那么其选择并没有否定另一未能兼顾的诉求的正当合理性。

与此同时，不可忽视的是，该行为抉择往往对无辜者造成伤害，因而难以被看作“完美的”。亦即说，由于满足其中一方的正当诉求必然会损害或侵犯另一方的正当权益。这导致了治理者面对价值冲突时，不论做出何种决定，都将带来新的伤害，也因此遭受质疑。在处理具体的矛盾冲突过程中，即便治理者是出于维护或增进公共福利的原因而选择一方诉求，但不容忽视的是，违背日常道德的行为手段确实损害了一部分人的正当权益，甚或给他们的身心带来了难以愈合的生理创伤或心理创伤。① 从这个角度来看，治理者的抉择并非无可置疑的。诚如迈克尔·沃尔泽（Michael Walzer）所说的那样，他“必须在两种行为当中作选择，对他而言，采取这两种行为均是错误的”。② 而行为的代价也不应因行为目的带

① 如伤害人的尊严。与基本权利等概念一样，尊严具有普遍性与前政治性。它既无关乎个体的性别、出身、财产、身份地位及品行等，同时也不依赖于法律制度和公共政策的承认。换言之，基于人的类本质而确立的尊严并非通过后天努力而得到，也不会因个体行为之好坏而完全消解。另外，基于人的类本质而确立的尊严具有不可取替的重要性。诚如康德指出，尊严高于其他价值，没有等价物可言，因而也无法被代替。参见〔德〕伊曼努尔·康德《道德形而上学原理》，苗力田译，上海人民出版社，2005，第81、86页。

② 〔美〕迈克尔·沃尔泽：《政治行为中的脏手问题》，谢惠媛译，《世界哲学》2014年第4期。

来的好结果而被遮盖。

由于两难困境中的抉择往往给无辜者带来伤害，因此，治理者应当承担相应的责任。对此，或许有辩护者认为，由于两难困境并非因治理者的行为而产生，他极有可能是被动地陷入两难困境，被迫做出抉择，因此应该免于追责。应当承认，在国家治理中，受限于客观环境与主观因素，治理者可能发现自己置身于这样的情境中：假如不采取行动，公共福祉将遭受威胁；要避免产生恶劣的后果，就必须采用僭越道德甚或法律的手段。虽然行为抉择背离常理，但在生死攸关的时刻，它是唯一可行且有效的，因此，有必要采取道德上有缺陷的行为来达到维护公共善的目的。然而，行为的必要性并不意味着它可以规避正当性审视，也不意味着治理者可从中卸除责任，同时更不能说明权力无须受到约束与规制。

鉴于治理者在不同社会诉求之间做出选择时已经明确认识到，其行为抉择将对无辜者造成伤害，但依然坚持做出选择，因此这种伤害是可被预见的、主动意义上的伤害，是故意的“恶”。在康德那里，这不仅仅是一种恶，而且是“根本恶”。这是因为，这种类型的恶不是由无知导致的，而是属于明知故犯的恶。故而，即便治理者是为实现更高的利益或者增进更多数人的福祉而采用违反常规道德的手段，这仍旧是有意作恶，不应从相关责任中解脱出来。假如治理者免于问责或被认为无人应接受问责，其结果有可能是无辜者不仅受到不公正对待（wronging someone），而且他所受到的不公正对待得不到相应的补偿。诚如密尔所说：“当任何人都不知道谁应负责的时候责任就等于零。”此时，无辜者成为实现他人目的的工具，其自身价值与尊严被践踏。然而，多数人的利益能否肆无忌惮地凌驾于少数人的利益之上，显然这是值得引起深思的。对此，应保持高度的责任意识，“当要求两个以上的负责官员对同一行为表示同意时，责任就削弱了。他们中的每个人仍然有真正的责任；如果做了错事，谁也不能说与他无关”。[①] 故而，关于治理者在两难处境下可以免于承担责任的看法并不合理。

权力具有公共性，但权力的运用不同程度地具有个体性和隐匿性。

① 〔英〕约翰·密尔：《代议制政府》，汪瑄译，商务印书馆，1982，第190—191页。

“国家公共权力是一柄双刃剑。用之正当，它是将国家治理纳入合伦理轨道的利器；用之不当，它就是导致国家治理背离伦理的凶器。一个国家的治理者掌控和使用国家公共权力的方式不同，他们进行国家治理所达到的目的会彰显截然不同的伦理性质。一个治理良好的国家是那种能够将国家公共权力的掌控和使用引向目的善的国家。”[①] 由于治理者在政策制定或执行时或多或少地掺入个人的价值评价和决断，是否行使权力以及如何行使权力的决断并非完全受所谓客观必然性的支配。与此同时，行使权力的快感也容易使治理者挣脱既定的道德或法律规范。因此，对治理者行为的辩护应该像托马斯·内格尔（Thomas Nagel）所说的那样，“即便官员可把行为所带来的责任部分地归咎于公共制度的道德不完善，但是，这种理由的公信力跟他们的权力和独立性成反比”。[②] 鉴于权力，特别是公共权力所具有的强制力及其带来的广泛影响，国家治理过程中应对治理者在两难处境中的行为予以慎重考量与审视。

五　两难抉择中的情感体认

两种或以上同样能证明自身之重要性与正当性的诉求同时呈现，但相互间却无法公度、难以兼顾，凸显了真正意义上的价值冲突的实质，体现治理者解决问题的难度。这会否像萨特所理解的那样构成一种“永恒的对抗”？又或者像伯林所认为的那样“没有普遍有效的解决方案”？显然，面对或多或少带有悲剧性质的境况，借助常规的方式难以调解矛盾或避免冲突。但这并不意味着置身该处境的治理者无法找到解决问题与承担责任的途径。与制度或规范等较为刚性的进路相比，情感进路虽然也无法完全排解冲突，但在某种意义上能兼顾各种相互冲突的正当诉求，在一定程度上能缓解冲突，从而维护社会良序。因此，国家治理应突破传统理性主义的局囿，注重发挥情感在调和矛盾与缓解冲突时的积极作用，培育合宜的

① 向玉乔：《国家治理的伦理意蕴》，《中国社会科学》2016 年第 5 期。

② Thomas Nagel, “Ruthlessness in Public Life,” in Stuart Hampshire（ed.）, *Public and Private Morality*（Cambridge：Cambridge University Press, 1978）, pp. 77, 90 – 91.

政治情感，提升治理能力，提高治理效能。

当代心理学（特别是道德心理学）、神经科学和哲学的前沿成果表明，情感并非如理想主义者所描述的那样在道德判断与政治判断中是被动的或依附性的。相反，它在很大程度上不仅不排斥认知，而且规定认知的偏好与模式，影响价值观念的生成，在推理、判断与决策过程中发挥不容忽视的首要作用。另外，情感表达了一种意向性，与信念紧密相关，反映对“什么东西是重要的”等根本问题的理解，具稳定性和持久性。就此而言，情感不应被简单地等同于感情的非理性宣泄，而应被看作一种具有认知性的、可接受评价与规导的重要能力。①

当面对同样能证明自身合理性但却不可公度、无法兼顾的正当诉求，治理者在做出选择时，应当从情感上感到遗憾、愧疚、羞耻甚或是有罪恶感，而不应是毫不犹豫、无所畏惧。② 类似的情感体验首先说明了治理者对其行为性质的正确把握，即其行为抉择是优先性选择的结果，而不是否定性选择的产物。由于他面对的是两种或多种均能说明自身合理性，却相互排斥且不可公度的道德诉求，而这些诉求无法同时兼顾，因此，他要在当中做出非此即彼的抉择。“除此以外，没有第三种选择。”③ 在这种情况下，基于当前的认识、判断和权衡，他认为某一选项更具紧迫性和优先性，却没有否定其他选项的内在价值，但即便如此，可以预见的是，优先性选择会伤害其他选项所代表的利益。而恰恰是类似的情感体验，才真正表明了他是被动进入两难处境，被迫伤害无辜者的正当权益。

从政治德性的角度来看，这种情感体验很大程度上体现了治理者认同政治的道德维度，构成权力自我监督与约束的有效防线。可以说，遗憾、愧疚、羞耻甚或是有罪恶感等情感揭示了某种伦理实在。它表明了治理者

---

① 关于恐惧等情感的本质属性与社会功能，可参见谢惠媛《我们的恐惧关乎什么?》，《读书》2022 年第 7 期。

② 在弗拉森（Bas Fraassen）看来，仅仅是遗憾并不足以说明两难处境。他认为，罪恶感才是行动者应有的正确反应，它使得两难有别于其他冲突。Bas Fraassen，“Values and the Heart's Command，” in Christopher W. Gowans（eds.），*Moral Dilemmas*（New York：Oxford University Press，1987）.

③ Alasdair Macintyre，*Ethics and Politics*：*Selected Essays*，Volume 2（Cambridge：Cambridge University Press，1996），p. viii.

对公共权力的边界有清晰认识，并明确权力运用的宗旨，具有比较强烈的政治道德意识，同时具备足够的道德自觉，因此可以被理解为道德进行自我纠错的产物。政治领域是一个道德高风险场域，在该领域中的权力运用在某种意义上是不透明的。在权力运用并不透明的地方，在权力意识最为隐秘的内心深处，一般意义上的道德是监督和约束过度的权力欲望的、必要且重要的道德资源。而道德良知往往是避免滥用不道德手段的最后一道防线。

从行为责任的角度来看，合宜的情感体验反映治理者对自身行为责任具有完整理解。情感是内嵌于责任的核心要素。即便是强调理性的康德也承认，缺乏情感支撑的责任并不具有内在价值。真正意义上的责任不仅要求个体履行特定的义务，而且要求其具有相应的情感体验，正是后者体现了把外在价值规范转变为内在价值追求的自觉。相反，一个声称对不当行为负责，却缺乏内疚或羞愧等情感体验的个体，其所谓的责任更多的是基于外力强迫而非出于自身意愿。正因如此，具有合宜情感体验的治理者更有可能是道德的。从事前的角度来看，合宜的政治情感体验可确证治理者的责任意识。与毫不犹豫地伤害无辜者的做法相比，我们倾向于相信，那些在选择或行动之前感到为难，变得犹豫，甚至心存厌恶的治理者更有可能在面对价值冲突困境时慎重考虑——他会充分地考虑各种可能性选择，并且尽量避免在不必要的时候采用、误用或滥用恶的方式；他更有可能是感觉到别无选择而迫不得已决定采用不道德的行为手段，而不是愿意或乐意作恶；他更有可能全面考虑行为所带来的后果，并反复权衡利弊，尽可能地减少行为造成的负面影响。

最后，合宜情感体验是缓解真正意义上价值冲突的重要方式和有效途径。尽管治理者认识到自身的抉择不能同时兼顾多种正当诉求的需要，但通过情感的方式，他表明自身并没有否定落选诉求的价值，而是以愧疚或补偿等特殊方式从另一个角度肯定了此种价值。这暗示了，借助个体情感体认的方式，不同的价值之间的尖锐冲突一定程度上能得到缓解，价值内部的深刻裂痕也许能在一定程度上得到弥合。

情感是人与人之间发生关联的重要“黏合剂”。作为伦理实在，合宜的情感体验不仅有助于强化个体的责任意识与捍卫其道德良知，为权力监督提供重要保障，而且有助于增强民众对权力者的信任和信服，有效维护社会稳定和谐。与此同时，合宜的情感也能在深层缓解价值体系内部不同价值诉求的冲突，避免矛盾激化。

六 余论

国家治理现代化集中体现在国家制度和制度执行能力等方面，需要一套紧密相连、相互协调的国家制度做支撑，要求包括经济、政治、文化、社会、生态文明和党的建设等各领域体制机制、法律法规安排在内的多种要素的相互统一。因此，制度制定过程中应做到规范化、科学化，避免因各要素的掣肘而激化矛盾、引发冲突。与此同时，推进国家治理现代化除了重视制度制定与执行以外，还有必要充分重视置身制度中的人，以及制度之外的文化。尽管制度本身不应过多地受情感影响，但制度当中的人不可避免受到理性与情感共同作用，其情感需求理应得到正视与重视。同样，情感是中国传统文化的重要维度，是制度制定与执行过程中要充分考虑的因素。提升国家治理能力、推进国家治理现代化，应当重视培育合宜的情感，营造风清气正的政治生态。

数字时代的权利规制

李　石[*]

（中国人民大学国际关系学院，北京）

摘　要：数字技术的发展塑造了强大的数字权力。为了限制数字权力的滥用，需要明确人们在数字时代拥有的诸种权利。传统社会中的诸种权利在网络时代有了新的发展。网络自由权、数据所有权、数字遗产、针对算法权力的权利、断网权等数字权利是规范技术和权力应用的边界条件，是维护正当政治秩序的制度基础。

关键词：网络自由权；数据所有权；数字遗产；算法权力；断网权

数字技术的迅速发展与普遍应用催生了数字社会的形成。在这个新生的数字社会中每一个接入网络的个体都有特定的数字身份，而人们在原有政治社会中所拥有的各项权利也都以新的形态出现，这就是数字权利。依据当代学者的讨论，所谓“数字权利”，指的是人们拥有的与互联网相关的权利，例如，接入网络的权利，借助互联网发表自己观点和相关内容的权利，保护个人信息安全的权利，以及免受网络霸权侵犯的权利等。[①] 在西方政治思想史上，英国政治思想家托马斯·霍布斯在英国革命期间第一次深入讨论了权利概念。从那时开始，权利概念逐步成为构建现代国家

---

* 李石，中国人民大学国际关系学院教授，中国人民大学国家发展与战略研究院、伦理学与道德建设研究中心研究员。

① Luci Pangrazio and Julian Sefton-Green, “Digital Rights, Digital Citizenship and Digital Literacy: What's the Difference?,” *Journal of New Approaches in Educational Research*, Vol. 10, No. 1, 2021.

政治制度的理论根基。当今世界各国都以宪法阐明公民拥有的言论自由、结社自由、迁徙自由、财产权、参政议政等基本权利，并以此为基础约束统治权力的应用。然而，在数字时代到来之际，随着技术的发展，人们权利的内涵和形式都发生了巨大的变化，出现了许多与互联网相关的新兴权利。2011 年 6 月 1 日，联合国言论自由报告员签署了《言论自由和互联网联合宣言》。2014 年，欧洲委员会通过了《互联网用户人权指南》。2015 年，世界经济论坛认为，数字权利基本上是互联网时代的人权，确定在线隐私权和言论自由权是《世界人权宣言》中确立的权利的延伸。这些国际制度的改良和创新标志着一种新的权利——数字权利已经正式登上了人类社会的制度舞台，成为当代人不可或缺的权利保障。本文将聚焦于数字技术对人们所拥有权利的影响，重点讨论数字时代重要而复杂的五种权利——网络自由权、数据所有权、对数字遗产的继承权、针对算法的诸种权利以及断开网络的权利，并在明确相关权利的基础上，对相应的制度构建提出建议。

一　网络自由权

1688 年，洛克在其重要著作《政府论》中提出了人人生而拥有的三种基本权利：生命、自由与财产。从这三种权利来看，数字技术的广泛应用并没有对人们的生命权产生根本性的影响，但对自由权与财产权产生了诸多影响。本节将首先讨论网络环境下的自由权，下一节讨论大数据应用所涉及的财产权问题。

洛克所说的自由权包括言论出版自由、信仰自由、迁徙自由、结社自由、择业自由等内容。在这些基本权利中，受到数字技术影响最大的是言论出版自由。数字技术的发展催生了新的媒体形式。在充满了自媒体、融媒体等新媒体形式的网络环境中，言论与表达自由呈现出新的样态，也产生了许多新的问题，亟须相关制度予以规范。

言论自由肯定了人们拥有表达自己的思想和观点的天然权利，但这一权利并非完全不受限制。约翰·密尔在《论自由》一书中为言论自由划定了最宽容的界限，也为限制言论自由的立法奠定了基础。关于自由的限制，密尔站在功利主义的立场上提出了“伤害原则”：“第一，个人的行动只要不涉及自身以外什么人的利害，个人就不必向社会负责交代。他人若为着自己的好处而认为有必要时，可以对他忠告、指教、劝说以至远而避之，这些就是社会要对他的行为表示不喜或非难时所仅能采取的正当步骤。第二，关于对他人利益有害的行动，个人则应当负责交代，并且还应当承受或是社会的或是法律的惩罚，假如社会的意见认为需要用这种或那种惩罚来保护它自己的话。”[①] 在密尔看来，如果一个人的行为和言论没有对别人造成任何损伤，那么我们就没有理由限制他（她）的自由。而且，密尔所指的伤害是有形的（physical）伤害，并不包括心理伤害。[②] 密尔的“伤害原则”为限制言论的相关立法奠定了基础。例如，美国最高法院大法官霍姆斯在1919年提出了“明显且即刻的危险”的限制标准，即只要言论不会带来明显、即刻的危险，该言论就是合法的。[③] 这一规则为言论自由的限制划定了界限，也为网络言论自由的限制划定了界限。下面，我将逐一分析网络言论自由与传统言论自由之间的区别。

第一，网络言论自由与传统言论自由之间最大的区别在于，网络言论的发表主体难以确认。互联网的实时互动和异步传输技术彻底地改变了信息传播方式，每个网络用户既是信息的接收者，同时也可以成为信息的传播者和发出者。而且，许多网页浏览以及言论发表是不需要人们暴露自己身份的。这就使得在网络环境中出现的许多言论，人们并不知道是谁说的。当然，如果这些言论无关紧要，也没有造成巨大的危害，那么依据上述“明显且即刻的危险”之标准，我们没有必要追踪它们的出处。但是，如果某些言论造成了巨大的危害，这时就需要追踪发表相关言论的始作俑者，而如果网民没有在网络上留下相关身份信息，就很难追踪到责任人，无法进行有效的惩戒。因此，在互联网兴起二三十年来，许多学者主张实行“实名制”，[④] 也有越来越多的网络平台开始实行“实名制”，这促进了

---

① 〔英〕约翰·密尔：《论自由》，许宝骙译，商务印书馆，2017，第112页。

② 参见〔英〕约翰·密尔《论自由》，许宝骙译，商务印书馆，2017，第102页。

③ 参见〔美〕斯坦利·I. 库特勒编著《最高法院与宪法——美国宪法史上重要判例选读》，朱曾汶、林铮译，商务印书馆，2006。

④ 许前川：《公民网络言论自由的法律规制》，《新闻战线》2018年第16期。

人们对自己的言论负责。2017 年 6 月 1 日，《中华人民共和国网络安全法》开始施行。依据该法律，网络实名制正式成为一项制度，这标志着全网实名制时代的到来。笔者认为，言论自由这一基本权利保护的是人们表达自己的观点的权利，不应该留有制度漏洞给予人们发表不负责任之言论的自由。每个人都应该为自己的言论负责，不说假话、不恶意贬损、不人身攻击……这些都是言论自由应该遵循的道德原则。实名制正是约束人们在这些基本道德规范内表达自己观点的制度。因此，网络实名制是必要的。这并不是对言论自由本身的限制，而是让人们站出来（不是躲在幕后）表达自己的观点，实质上有助于言论自由的实现。

第二，网络言论自由与传统言论自由的另一区别在于，网络言论自由的限制主体有可能是网络平台。对于传统的言论自由，其限制主体主要是国家和政府。后者依据相关法律法规对个人发表的不当言论进行限制，并对相关责任人进行惩戒。然而，对于网络言论来说，其限制主体却不限于国家和政府。各大网络平台能够通过技术手段轻易地限制用户的言论自由，或者将某些言论放大，引导公众舆论。例如，各大网站都提供“有偿删帖”的服务，如果某些商家认为大众舆论不利于自己企业的发展，就有可能通过网络公关公司联络网络平台，删除相关言论，甚至使用“封号”“删帖”等技术手段限制相关言论的传播。① 显然，网络平台借助强大的技术手段对普通公民的言论自由造成了巨大影响。在数字时代，以网络技术支撑的网络构架成为一种强大的权力，而这种权力目前并没有得到有效的规范和限制。网络平台限制言论自由最典型的例子就是 2022 年 1 月美国“攻占国会山”事件发生之后，时任美国总统特朗普被推特永久“禁言”。由此，特朗普无法对其 8000 万推特粉丝发言，大大削弱了其政治影响力。推特公司此举的理由是防止特朗普进一步煽动叛乱。这一事件引发了人们对网络言论自由的激烈讨论。笔者认为，这一事件反映出的关键问题在于，“推特”是否有相应的“合法权力”禁止特朗普发言。换句话说，即使相关言论有可能产生“明显且即刻的危险”，但网络平台是否有

① 参见梅夏英、杨晓娜《自媒体平台网络权力的形成及规范路径——基于对网络言论自由影响的分析》，《河北法学》2017 年第 1 期。

权通过技术手段限制言论自由？这一权力是否经过人民的授权？是否有相关的法律依据？平台企业的权力与政府的公权力之间是什么关系？

我国的法律规制对网络服务提供者及其内部技术人员滥用删除、屏蔽、断开链接等操作权限的行为做出了一定的规范。从法律上肯定了被侵权人与网络服务提供者之间或其内部人员达成的有偿删帖协议无效，网络服务提供者或其内部人员的删帖行为属于违法行为；网络服务提供者或其内部人员擅自篡改、删除、屏蔽特定网络信息或者以断开链接的方式阻止他人获取网络信息的，应当为此承担侵权责任。① 然而，对于网络平台在什么情况下有权禁止网络用户发表言论，是否只有在政府授权的情况下才能禁止相关言论，被侵权者在被“禁言”或“封号”后可以依据哪些法律起诉相关平台等具体问题，还应通过更为细致的法律予以规范。

第三，网络言论区别于传统言论的另一大特征是其传播速度快、受众广。这为“谣言”的传播制造了温床。因此，在讨论网络言论自由时，关键的问题就是要划定谣言与言论自由的界限，并搞清楚谁应该为谣言及其传播负责（是始作俑者，还是转发跟帖者）。对于谣言与真实言论的区别，转发信息者是很难区分的，最先发表相关言论的人却有可能知道相关言论的真假。因此，如果最先发表言论者蓄意发表不真实的信息，那么他就是相关言论的第一责任人。其言论自由应该受到监督，如果产生即刻且明显的危险就应承担法律责任。同时，网络平台对于相关言论负有审查和监督的责任。对此我国法律有较为清晰的规定，《中华人民共和国民法典》第1194条至第1197条针对网络侵权做了专门规定。例如，第1194条规定：“网络用户、网络服务提供者利用网络侵害他人民事权益的，应当承担侵权责任。法律另有规定的，依照其规定。”第1195条规定了通知规则。通知规则下的侵权责任，是指受害人（权利人）在获知网络用户实施的侵害行为之后，有权通知网络服务提供者采取必要的措施防止损害后果的进一步扩大；如果网络服务提供者在接到受害人通知后仍未采取必要措施，而

① 参见《最高人民法院关于审理利用信息网络侵害人身权益民事纠纷案件适用法律若干问题的规定》第11条和第14条。

该网络用户因其行为被最终确认构成侵权责任，则未采取必要措施的网络服务提供者应当对接到通知之后的损害扩大部分承担侵权责任。尤其是对在突发公共事件当中出现的谣言传播，有更为严格的规制。例如，国务院颁布的《突发公共卫生事件应急条例》第52条及《重大动物疫情应急条例》第48条中规定了在特殊时期，对于随意制造、传播网络谣言并引起社会秩序混乱的行为，要依照法律对其进行严格惩处。然而值得注意的是，我国的法律并没有对谣言的制造者以及谣言的传播者进行严格的区分，在实际执法中可能造成二者同罪。然而，在许多情况下，所谓“谣言”的传播者，他们并没有能力去验证某种说法是否符合事实，也并非有意传播谣言。因此，一些国家的法律对于行为人蓄意传播虚假信息，或是在被蒙蔽的情况下传播虚假信息进行了区分。例如，《德国刑法典》第186条和第187条规定，对于不知道真假的网络谣言，行为人过失地传播该网络谣言并且侵害了他人的名誉，将处一年以下的自由刑或者金钱刑；行为人故意对虚假的网络谣言进行传播并且侵害了他人的名誉，将处两年以下的自由刑或者金钱刑。

总之，互联网的便利为谣言传播提供了温床。相比于传统社会中的谣言，网络谣言传播更广、伤害更大，在极端情况下可能演变为网络暴力，对个人、社会乃至国家都可能造成重大损伤。因此，完善立法，更细致地区分责任人，是杜绝网络谣言、保护言论自由的必要之举。另外，除了言论自由之外，其他一些自由权在数字时代也发生了转变。例如，结社权在网络时代也有了新的动向。人们在互联网上能够方便而高效地建立各种“社团”（例如，在微信上建群），结社权演化为“建群权”，推进了人们的结社自由。当然，网络平台凭借技术手段拥有封群的权力，而正如网络平台对网络言论自由的干预与限制一样，这种对建群、封群的干预权力同样应该受到相关法律的规范。

二　数据所有权

洛克在《政府论》中讨论的第二种重要权利是“所有权”。这一权利在数字社会引发的最大争议是人们对数据的所有权。数字时代，人们的每一步网络操作都会产生各种各样的数据。这些数据包括每个人的身份信息、需求信息、健康状况、职业状况、婚姻状况、兴趣偏好等等。随着机器学习的发展，大量数据的积累有可能形成知识，进而产生商机和效益。例如，一个电商平台每天都能够积累大量的供需信息数据，而通过这些数据能够预测哪些产品受欢迎，哪些产品生产过剩，哪些产品供应不足，极具商业价值。著名的麦肯锡咨询公司认为“大数据应用能给经销商增加60%的利润，降低制造业约50%的成本，为全球经济带来3万亿美元到5万亿美元的增值”。[①] 鉴于大数据拥有如此巨大的预期效益，谁应该拥有这些极具价值的大数据呢，是积累和处理数据的平台企业，还是提供各种数据的网络用户？谁拥有大数据的所有权，这是数字经济中最关键的基础性问题。

对于数据的归属问题，首先，可以肯定的是数据最初是归属于个人的。因为，绝大部分数据都与个人有着紧密的关联。而且，这些数据都只能由个人提供。然而，通常情况下单个的个人数据并不能产生任何价值，而更多地具有隐私的特征。事实上，数据在从个人的单个数据转变为许多人的大数据时，其性质发生了根本性的变化。这使得个人数据和大数据在权利属性上具有不同的特征。个人数据具有隐私的特征，受隐私权保护；而大数据（尤其是经过匿名化处理的大数据）则已经丧失了隐私的特征并产生了商业价值，成为真正的资产。因此，对于数据权利的讨论，可以借助隐私权和所有权两方面的规范性知识。例如，英国在1998年制定的《数据保护法》中就提出了个人敏感数据（sensitive personal data）的概念，并罗列出收入、房产、位置信息等相关数据类别。贵阳大数据交易所是全国首家以大数据命名的交易所，其交易规则规定：“数据买卖双方要保证数据所有权、合法、可信、不被滥用。”这一规定肯定了“数据所有权”的概念，这说明平台企业用于交易的大数据已经脱离了个人隐私的范畴，具有了资产的特征。当然，还有一些数据具有原创性，例如在微博、微信里发表的言论、图片、视频等。因此，也有学者借助知识产权来讨论

① Manyika J., Chui M., Brown B. (eds.), "Big Data: The Next Frontier for Innovation, Competition, and Productivity," McKinsey & Company, 2011.

人们对数据的权利。[①] 另外，还有一些学者认为，大数据可以被看作极具商业价值的商业秘密，应受知识产权保护。[②] 从所有权理论来说，“知识产权”（intellectual property right）实际上也包含在所有权（property right）的范畴之内，只是知识产权是人们对智力劳动成果的所有权，通常是对“无形物”的所有。因此，对于可以进行交易的大数据来说，最关键的还是厘清“所有权”归属的问题。

从个人数据到大数据涉及从隐私权到所有权的转变。对于个人数据，我们可以依据传统对于个人隐私的法律保护对个人敏感数据进行保护，保障个人对数据的使用、转让以及知情等方面的权利。例如，《中华人民共和国个人信息保护法》第 14 条规定，“基于个人同意处理个人信息的，该同意应当由个人在充分知情的前提下自愿、明确作出。法律、行政法规规定处理个人信息应当取得个人单独同意或者书面同意的，从其规定。个人信息的处理目的、处理方式和处理的个人信息种类发生变更的，应当重新取得个人同意”。另外，数据在积累到一定量之后便形成了大数据。[③] 经过去身份化处理，大数据通常不再具有隐私的特征，也不再涉及个人隐私权。通过数据挖掘以及以机器学习为基础的数据整理，人们可能从大数据中获取许多宝贵的信息，而这些信息则可能具有商业价值。在谁对大数据拥有所有权的问题上，首先需要明确的是，网络用户和网络平台都对数据资产的形成做出了必不可少的贡献。网络用户在这种“合作”中提供了“原材料”（原始数据），而平台企业则进行了劳动——挖掘、整理、设计算法等。最开始，数据本身是属于原始数据提供者的，也就是广大的网络用户，但这些数据在其最初的提供者手里是没有价值的，只有通过数字企业对数字的挖掘和整理才可能产生价值。

---

① 参见俞风雷、张阁《大数据知识产权法保护路径研究——以商业秘密为视角》，《广西社会科学》2020 年第 1 期；崔国斌《大数据有限排他权的基础理论》，《法学研究》2019 年第 5 期。

② 参见杨雄文、黄苑辉《论大数据的商业秘密保护——以新浪微博诉脉脉不正当竞争为视角》，《重庆工商大学学报》2019 年第 4 期。

③ 参见麦肯锡全球研究所给出的定义：一种规模大到在获取、存储、管理、分析方面大大超出了传统数据库软件工具能力范围的数据集合，具有海量的数据规模、快速的数据流转、多样的数据类型和价值密度低四大特征。

这就像劳动创造价值一样：自然资源最初是没有价值的，只有经过人类的劳动，自然资源才可能成为有价值的劳动产品。另外，没有自然资源，人们的劳动就无法进行，也无法凭空产生价值。正如洛克在讨论所有权的起源时所说："如果我们正确地把供我们使用的东西加以估计并计算有关它们的各项费用——哪些纯然是得自自然的，哪些是从劳动得来的——我们就会发现，在绝大多数的东西中，百分之九十九全然要归之于劳动。"[①] 在当代政治哲学研究中，希尔·斯坦纳（Hille Stainer）、迈克尔·大冢（Micheal Otsuka）等左派自由至上主义者认为，土地、矿产、山川湖泊等自然资源是价值的来源之一，人类劳动只有作用于自然资源才可能产生价值。而且，地球上所有人对自然资源拥有平等的权利，无论其出生于何种境遇都应享有一份平等的自然资源。[②] 如果一些人占用了过多的自然资源并因此获利，就应该与其他人平等分享自然资源所带来的利益。由此，左派自由至上主义者主张征收土地税等自然资源税。他们认为，所有人应该通过税收的方式平等地分享自然资源产出的收益。[③]

基于同样的道理，人们对大数据所产生的利益也应该拥有平等的权利。因为这些数据最初是由广大的网络用户无偿提供的，所有网络用户对大数据所具有的商业价值拥有平等的权利。在制度设计中有两种可能的方式来分享大数据带来的利益。第一种方式是开放数据库，使得所有人都能获取数据所带来的便利和知识。例如，各种期刊数据库、图书馆数据库等都应在公共安全允许的条件下向公众免费开放。人们分享数据红利的第二种方式则是效仿学者们主张的"资源税"，构建"数字税"的相关法制体系，向那些取用大量数据并因此而获利的平台企业收取一定比例的税收，并将其用于改善所有公民的福利。从所有权的角度来说，税收是为了弥补网络用户对大数据所拥有的部分所有权。近几年来，许多国家在数字税立法方面已经有

① 〔英〕洛克：《政府论》（下），叶启芳、瞿菊农译，商务印书馆，1964，第26页。

② 希尔·斯坦纳认为，人们对自然资源的平等权利是不受国界限制的。因此，他在政策上支持一种"全球资源税"。参见 Hill Steiner, *An Essay on Rights*（Oxford: Blaxkwell Publishers, 1994）。

③ 参见 Peter Vallentye and Hill Steiner（eds.），*Left Libertarianism and Its Critics: Contemporary Debates*（London: Palgrave, 2000）。

了实质性的举措。例如，2017 年欧盟通过了统一《电子商务的增值税改革方案》，废除远程销售起征额，终止低于22 欧元的进口增值税豁免政策，由电商平台或者海关申报人负责收取和缴纳增值税。而日本很早就将电子书籍、音乐、广告发布等通过互联网等提供的服务定义为“提供电信利用服务”，并纳入了消费税征收范围。OECD 于 2019 年提出了“双支柱”改革方案，计划在全球范围内对跨国数字企业征税。① 我国学术界也开始关注数字税立法的问题，并进行了卓有成效的讨论。② 我们有理由相信，开放数据库或者数字税立法是最终解决数据所有权的可行之路。

上述讨论的是商业交易中的大数据，然而，在网络社会中，不仅商业平台想方设法地挖掘数据，公共部门也会收集大量的数据。由于个人数据涉及隐私，公共部门应依法负责保密，不得泄露，也不得随意篡改相关数据。在匿名化处理之前，所有数据都属于个人隐私。因此，如果出现数据泄露或随意篡改的情况，相关人员应受到法律惩罚。2022 年新冠疫情期间，河南某地部分村镇银行储户的健康码被篡改，这是滥用公权力侵犯个人权利的重大事件，应依据《中华人民共和国数据安全法》《中华人民共和国个人信息保护法》等法律，对相关人员进行惩戒。公共部门收集的数据在经过匿名化处理之后，可以参与到知识生产当中。由于数据的来源是普通民众，而对数据进行挖掘和整理的是代表人民的公共部门，因此，公共部门收集和整理的大数据属于公共财产。在不危及国家安全的前提下，应尽量开放，让网民共享。公共部门或相关公职人员不应将这些数据当作商品售卖以换取私人利益。

三　数字遗产及其继承

与数据所有权相关的权利问题还有数字遗产。数字遗产指的是一个人去世之后，他（她）在网络中留下的数据和信息。③ 数字遗产具有持续

① 参见冯俏彬、李承健《数字税的国际实践及其对我国的影响》，《行政管理改革》2022 年第 3 期。

② 参见张守文《数字立法：原理易迅与价值引领》，《税务研究》2021 年第 1 期。

③ 牛彬彬：《数字遗产之继承：概念、比较法及制度构建》，《华侨大学学报》2019 年第 5 期。

性、可交易性和可增值性等特征。常见的数字遗产包括游戏玩家的装备，微博上的博文，公众号、公众号文章，图片，音频，视频，等等。这些内容曾经产生价值，而且还可能继续产生价值。例如，一个有着几百万粉丝的公众号具有极大的商业价值，即使在其管理员去世之后也能继续产生价值。如上所述，网络中的信息和数据与隐私权和所有权相关。数字遗产也具有类似特征，同样介于隐私与财产之间，其关乎当事人逝去之后，其数字隐私信息以及相关数字资源的继承和公开问题。

在现实案例中，对于数字遗产之归属的争论集中体现为下述问题：数字遗产应归属于逝者的网络用户继承人还是网络运营商？下面，我们从隐私权和财产权两方面来讨论这一问题。首先，数字遗产涉及隐私问题，应该受到隐私权的保护。但是，这一隐私是与逝者相关，还是与其继承人（通常为亲属）相关呢？如果是与逝者相关，那么网络平台就应该保护逝者的隐私权，并拒绝其他人读取相关的数据和信息。例如，2012 年，一个女孩在柏林地铁站被一辆列车碾轧身亡。女孩的母亲想知道女儿的死因，向“脸书”请求以继承人身份继承女儿的“脸书”账号，以查明死因。但是，“脸书”以保护隐私为由，拒绝了这一请求。“脸书”公司认为，逝者拥有“隐私权”，并因此拒绝逝者的亲属继承其数字遗产。然而，该案件经过多次上诉，最终法院判定女孩的母亲有权继承自己女儿的“脸书”账号。这一判决说明，数字遗产所涉及的“隐私”与逝者无关，而仅与其继承人的名誉和尊严相关。如果是这样的话，网络平台就没有理由拒绝相关继承人继承逝者的数字信息。由此看来，“逝者是否拥有隐私权”是关系网络继承者是否能继承逝者隐私数据的关键问题。我们可以通过考察“权利”的本质来回答这一问题。

对于“权利”的本质是什么，长久以来在学术界存在两种对立的观点——“利益说”和“意志说”。支持“利益说”的学者认为，所谓“权利”指的是权利拥有者的“利益”受到保护，所以只有拥有“利益”的个体才可能拥有权利。例如，人们不会认为桌子拥有权利，因为桌子不会感觉到痛，即使人们把它劈成两半，桌子也没有“伤痛”，也就不存在利益受到伤害的问题。乔尔·芬伯格（Joel Feinberg）是权利“利益说”的代表学者，他论述道：“如果一个人成为一个逻辑上拥有权利的恰当主体，那么他必须拥有利益。”[①] 关于权利的另一种学说是“意志说”，也被称为“选择说”。支持“意志说”的学者认为，权利的实质是对人们依据自己的意志而做出选择的保护。例如，如果说一个人拥有言论自由，其含义就是这个人可以依据自己的意志说出自己想说的话，而他周围的人有义务允许他表达自己的意见。当然，这个人也可以选择不说话。相应地，他周围的人也要保护他“不说话”的选择，而不能强迫他发表意见。依据这一理解，所谓权利就是对人们的自主选择的保护，而只有那些能够做出自主选择的个体才拥有权利。

从权利的“利益说”和“意志说”出发，都很难对逝者拥有隐私权进行论证。因为，一方面，逝者感受不到隐私被冒犯的痛苦；另一方面，对于隐私是否公开等问题，他（她）也无法表达自己的意志。所以“隐私权设立目的之一便是维护自然人的人格尊严，使其免受因隐私受到侵害而产生的精神痛苦。已故隐私主体缺乏真实伤害，逝者并不能感受到隐私被侵犯后的精神痛苦。因而并不存在所谓的‘逝者隐私’”。[②] 由此，我们只能认为，逝者的“隐私”仅关乎其亲戚的名誉和尊严，应该允许其指定的网络继承人或者其亲属予以继承。国内外一些网络平台已经出台了相关规定。例如，苹果公司推送的新系统有一个新功能，可以让你留下数字遗产：你可以指定五个数字遗产联系人，在你去世后，他们可以进入你的苹果账号。值得注意的是，只有在网络实名制的基础上才可能实现数字继承，否则数字遗产的归属权将难以确认。

第二，从财产的角度来看，数字遗产在形成的过程中耗费了逝者生前的劳动或金钱，属于逝者生前的财产。因此，在当事人去世时，应根据遗产保护的相关法律进行保护。《中华人民共和国民法典》第127条规定：“法律对数据、网络虚拟财产的保护有规定的，依照其规定。”这一规定确立了虚拟财产的合法地位，因此，在明确财产继承人的情况下，继承人应根据相关法律继承逝者的数字遗产。目前，在我国的法律体系中，《中华

---

① J. Feinberg, *Justice, and the Bounds of Liberty* (New Jersey: Princeton University Press, 1980), p. 165.

② 顾理平、范海潮：《作为“数字遗产”的隐私：网络空间中逝者隐私保护的观念建构与理论想象》，《现代传播》2021年第4期。

人民共和国民法典》中的第111条和第127条与数字遗产相关，但规定较为笼统。而继承法还未将逝者留下的数据和信息囊括到遗产的范围内。因此，与数字遗产相关的法律规定还需要进一步完善。美国是数字立法较为完善的国家，在数字遗产方面，美国出台了《修正统一受托数据获得法》，为数字遗产的访问构建了“线上遗嘱效力 > 闲暇遗嘱效力 > TOS协议效力”的“三层优先访问体系”。[1] 总之，数字遗产既是隐私又是财产：作为“隐私”，它事关逝者亲属朋友的名誉和尊严，应允许逝者指定的继承人或亲属读取相关数据和信息；作为财产，它凝结了逝者的劳动和心血，应依据财产继承的相关法律予以继承。

四　针对算法权力的个人权利

在世界近现代史的开端，霍布斯、洛克、卢梭等西方政治思想家构建了“权利”这一概念，其根本目的是限制权力的滥用，防止形成专制统治。在数字时代，权力运用呈现出新的样态，其中最典型的就是算法权力。所谓算法指的是“人类通过代码设置、数据运算与机器自动化判断进行决策的一套机制”。[2] 在数字社会，绝大部分治理活动都是通过算法运行而实现的。以算法为基础的自动化决策广泛存在于公共部门以及商业平台的治理活动中。前者如基于算法的预测警务，后者如平台基于算法向用户推荐视频等。由此，算法成为公共权力的载体。算法如何设计，有没有带入设计者的主观偏见，这些问题与整个社会的公平正义相关。然而，算法对于普通民众来说是神秘莫测的黑箱。一方面，算法由专业人员设计，或者由机器自主学习形成，而设计者通常不会公布算法设计的具体内容。另一方面，对于普通民众来说，算法过于晦涩难懂，即使设计者公布了算法的源代码，公众也很难准确理解。这就为算法权力的滥用制造了空间，如2020年引发公众关注的外卖算法系统。平台企业通过算法将外卖骑手

---

① 参见牛彬彬《数字遗产之继承：概念、比较法及制度构建》，《华侨大学学报》2019年第5期。

② 参见丁晓东《论算法的法律规制》，《中国社会科学》2020年第12期。

的送餐时间压缩到最短，这威胁到骑手们的健康和安全。而外卖骑手却不知道算法是如何设计的，也无法进行抗议。[①] 这一情况警醒人们，应该拿起“权利”的武器，反抗算法权力的滥用。那么，面对强大技术支持的算法权力，普通公民拥有哪些权利？下面，我将讨论在数字时代人们应该拥有的针对算法权力的诸项权利。

为了防止算法带入设计者的主观偏见或者机器学习的偏见，使公众遭受不公平对待，一些学者主张算法设计者负有公布算法源代码并负责向公众解释的义务。[②] 然而，另一些学者认为，许多商用算法具有商业秘密的特征，公布算法会对相关企业造成巨大损失。因此，算法应该受到知识产权的保护，不宜随意公开。[③] 笔者认为，对于公共部门的治理活动来说，相关算法显然不具有商业秘密的特征，因为，公共部门并不以营利为目的。因此，“当公权力主体使用算法进行决策或辅助决策，而公开算法又不存在侵犯知识产权与算计算法问题时，决策主体应尽量采取普通人可理解的方式公开与解释算法”。[④] 而对于一些具有商业秘密特征的商用算法，例如向网络用户推荐视频或广告，平台企业虽然没有义务公布其算法，但应该允许网络用户拥有选择权和拒绝权。例如，欧美国家的相关法律赋予个人数据收集时的知情选择权、数据访问权、数据更正权、数据删除权、反对自动化处理的权利等一系列权利。[⑤] 在我国法律规制中，由国家互联网信息办公室制定的《互联网信息服务算法推荐管理规定》第 17 条明确指出：“算法推荐服务提供者应当向用户提供不针对其个人特征的选项，或者向用户提供便捷的关闭算法推荐服务的选项。用户选择关闭算法推荐服务的，算法推荐服务提供者应当立即停止提供相关服务。”所以说，知情权、选择权、拒绝权……这些基本的权利是人们对抗算法霸权的法律武器。网络平台（包括商业平台与提供公共服务的网络平台）与网络用户之

---

① 参见赖祐萱《外卖骑手，困在系统里》，《人物》2020 年第 8 期。

② 参见万方《算法告知义务在知情权体系中的适用》，《政法论坛》2021 年第 11 期。

③ 参见狄晓斐《人工智能算法可专利性探析———从知识生产角度区分抽象概念与具体应用》，《知识产权》2020 年第 6 期。

④ 丁晓东：《论算法的法律规制》，《中国社会科学》2020 年第 12 期。

⑤ 参见丁晓东《论个人信息法律保护的思想渊源与基本原理——基于“公平信息实践”的分析》，《现代法学》2019 年第 3 期。

间存在力量对比，为了平衡两者权力关系，限制算法权力的滥用，需要进一步通过相关立法明确普通民众针对算法所拥有的各项权利，给权力的应用设置界限。

上述讨论了随着数字技术的发展，人们可能拥有的各种新兴权利。最后，还有一种“否定性”（negative）的权利值得人们关注，这就是断开网络的权利——断网权。数字技术为人们的生活和工作带来了便利和效率，但也带来了诸多困扰。网络世界就像一张无形的大网，不断地将越来越多的人和物吸入其中。一些人恨不得将除了睡觉之外的所有时间都花在网络世界里，在网络中娱乐、工作、提出需求、满足需求……乐此不疲。一些人拥抱这样的生活，但也有人感到极度被打扰：夜晚 12 点单位领导还在工作群里讨论工作方案，微信朋友圈不断推送同类广告，视频 App 反复推荐小猫视频，学龄儿童沉迷手机游戏……面对强大的网络虹吸力，个人似乎毫无抗拒之力。人们是否需要一种断开网络的权利？下班之后微信工作群是否该保持静默？可否选择用现金付款？是否可以拒绝接受网络推荐的各种视频、广告、邮件？新冠疫情期间，人们能否选择手动登记，而不是必须扫健康码？总之，在网络时代，为了保护个人的自主时间和空间，人们应该拥有一种“断网权”。如果所有人都不得不接入网络并随时随地被动地接受各种信息，那么人的自由何在？没有了自由，普通民众只能是数字空间里提供各种数据的数字奴隶。

综上所述，技术的发展为人类预示了更美好的未来。在数字世界中，生活和生产都将更有效率。然而，技术从来都是一把双刃剑。技术能够塑造强大的权力，而权力有可能被滥用。因此，为了保障人们的基本权利和自由，必须规范技术和权力的应用，网络自由权、数据所有权、数字遗产继承权、针对算法权力的权利以及断网权等诸种权利正是保证正义的政治秩序的制度要素。

国际话语权视野下国家治理传播范式

臧豪杰　任国征*

（郑州大学马克思主义学院，郑州；中央财经大学
绿色金融国际研究院，北京）

摘　要：当中国不断深度融入全球社会时，国际话语权的重要性不断凸显。这就要求我们必须重视政治学视野下的国际话语权建设，并以此建立国家治理传播范式。国家治理传播迫切需要提升国际话语权。构建完善的国际话语体系，从国际现实出发，从中国国情出发，提出具有世界意义的新概念、新表述、新理论，增强中国在国际规则制定的话语权、建构强大国际话语传播载体，进而建立国家治理传播范式。

关键词：国家治理传播；全球治理；国际话语权

习近平同志在中共中央政治局第三十次集体学习时强调："要加快构建中国话语和中国叙事体系，用中国理论阐释中国实践，用中国实践升华中国理论，打造融通中外的新概念、新范畴、新表述，更加充分、更加鲜明地展现中国故事及其背后的思想力量和精神力量。"① 概念是理论的基石，从中国实践中提炼中国理论，需要从概念建构开始。近年来，国家治理致力于从中国实践中提炼和建构概念，在概念建构的方法和路径方面进行了一些探索。要把影响力作为检验标准，更好开展宣传解读，持

---

* 臧豪杰，郑州大学马克思主义学院政治学博士后；任国征，中央财经大学绿色金融国际研究院研究员、健康金融实验室主任。

① 《习近平谈治国理政》第四卷，外文出版社，2022，第317页。

续提高感召力，为增强新征程的强大精神力量创造有利条件。因此，必须重视国家治理传播工作，尤其是国际层面的国家治理传播工作，而这就要求我们必须重视政治学视野下的国际话语权建设，并以此建立国家治理传播范式。

一　话语权促进国家治理传播的理论文献梳理

话语权理论起源于哲学思辨之中，福柯所阐发的“话语权”概念，是区别于军事、经济、政治等物质性权力的非物质、社会性权力。如果说传统的话语被归入修辞学，被视为一种工具或符号系统，那么，语言学转向后的西方话语则承载着特殊的价值意蕴，“在内在本质上，西方话语体系是西方思想理论、西方道路、发展模式、政治原则、制度规范、价值取向的总体反映和实践运动，具有鲜明的意识形态和价值渗透性”。[①] 就话语权促进国家治理传播方面，当前学术文献呈现以下三个层面。

（一）话语权的理论形成

话语权的主体和形式均是“话语”。在汉语词典中，“话语”一般被解释为“言语”“说出来的话”，《中国百科大辞典》将其解释为“语义上能表达一个相对完整的意思或思想的一句以上的话或书面上成段的文句”。由此可见，在通俗用法中，“话语”乃是一种“表达的形式”。有学者将作为“形式”的“话语”追溯到古希腊柏拉图和亚里士多德的“修辞学”和“诗学”论述，而语言学上的“话语”研究始于费尔迪南·德·索绪尔的言语理论。索绪尔将“语言”（langue）和“言语”（parole）进行了区分，“语言”被视为一种符号系统，而“言语”则指某些情况下个人说话的行为与内容。[②] 如果说索绪尔的言语理论中已经蕴含了话语“权”的萌芽，那么，西方哲学的语言学转向进一步赋予“话语”以规范意义。正

① 韩美群：《解构与重建：西方话语的理论逻辑与马克思主义的话语创新》，《马克思主义研究》2018 年第 2 期。

② 郭光华、王娅姣：《媒体“话语”何以赋“权”：西方话语权研究综述》，《湖南社会科学》2015 年第 1 期。

式提出“话语权”概念的是思想家米歇尔·福柯。福柯对话语和权力做出了区别于传统的解读与界定，将权力理论引入话语理论从而创造性地提出了“权力话语”概念。福柯对“话语”的使用区别于传统学者。福柯指出：“标志着19世纪精神病话语的不是什么特别对象，而是这个话语借以形成它的对象——十分分散的对象——的那种方式。在出现、界限和规格审定之间建立起的关系整体使这个形成得到保证。”①

（二）国际话语权的概念提出

客观说，学术界对“国际话语权”的含义理解存在偏差。“话语权”源于西方，是对英文“discourse power”“power of discourse”或法语“pouvoir du discours”的意译。在汉语词语中，“权”既可指“权力”，又可指“权利”，有学者将“话语权”解读为关于“话语的权利”，而如果考诸英文词组“discourse power”，可以发现“权”对译的乃是英文power。power的汉译是“权力”，“权利”的英译是right，因此，“话语权”主要指涉的乃是关于“话语的权力”，有学者由此将“国际话语权”解读为“通过话语来获得权力，它与军事、经济等物质性权力一样，本质上都是一种‘权力’”。② 除了对国际话语权的内涵理解存在偏差之外，还有其他各种对话语权的片面认识，比如将话语权当作“话语权利”，将话语权当作“权力话语”，将话语权当作“媒体权”，片面认为话语权取决于道德水准和文化实力，将话语权当作“外交能力”等。③ 综合来看，国际话语权属于话语权的一种，属于软实力的有机组成部分，它不同于军事、经济等硬实力。国际话语权本质上属于政治问题，随着软实力在国际竞争中的重要性越来越凸显，国际政治有逐渐演化为话语权政治的趋势。

（三）话语权有利于思想引导

众多学者认为，话语权的思想引导功能通过语言和哲学的方式得以实

① 〔法〕米歇尔·福柯：《知识考古学》，谢强、马月译，生活·读书·新知三联书店，2003，第47页。

② 张志洲：《国际话语权建设中几大基础性理论问题》，《学习时报》2017年2月27日。

③ 《中国发展需要国际话语权》，《人民日报》2010年12月9日。

现。保罗·利科曾指出："对语言的兴趣，是今日哲学最主要的特征之一。"[①] 话语权引导思想的哲学路径可概括为三种表现。一是海德格尔的话语是"存在之家"。海德格尔从反形而上的角度赋予语言一种本体论的价值，语言或话语就是"逻各斯"，话语就是世界观，人以语言的形式存在。在这里，语言摆脱了工具论预设，人是以语言的形式存在。二是维特根斯坦的话语是"实践之门"。维特根斯坦的理论贯穿了从理想语言向日常语言的转向，并提出了"语言游戏说"理论。维特根斯坦认为语言的含义在于使用，它本质上是一种"生活"。三是巴赫金和诺曼·费尔克劳的话语是"价值之基"。话语被视为表达一定的价值属性，体现了特定的价值立场。[②] 在这里，话语不再是一种传输信息的单纯工具或符号，而被设置了承担更加重要的工作，"问题在于指出差别何在，人们如何能够在相同的话语实践中谈论不同的对象，如何会有分歧意见，如何会作出矛盾的选择；也是为了指出话语实践在什么方面相互区别；总之，我不想排斥主体的问题。我想界定主体在话语的多样性中所占据的位置和功能"。[③] 总之，西方哲学不再将"话语"简单视为一种单纯的形式化的工具或符号系统，而是认为它承载了特定的价值理念、制度模式、生活原则，进而影响思想引导的路径和内容。

（四）话语权有利于理论辨析

话语权的意识形态主导权是福柯开启的权力的微观物理学研究，并发展出一种新的权力支配模式。其从五个方面概括福柯权力的独特气质：（1）泛化权力概念，将一切不等量关系都视为权力；（2）权力被视为一种"网络"，而不再是"物"的"占有"；（3）冲淡传统权力观中的主体，把人视为权力冲突中不稳定的点；（4）权力不再是确定的、具体的，而是分散的规训性力量；（5）权力不再只具有压抑的一面，还具有生产的

① 〔法〕保罗·利科主编《哲学主要趋向》，李幼燕、徐奕春译，商务印书馆，1988，第303页。

② 韩美群：《解构与重建：西方话语的理论逻辑与马克思主义的话语创新》，《马克思主义研究》2018年第2期。

③ 〔法〕米歇尔·福柯：《知识考古学》，谢强、马月译，生活·读书·新知三联书店，2003，第222页。

一面。[①] 也有学者认为福柯的权力观奠基于主体之上才能被界定，也即只有在“锻造主体”的意义上才能理解福柯的权力/知识。据此，福柯确实拒斥人们习以为常的“权力压抑模式”，他的新权力支配模式信念是“权力不是令人窒息的压制和抹杀，而是产出、矫正和造就。权力在制造”。[②] 福柯以“知识”为中介阐释了话语与权力关系。一方面权力制约和制造话语，话语身处复杂权力关系网中，话语不过是权力的隐蔽实践。“在每个社会，话语的制造是同时受一定数量程序的控制、选择、组织和重新分配的，这些程序的作用在于消除话语的力量和危险，控制其偶发事件，避开其沉重而可怕的物质性。”[③] 另一方面话语展现和再生产权力。话语本身就是一种权力，面对权力的控制，话语可以通过主体的一系列活动反制权力。总体来看，福柯的权力观完全不同于传统权力观，从此种“话语”与“权力”理解出发，他开掘了话语权影响意识形态理论辨析权力的新面向。

二　当前我国国际话语权的不足

国际话语权与国家治理传播是一种伴生关系，国际话语权的弱势会影响国家治理传播的成效，因此，提升国际话语权是增强国家治理传播的重要措施。20 世纪 80 年代，西方国际关系学者首次提出国际话语权概念。在国际话语权勃兴之际，鉴于复杂的国际形势和改革开放的现实需要，我国并没有积极争取自身的国际话语权。当前中国国际话语权的疲弱与话语体系的不完善有着密切的关系。由于尚未形成系统性、整体性、自洽性的话语体系，我国的国际话语呈现出碎片化、断裂式、口号化特征。对于我国国际话语权不足的状况，党中央有着清醒的认识，习近平总书记指出：“中国在世界上的形象很大程度上仍是‘他塑’而非‘自塑’，我们在国际上有时还处于有理说不出、说了传不开的境地，存在着信息流进流出的

---

① 杜敏：《思想政治教育话语权研究》，博士学位论文，兰州大学，2018。

② 汪民安编《福柯文选》，北京大学出版社，2016，编者前言第Ⅶ页。

③ 〔法〕米歇尔·福柯：《话语的秩序》，肖涛译，许宝强、袁伟选编《语言与翻译的政治》，中央编译出版社，2001，第 3 页。

‘逆差’、中国真实形象和西方主观印象的‘反差’、软实力和硬实力的‘落差’。”① 认知到国际话语权的弱势地位并开始重视国际话语权是一种总体概况，具体来看，我国国际话语权的疲弱表现在多个方面。

（一）我国国际话语权建设起步较晚

20 世纪 80 年代至 90 年代末可谓中国国际话语权的“见习期”和“蛰伏期”。中国真正重视国际话语权是进入 21 世纪之后，其中“文化软实力”起到了催化剂作用，此后，北京奥运会、上海世博会、2008 年国际金融危机的爆发都进一步提升了中国的自信心，激发了中国的大国意识。与此同时，国际话语权不足制约中国发展的现实也越来越受到官方和学界的关注。故而党的十八大之后，话语权建设上升到了国家战略和全方位外交层面。通过文献检索可以发现国内 2003 年只有一篇学术论文论及话语权与国际秩序建构，到 2005 年增加到 4 篇，此后文献数量逐年增加，但幅度不大。党的十八大之后，关于中国话语权、国际话语权的研究文献从之前的每年几十篇迅速增加到每年一二百篇，但是数量仍较少。国际话语权日益成为中国社会的显性问题，但我国国际话语权疲弱状况并没有发生根本性的改变。有学者认为，当前国际话语权的表现包括五个层面。第一个层面，“不表态、不说话，失语，失去话语权”。第二个层面，“说话了，但是没人听，或者别人听不懂”。第三个层面，“不仅说话了，还能够同别人交流互动”。第四个层面，“不仅有交流，而且我们的话语有影响力”。第五个层面，“不仅有影响力，还有话语优势”。我国的国际话语权主要处于前三个层面，第四个层面有一些，第五个层面基本没有。②

（二）我国对国际话语权的功能定位存在误解

在西方哲学发生语言学转向，将“话语”由工具性思维转变为本体论思维时，我国学术界并没有发生同样的语言学转向，“话语”在我国学界

---

① 中共中央文献研究室编《习近平关于社会主义文化建设论述摘编》，中央文献出版社，2017，第 212 页。

② 郭建宁：《话语权的实质是文化主体性和理论原创性》，《理论视野》2016 年第 1 期。

的定位依然是“工具性”“功能性”“形式性”的存在，这种思维模式也随之反映到对国际话语权的功能理解方面，将我国国际话语权的疲弱单纯理解为形式、工具问题。此种理解最终会呈现出两种样态：一种表现是向西方话语靠拢，认为西方国际话语权的强大源于形式新颖、符号表征意义更加现代化，因此力图借用西方的话语表述形式，照搬照抄，实则严重脱离中国话语语境和历史传统；另一种表现则是力图摆脱西方的现代话语形式，建构出能够与西方话语形式匹敌的话语表述模式，其结果是话语表述沦为自说自话。将国际话语权工具化、形式化的另一个后果是认识不到语言与思想的关系，重形式轻内容，认识不到语言形式与内容的辩证关系：一方面，语言受到思想内容、规范的制约；另一方面，语言形式又能够影响思想内容的传播效果。但在形式与内容二者的关系中，起主导作用的不是形式而是内容，因此，话语的差异不能只重视形式，更要认识到“不同语言之间的区别必然是与规范、权力关系以及自我理解联系在一起的”。①“构建新的话语体系，实质上就是要构建新的思想体系（理论体系），着力点应放在思想内容上，而不是语言形式上。”②

（三）我国国际话语体系不够完备

1921 年以来，中国共产党带领中国人民进行了波澜壮阔的革命、建设、改革实践，但是与改天换地的实践相比，我国的理论并没有及时跟上，理论落后于实践。一方面理论无法有效解读中国实践的成就与不足，并做出相应反思；另一方面理论无法对中国实践进行有效指导，这使得很多时候理论研究沦为官方文件的翻版或事后证明。总体来看，对马克思主义、社会主义的研究虽丰富，但相对缺乏整体建构理论话语或者话语体系的研究，“存在表达不够、分析不清、说服不力的问题。现有学术话语体系在一定程度上存在不适应现实社会实践的问题，与人民群众的日常表达和理解需求尚有较大距离，离人民的期盼还有不小差距”。③ 同时，中国

① 安靖如：《人权与中国思想：一种跨文化的探索》，中国人民大学出版社，2013，第 31 页。

② 李志昌：《话语体系的实质是思想体系》，《社会科学报》2018 年 4 月 12 日。

③ 许徐琪、孟鑫：《提升中国特色社会主义理论世界话语权的挑战与对策》，《中共福建省委党校学报》2017 年第 2 期。

现代化道路相比于资本主义国家上百年的现代化历程及成功模式，仍显年轻，因此，世界上很多国家还不了解它，对其成效如何仍持观望态度。最后，中国话语尤其强调马克思主义，会使得人们认为中国模式、中国话语只适合中国。因此，构建出具有国际影响力的话语体系需要从中国道路、中国制度、中国文化、中国实践出发，创造出具有马克思主义特色又为国际社会所接受的概念、范畴、原理。

（四）“国内—国际”话语转换的不顺畅

话语权涉及国内与国际两个不同的空间场域，面临着话语转换问题。首先，中西方话语模式存在歧异。有学者分析了中国“国际传播弱势”的三个方面原因：（1）信息传播方面，以政府主导信息发布和媒体服务工作为主，由于主流媒体“信息源”地位缺失，中国政府经过官方媒体发布的信息要么不能被西方媒体采用，要么被西方媒体进行了再加工；（2）知识传播方面，国内高校和科研院所倾向于“关门”搞研究，在对外人文交流方面缺乏主动性；（3）价值传播方面，由于中西方历史文化传统的差异，双方有着不同的价值观念体系，使得中华文化在“走出去”的过程中无法避免与西方文明产生冲突与摩擦。① 其次，当前存在将国内话语直接套用于国际场合的现象，缺乏对受众的分析，并且不能够有效地将政治话语和学术话语大众化。最后，不能够把中国话语和世界话语统一起来，认识中国不能只基于中国视角，还要立足于世界格局，要把个性与共性、独创性与普遍性、民族性与世界性统一起来。因此，在提升国际话语权工作中，不能简单地把国内国家治理传播那一套照搬照抄过来，而是必须结合国际关系情况、受众状况进行有针对性的话语转换，转变为能够为国际社会所接受、认同、喜欢的话语体系，“在构建对外传播话语体系上下功夫，在乐于接受和易于理解上下功夫，让更多国外受众听得懂、听得进、听得明白，不断提升对外传播效果”。②

---

① 徐庆超：《“学术外宣”与中国对外话语体系建设——关于“世界中国学论坛”的案例研究》，《中共中央党校学报》2015 年第 2 期。

② 习近平：《加快推动媒体融合发展 构建全媒体传播格局》，《求是》2019 年第 6 期。

三　以提升国际话语权建立国家治理传播范式

实践是检验真理的唯一标准。历史悠久、文化独特、东方大国、社会主义构成了国际场域中的中国独有标签。在西方资本主义国家国际话语权占据主导地位的国际空间场，中国的国际形象由“他塑”而非“自塑”，中国的话语陷入对于“西方话语”的“跟着说”，中国的实践也由西方按照自身标准进行剪裁。突破当前中国国际话语权建构中的中国“他者”状况，需要在国际社会发出中国声音，用中国话语讲述中国故事，用中国故事感染国外听众，但居于核心地位的则是马克思主义社会主义实践。经过上百年的发展与构建，西方社会已经建构起一套完善的国际话语体系，从文化价值观念、制度模式、体制机制到日常生活，无所不包，而且具有鲜明的逻辑自洽性、价值引领性、行为规范性，这使其一直主导着国际话语权。因此，建立党的创新国家治理传播范式，必须提升中国国际话语权，必须建构起完善的中国话语体系。

（一）用中华优秀传统文化滋养国际话语，夯实国家治理传播基础

习近平总书记指出“文化自信是更基本、更深沉、更持久的力量”。[①]在构成文化传统的众多资源中，有些资源是高度抽象的、普遍性的理论资源，他们早已超越了民族上升到了整个人类的高度，这使其超越了时空的限制，对任何时代都具有指导意义。中华传统文化是否能够契合于现代社会是近代以来困扰学界的问题之一。从洋务运动的“中体西用”到新文化运动时主张引进“德先生”“赛先生”再到“打倒孔家店”，可见时人对于中国传统文化的认知变迁。总体来看，现代中国是在经过对传统文化的否定后发展起来的，而在对传统文化进行否定性批判过程中，成为传统文化参照物的则是被标榜为现代文明的西方文化。因此，传统中国的衰落很多时候并不被简单视为单纯的政治事件，而是被上升为文明问题，“中国

① 《习近平谈治国理政》第二卷，外文出版社，2017，第339页。

帝制晚期的危机所涉及的并非仅仅是‘一个王朝的衰落’、更是‘一个文明的没落’。”[①] 随着传统文化被打上“落后”的标签，传统文化的语言载体——话语、符号也随之被视为陈旧的东西，由此发生了具有马克思主义的语言学转向，也即用语改变和语义变迁，主要表现为一系列新词语的涌现和旧词语含义的转变。比如方维规发现近代中国对外国人的称呼呈现出“夷”被“洋”“西”“外”逐渐代替的趋势，并最终在19世纪后半期完全被“西”“外”所取代。方维规认为从“夷学”到“西学”再到“新学”的转化，“不但代表着对西方文化的一种心理倾向的改变，而且很大程度上可以看作是世界观（vision du monde）的一种整体转变”。[②] 金观涛、刘青峰发现中国现代政治观念经历了三个阶段的变迁：（1）洋务运动时期，“用中国原有的政治文化观念对西方现代观念的意义进行选择性的吸收”；（2）甲午战争之后到新文化运动前，“中国人以最开放的心态接受西方现代观念”；（3）新文化运动时期，中国人对“所有外来观念的消化、整合和重构”。[③] 由此可见，中国现代化是在批判传统话语的基础上不断吸纳国际话语的过程，其结果是西方现代话语主导了中国社会。

（二）以发掘革命文化的世界意义丰富国际话语，把稳国家治理传播方向

革命文化是中国共产党成立之后带领中国人民在争取民族独立、人民解放、国家富强过程中进行伟大斗争而孕育出的文化。将革命文化融入国际话语就必须发掘革命文化背后的世界意义，回归革命文化生发的时代背景和其历史意义。可以发现中国近代革命是具有世界意义的重大事件。霍布斯鲍姆指出：“革命是20世纪战争之子。”[④] 20世纪是在混乱与无序中

① 孔飞力：《中国现代国家的起源》，生活·读书·新知三联书店，2013，译者导言第5页。

② 方维规：《“夷”、“洋”、“西”、“外”及其相关概念：晚清译词从“夷人”到“外国人”的转换》，〔德〕朗宓榭、阿梅龙、顾有信：《新词语新概念：西学译介与晚清汉语词汇之变迁》，赵兴胜等译，山东画报出版社，2012，第111页。

③ 金观涛、刘青峰：《观念史研究：中国现代重要政治术语的形成》，法律出版社，2011，第8页。

④ 〔英〕霍布斯鲍姆：《极端的年代》，郑明萱译，江苏人民出版社，1999，第77页。

开始的，经济萧条、法西斯主义和战争轮番上演，而俄国十月革命则开辟了人类道路的新纪元，开启了人类历史的新时代，毛泽东同志指出：“在第一次世界大战和十月革命胜利之后，世界的面目、历史的方向就变了。世界历史几千年以来都在发展着、进步着，但只有到了第一次世界大战和十月革命之后，才产生了新的方向。”[①] 由俄国革命开创的无产阶级革命新纪元，中国革命是其中出彩的一笔。早在第一次大革命时期，中国共产党就已经鲜明地提出“中国革命是世界革命的一部分”。改革开放以来，有学者提出“告别革命”，革命话语逐渐被改革话语所取代，这使得部分学者将20世纪90年代视为与之前历史大断裂、大转折的时代，并因此将20世纪称为“短20世纪”。那么，革命运动所呈现的革命文化还有现实意义吗？这要根据革命的追求与现实的对比来回答：20世纪无产阶级革命以反剥削、反殖民为目标，以实现人的真正的解放和全面发展为追求，呈现出鲜明的现实性和理想性。如果观照现代社会，可以发现这依然是一个资本主义占据主导地位的世界，真正的自由、平等、民主的理想并没有实现，因此，革命文化在世界范围内依然具有旺盛的生命力，是一种具有强大现实意义的话语。

（三）以社会主义先进文化的全球价值诠释国际话语，畅通国家治理传播途径

社会主义先进文化是在新民主主义革命胜利之后，社会主义制度建立起来之后由新民主主义文化转化而来的文化。社会主义先进文化坚持马克思主义的理论指导，在广泛吸收人类文明的优秀成果、批判继承传统文化基础上发展起来。从国内话语权角度来看，社会主义先进文化与社会主义物质大生产相伴而生：一方面，社会主义先进文化作为一种社会意识形态，受制于社会主义物质大生产；另一方面，社会主义先进文化具有一定的独立性，能够塑造社会风气、激发社会动力、树立社会理想，为社会主义大生产提供精神支撑和理论指导。从国际话语权角度来看，社会主义先进文化是具有世界影响的文化。社会主义运动是一种全球性运动。虽然冷

① 《毛泽东文集》第3卷，人民出版社，1996，第289页。

战结束以来，社会主义运动陷入了低谷，但是，社会主义运动从它诞生之日起就不是局限于一时一地的运动，它是立足于解放全人类的运动，因此，社会主义运动从它诞生之日起就具有世界意义。中国通过无产阶级革命建立起社会主义制度，并发展出的社会主义先进文化是对世界社会主义文化的有益补充，更是对人类文化的有益补充。此外，虽然社会主义文化在不同时代、不同国家有着不同的内容和表现，但以社会主义先进文化为代表的社会主义文化无不将人民置于中心地位、将人的真正解放置于中心地位，这使其对于现实世界具有强大的批判和指导意义。

（四）以新时代中国社会主义实践引领国际话语，开辟国家治理传播局面

中国国际话语权的生命力在于中国社会主义实践：只有通过马克思主义社会主义实践才能不断验证理论的科学性和价值性；只有通过实践不断破解中国社会、人类社会面临的普遍性问题，才能进一步论证中国道路、中国理论、中国制度的科学性和合理性，才能进一步增强中国国际话语的说服力、认同力、吸引力，并最终解决“挨骂”问题。改革开放以来，我国的硬实力提升速度较快，与发达资本主义国家的差距在不断缩小，但是，我国软实力与发达资本主义国家相比差距仍然较大。中华民族的伟大复兴离不开硬实力，更离不开软实力。因此，必须从事关中华民族伟大复兴的高度和马克思主义、社会主义事业的高度认识文化软实力的重要性、国际话语权的重要性，而根本上则是能不能做到文化自信的问题。在创造性转化和创新性发展中华优秀传统文化方面，中国共产党一贯坚持“古为今用，洋为中用”的文化方针，将马克思主义话语、西方现代话语与中国传统话语三者有效融合起来。当前，在争夺国际话语权的过程中，中国话语中的传统思维、价值观念、逻辑模式并不构成阻碍因素，它从另一个角度丰富了国际话语。综合来看，中国国际话语权的疲弱是由多方面因素导致的，既与我们自己对国际话语权的理解偏差、认识错误、轻视有关系，也跟中国国际话语权理论与实践发展较晚，尚未形成完善的话语权体系和现代话语传播形式有关。要改变中国国际话语权疲弱的状况，必须不断提升和增强中国国家治理传播的能

力和效力，构建完善的国际话语体系，从国际现实出发和从中国国情出发，提出具有世界意义的新概念、新表述、新理论，引领国际话语、设置国际议题、“增强中国在国际规则制定的话语权”、建构强大国际话语传播载体，进而建立国家治理传播范式。

制度优势转化为制度自信的内在机理研究*

汪荣有　朱　毅**

（江西师范大学马克思主义学院，南昌）

摘　要： 将制度优势转化为制度自信的内在机理，是通过推动制度细化、加强政策评估，实现制度优势向政策优势的转化；通过构建制度执行机制，提升执行主体素质，培育制度执行文化来实现政策优势向治理效能的转化；通过效能比较和效能反馈，推进治理效能向制度自信的转化。

关键词： 制度优势；治理效能；制度自信；内在机理

2022 年全国“两会”期间，习近平总书记深刻揭示了我国发展仍具有五个战略性有利条件，其中第二个就是“有中国特色社会主义制度的显著优势”。中国奇迹之所以能够不断延续，两大奇迹之所以能够取得，“中国之治”之所以能够成功，其奥秘就蕴藏于“中国之制”中。从文化学的角度看，制度优势是制度层面的内容，治理效能是行为层面的内容，制度自信是精神层面的内容，这个逻辑是逐步提升的。推动制度优势向制度自信的转化，对我国破解当前转化过程的现实困境，具有重要的理论价值和实践意义。

---

* 本文系江西省教育厅研究生创新基金（YC2021－S251）研究成果。

** 汪荣有，江西师范大学二级教授、博士研究生导师；朱毅，江西师范大学马克思主义学院硕士研究生。

一 制度优势转化为制度自信的科学内涵

习近平总书记在论述中国特色社会主义进入新时代时，使用了一句非常鲜明的引导语——“经过长期努力”,[①] 这表明，中国特色社会主义进入新时代，并非在短时间内完成的，而是党领导人民群众接力探索、长期积淀，量变达到一定程度产生质变的结果。时代坐标和历史方位的转化，表明我国不但在实践上实现了飞跃，在认识上同样也发生了质变。具体到国家治理领域，一个非常显著的变化，就是在提及制度优势时，我们不再局限于强调生产力的发展，更多地关注到治理效能的提高。党的十九届四中全会在国家治理领域提出了新的战略命题，要求推动制度优势更好地转化为治理效能。

（一）制度优势转化为制度自信的出场逻辑

提升国家治理效能，是习近平总书记多次提及和高度重视的问题。早在党的十八届三中全会，他提出要通过“提高国家治理能力”来“充分发挥国家治理体系的效能”；党的十九届四中全会，他强调要“把我国制度优势更好转化为国家治理效能”；[②] 在参加十三届全国人大三次会议内蒙古代表团审议时，他进一步提出了“高效能治理”的理论命题，进一步明确了国家治理的目标；党的十九届五中全会更是以规划的形式，使“国家治理效能得到新提升”[③] 上升为“十四五”时期经济社会发展的一个主要目标。习近平总书记对于国家治理效能的多次提及，表明了提升国家治理效能这一行为并不是解决近期问题、实现当下目标的应急之策，而是管根本、管长久、管全局的战略方针，有其深刻的价值意蕴。首先，国家治理

① 习近平：《决胜全面建成小康社会　夺取新时代中国特色社会主义伟大胜利》，《人民日报》2017 年 10 月 28 日。

② 《中共中央关于坚持和完善中国特色社会主义制度　推进国家治理体系和治理能力现代化若干重大问题的决定》，《人民日报》2019 年 11 月 6 日。

③ 《中共中央关于制定国民经济和社会发展第十四个五年规划和二〇三五年远景目标的建议》，《人民日报》2020 年 11 月 4 日。

现代化既要求实现经济发展，也要求维护社会稳定。提升国家治理效能，能够实现国家发展的“高线目标”，维护国家稳定的“底线要求”，是实现高效能治理的应有之义。其次，当今世界正经历着百年未有之大变局，提升国家治理效能能够抵御风险挑战、赢得国际竞争主动，能够破解全球治理难题，为世界上其他国家的现代化建设贡献中国智慧，是应对国内外形势的必然要求。最后，从国家治理角度来看，历史周期率现象之所以发生，是由治理效能得不到补充且不断减弱所导致。增强国家治理效能，实现我党长期执政，确保中华民族伟大复兴的历史进程不可逆转，是跳出历史周期率的重要途径。制度优势向治理效能的转化，是制度层面向行为层面转化的过程，在这两者之上，还存在精神层面，这个逻辑是逐步推进的。在制度优势转化为治理效能之后，还需要更进一步推动治理效能向制度自信的转化与实现，这既是巩固和提升制度优势的必然举措，也是支撑制度优势转化的精神力量。

（二）制度优势转化为制度自信的内涵要义

马克思主义哲学的产生既有其理论来源，也有其自然科学前提。其中能量守恒与转化定律就强调，能量既不会凭空产生，也不会凭空消失。循此逻辑，治理效能同样也不是无源之水、无本之木，而是有着其生成和提升的基础和前提。党的十九届四中全会指出，要“把我国制度优势更好转化为国家治理效能”，为我们指明了提升治理效能的着力点和突破口。制度优势指的是特定制度相对于其他制度所表现出来的比较优势和相对优势，是停留在理论层面的东西。治理效能指的是治理主体依据制度进行治理活动，在此过程中所产生的一系列积极效应与良好结果。制度优势和治理效能是互促共进、密不可分的有机整体。制度是否具有优越性和优势，最终需要通过实际的治理效能来检验。如果某种制度虽然在理论层面完美无缺，但是在现实生活中无法产出充沛的治理效能，那么这种制度的优势也就不成其为优势，就会像资本主义制度一样沦为“一幅令人极度失望的讽刺画”。[①] 制度优势可以为治理效能提供前提、基础，而治理效能也能

① 《马克思恩格斯文集》第3卷，人民出版社，2012，第644页。

够为制度优越性提供事实上的说明和确证。没有优势的制度难以生成治理效能，而没有效能的制度优势，其优势也站不住脚。治理效能的生成能够为制度优势提供确证，同时也有助于进一步巩固和提升制度优势。制度优势和治理效能并不相等，但是内在相通，基于这个事实，党的十九届四中全会才通过决议的形式提出要“推动制度优势更好地转化为治理效能”。

制度层面、行为层面和精神层面，三者之间的逻辑是逐步推进的，因此，制度优势转化为治理效能之后，还要更进一步将治理效能转化为制度自信。所谓制度自信，就是主体基于对制度的深刻把握，对于制度的一种肯定性评价。而具体到中国，制度自信就是高度肯定中国特色社会主义制度的价值、优势和特色，对中国特色社会主义制度充满信心，相信中国特色社会主义制度能够满足人民日益增长的美好生活需要。没有高度的制度自信，人们就会失去对于制度的支持和信赖，同样也无助于治理效能的生成。只有坚定高度的制度自信，才能够为制度优势向治理效能的转化过程提供强有力的精神动力和信念支撑，才能为制度优势注入“源头活水”，不断巩固和提升制度优势，推进国家治理现代化的现实进程。

（三）制度优势转化为制度自信的内在特质

应当注意到，制度优势向治理效能，进而向制度自信的转化并不是一帆风顺的，转化过程中充斥着无数的风险挑战，稍有不慎就会“满盘皆输”，无法顺利生成效能，甚至还可能会反作用于制度优势，对制度优势造成不可挽回的破坏，动摇和降低人们的制度自信；制度优势向制度自信的转化也不是理所应当、顺理成章、自然而然的，“这就是世界上的东西，你不去搬它，它就不动”。[①] 制度优势作为一个静态的存在，如果治理主体不对它施加作用，它也不会自发地朝着治理效能的方向顺利转化，制度自信也不可能生成。制度优势向制度自信的转化更不是一劳永逸的，制度优势转化为制度自信，不是一时一地的，而是随时随地的，不可能一次转化之后就能够高枕无忧、坐享其成。制度优势随着时代的变化不断发展，它的动态性决定了整个转化过程也应当是一个“绵绵用力、久久为功”的

① 《毛泽东文集》第3卷，人民出版社，1996，第250页。

过程，转化过程只有进行时，没有完成时。转化过程的种种特点决定了制度优势向制度自信的转化不是一蹴而就的，制度优势向制度自信的转化是一个系统工程，需要经过多个环节的运作。其内在机理是：推动制度优势转化为政策优势，推动政策优势转化为治理效能，治理效能转化为制度自信，并通过效能反馈来巩固制度优势、强化制度自信。如果能够准确把握转化过程的内在机理，就能够在转化过程中“趋利避害”，成功推动治理效能的转化；如果对这一方面认知不足，就会陷入转化不充分、转化不彻底的困境，不但对国家治理现代化，甚至对党和国家事业的发展都会带来消极影响。列宁指出，“要真正地认识事物，就必须把握住、研究清楚它的一切方面、一切联系和‘中介’”。[①] 转化过程的系统性、全面性和整体性，客观上要求我们必须坚持系统观念和全局观念，把握好转化过程的内在逻辑，多方面努力、全方位推进，这对于我们破解当前转化困境、实现制度优势“更好地”转化为治理效能，具有重大的理论价值和实践意义。

二　推动制度优势转化为政策优势

1980 年，邓小平在中共中央召集的干部会议上指出，“社会主义制度并不等于建设社会主义的具体做法”，[②] 将社会主义根本制度同党和国家现行的具体制度做了划分，有利于人们搞清楚什么是社会主义制度，提高人民群众对社会主义制度的认知水平。2011 年，胡锦涛在庆祝中国共产党成立 90 周年大会上的讲话中首次提出了“中国特色社会主义制度”[③] 这一新概念，把中国制度概括为“根本制度—基本制度—具体制度”的结构形态。2019 年，党的十九届四中全会，在三位一体结构的基础上进一步发展，强调要坚持和完善支撑中国制度的根本制度、基本制度、重要制度。用重要制度来取代具体制度，将中国特色社会主义制度的结构发展为“根本制

---

① 《列宁选集》第 4 卷，人民出版社，2012，第 419 页。
② 《邓小平文选》第 2 卷，人民出版社，1994，第 250 页。
③ 胡锦涛：《在庆祝中国共产党成立 90 周年大会上的讲话》，人民出版社，2011，第 7 页。

度—基本制度—重要制度”这样“三位一体”的层次结构。

如果将中国特色社会主义制度体系视作一棵树，那么我们可以将根本制度看作树干，它决定着整棵树的性质；基本制度可以视作树枝，它作为一个中枢，连接着树干与树叶，发挥着上传下达的衔接作用；重要制度可以看成树叶，它是根本制度、基本制度的细化，能够直接接触到人民群众的日常生活和基层治理的现实问题。“社会主义制度并不等于建设社会主义的具体做法”，从这个意义上来说，我们可以将宏观的根本制度、基本制度归结为“社会主义制度”，因为它们具有明显的社会主义性质，集中体现了社会主义的优势和优越性。新中国成立以来历届领导人对制度优势的论述，通常也是对于这两种制度的表述，而不是对于重要制度的论述。重要制度我们可以看成“建设社会主义的具体做法”，做法有高低优劣之分，产生的结果也大不相同。重要制度为根本制度、基本制度提供实现平台和表达载体，是两者的具体展开。如果没有重要制度，那么宏观的根本制度和基本制度就无法细化，更不用说应用到我国的具体实际和基层治理上来。党的百年奋斗历程已然昭示：什么时候重要制度顺应现实规律、符合时代要求，党和国家的事业就前进、就兴旺；什么时候重要制度违背实践要求，党和国家的事业就会走弯路、受挫折。推动制度优势转化为政策优势，就是要在基本制度和根本制度具有优势的既定前提下，强化政策供给、加强政策评估，确保重要制度能够适应现实生活的具体情形，具有显著优势，为根本制度和基本制度的落实、落地保驾护航。

（一）推动制度细化，强化政策供给

不可否认，我国的根本制度和基本制度虽然能够克服资本主义的顽疾，符合社会化大生产的历史趋向，具有显著优势，但是这两类制度过于宏观、不太接地气。换言之，就是原则性要求多、操作性措施少。马克思、恩格斯在论述国家制度时，由于自身缺乏社会治理的实践经验，对制度的了解和认识不够，对社会主义制度的描述多停留在应然层面，而对于构建制度的具体措施和相关政策论述不足，这使得制度表现往往过于理想化，出现了制度虚浮的现象。固然，我们需要根据马克思、恩格斯的思想来构建国家制度，但是仅仅依靠这两个层次的制度，不能满足制度建设的

要求。倘若把我国的制度体系视为一个机器，那么根本制度和基本制度就是机器的外壳和杠杆，虽然规定了制度的框架，决定了制度的性质，但是如果仅仅凭借杠杆，整个机器是无法运行起来的。只有具备细小的齿轮，才能够确保整个机器顺利地运作。同理，如果缺乏具体的制度设计和相应的政策支持，制度体系终究无法落实、落地，不能够发挥自身的作用。

推动制度优势转化为政策优势的首要要求就是要推动制度细化、强化政策供给。一般而言，政策是生长在制度的平台上，基于制度产生的，属于制度的延伸，为治理实践提供支撑，从性质上和重要制度大致相当。推动制度细化，就是要根据社会发展实际和现实生活状况，根据不同领域的制度安排制定相应的公约、规章、准则，将制度细化为具体的实施细则和可操作性的规定，为社会治理实践提供必要的体制机制、方法手段、行动准则，确保制度和政策具有可执行性、可操作性，使得我国制度体系能够落实、落地、运行流畅。

（二）加强政策评估，提升政策质量

推动制度细化、加强政策供给是从“量”的角度入手，确保制度优势转化为政策优势，但是绝不能认为仅依靠足够的“量”就能够实现制度优势的转化、确保政策具有优势。当前，我国重要制度和具体政策也存在一定的问题：有的是“新瓶装旧酒”，没有任何实质上的创新；有的是追求标新立异，却忽视了制度与制度间的衔接，造成了新旧制度之间的冲突，使得我们的政策和制度常常出现“翻烧饼”的现象，制度难以长久，效果也不尽如人意，要扭转回来很不容易。因此，将制度优势转化为政策优势，还要从“质”的角度入手，在政策出台之前，对其进行反复论证和科学评估，确保政策切实可行、行之有效、行之久远。

建立合理的评估标准和科学的评估体系，加强政策评估，确保出台的政策更加科学化和专业化，重点就是要形成一个闭环式的评估系统。换言之，对政策的评估范围，既要包括政策出台前的事前评估，也要包括政策实施后的事后评估。在事前对政策进行评估，一方面要保证政策制定切合实际，适应经济社会领域出现的新情况、新变化、新要求，从实际出发，针对现实生活中存在的问题，真正做到“有的放矢”。另一方面要保证政

策表述简洁明了、便于理解，保证政策简单可行。在事后对政策进行评估，就是要关注政策执行的程度和效果，从反馈的结果中分析出政策的不足之处，根据时代的要求相应地推进政策的优化和革新，不断提升政策质量。

三　推动政策优势转化为治理效能

确保政策和制度具有优势，并不意味着优势能够自发地转化为治理效能。“天下之事，不难于立法，而难于法之必行。”[①] 再完善的制度设计，再优越的制度优势，如果没有落实于实践，也只是一纸空文。如果对制度的认识不够，执行方向发生偏差、制度执行不到位，也会引发人们对制度的怀疑，严重挫伤人民的获得感、幸福感、安全感，给人民和国家带来巨大的危害。现实生活中，明明是同一套制度，却出现在不同地方发挥的效能不同，人民群众对其评价也大相径庭的情况。为什么同一套制度“叶徒相似”，但是在实际情况中“味不同”呢？很大一部分原因在执行上，不同地区的执行力不同，对制度的执行程度也不同，最终同样的制度却取得不同的成效。

（一）构建制度执行机制

从性质上来说，制度包括实体制度和程序制度两个方面。实体制度指的是为解决社会现实问题所指定的政策文本和法律条例，而程序制度则是政策和法律条例的行动步骤和实施顺序，规定了制度执行的主体构成、条件设置、程序步骤等内容。当前，我国在制度建设方面呈现出“重实体轻程序”的特征，对执行制度的体制、机制重视不够，影响了我国制度执行的成效。亚里士多德在《政治学》中指出了制度建设的必要性，“法治应当包含两重意义：已成立的法律获得普遍的服从。而大家所服从的法律又

---

① 习近平：《关于〈中共中央关于全面推进依法治国若干重大问题的决定〉的说明》，《人民日报》2014 年 10 月 29 日。

应该本身是制定的良好的法律”。[①] 这就对制度的实体制度和制度的程序制度都提出了要求。构建制度执行机制，就是要完善和优化程序制度，使得执行主体在运用制度进行治理的过程中有章可循、有制可依，提升制度执行效率，推进政策优势向治理效能的转化。

一方面，要推进行政管理体制的改革。阻碍制度执行的很大一方面原因就是机构设置不合理，按照机构去安排职能，条条块块分割明显、交错重叠，陷入了“都可以管、都不去管”的困境之中。改革制度就是要减少政策执行的层级，精简冗员，根据职能需要配置机构。另一方面，要建立高效的制度运行机制。一是构建有效的制度执行流程，形成合理有序的执行步骤，确保制度执行科学高效；二是健全制度公开机制，提高制度执行的透明度，重视政策执行的信息反馈，增进制度执行双向的沟通，减少执行过程中的内耗。另外，要规范政策执行的监督制度。在制度执行前明确权责清单，强化责任归属，防止踢皮球；在制度执行时强化监督检查，确保制度执行不偏移、不走样；在制度执行后对执行进行考核评估，并制定相关的奖惩机制和容错纠错机制。

（二）提升执行主体素质

“子帅以正，孰敢不正？”党员干部作为制度执行的主体，是制度执行中具有能动性的因子，制度执行的所有环节都需要通过执行主体来发挥核心的作用，其素质高低直接关系到制度执行的成效，在通过制度执行推进制度优势转化为治理效能方面具有不可替代的作用。执行主体制度意识坚定、执行意愿强烈、执行能力突出，就能有效推进制度执行，更好地产出治理效能。执行主体制度意识薄弱、执行意愿不强、执行能力低下，就会对制度优势向治理效能的转化起阻碍作用。执行主体素质不高，大抵分为“不愿”和“不能”两种情况，提升执行主体素质，也应当从这两方面入手。

一方面，要强化制度意识。制度意识指的是对制度的认同和尊崇、制度自信以及主动执行制度、坚决维护制度的意识。“不愿”是因为制

① 〔古希腊〕亚里士多德：《政治学》，吴寿彭译，商务印书馆，1983，第169页。

度意识不强，执行主体缺乏执行的动机和意愿，制度不执行、选择性执行，违背制度的本意。因此，必须增进执行主体对制度的科学认同、情感认同和优势认同，深刻认识到执行制度的必要性和重要性。另一方面，要提高执行能力。良好的动机并不一定能够取得如期的结果，如果执行主体对制度的领会程度和贯彻落实程度不能够满足制度的要求，那么就算制度意识坚定也不能够很好地推进制度的执行。“不能”是执行能力不高。执行能力是指对于制度的领会能力，以及推动制度贯彻落实的能力。如果制度执行能力不高，往往容易产生执行错误、好心办坏事的后果。因此，在选人用人上要树立正确的导向，将制度执行能力作为重要的选拔标准和考察标准，在实际工作中要加强对干部队伍的教育培训，在“严进”的同时确保“严出”，切实提高执行主体的制度执行力。

（三）培育制度执行文化

从人们对制度的认同程度来看，制度大抵可以分为三种类型：纸面上的制度、实践中的制度和骨子里的制度。之前我们说的法律法规、规章条例，就属于纸面上的制度，如果不能得到实际的执行，就不可能发挥作用，只能成为稻草人一样的摆设。而实践中的制度，很大程度上是受到法律等的强制性约束，或者受到一定的激励才得以执行。虽然制度能够依靠激励或压力发挥作用，但是远远没有达到制度设定时的目标，不能够真正发挥制度的全部功能。只有将纸面上的制度、实践中的制度内化为人们骨子里的制度，形成人们的潜意识，才能够确保制度行之长久，真正发挥制度的全部作用。之所以出现“中国式过马路”，归根结底就是因为制度只是停留在实践层面，没有成为人们骨子里的制度。

因此，必须通过加强社会道德建设、优化社会风气等方式，培育制度执行文化，为制度高效运行提供良好环境。一方面，要发挥领导干部的带头示范作用，率先垂范地影响和带动广大民众自觉遵守制度，确保制度面前人人平等。另一方面，要加强社会主义核心价值观的宣传教育，使制度内化于心、外化于行，真正将制度变成人们骨子里的制度。

四　推动治理效能转化为制度自信

制度自信作为一种积极的心理和精神状态，不是凭空而来的，而是具有深厚的基础和根据。如果没有充足的依据，那么这种自信也只是停留在想象的层次，不能算作真正的自信。马克思曾经在《〈黑格尔法哲学批判〉导言》谈论到德国的制度时指出，“它只是想象自己有自信”。[①] 在提及无产阶级革命时，马克思同样强调，“光凭革命精力和精神上的自信是不够的”。[②] 也就是说，想象的、虚幻的自信不能说是真正的自信，只有立足于实践，有着现实的成就作为依据和支撑的自信才算得上是真正的自信。治理效能是治理过程中所产生的一系列积极效应与良好结果，主要表现为经济、政治、文化、社会、生态等各方面的高质量发展，能够给国家和人民带来“实实在在的好处”，为坚定和提升制度自信提供充分的事实依据和实践确证，进而顺利转化为制度自信。

（一）在效能比较中推动制度自信转化

“以人为鉴，可以知得失”，要科学研判和准确把握国家治理效能，不仅要从历史发展的纵向角度来审视国家治理效能，同样也需要从空间变换的横向角度，在进行国别对比中进一步把握国家治理效能。他者是自我认知的一面镜子，治理效能也只有通过比较才能够更加全面地显示自身的优势。因此，必须通过比较的路径，借助他者来更进一步地认清我国治理效能相对其他国家而言所具有的比较优势，进而推动治理效能向制度自信的转化，为我们保持战略定力提供坚实支撑，进而为我们从容面对发展进程中各种可以预见和难以预见的风险挑战，更好地实现第二个百年奋斗目标提供强有力的信念保障。

我们之所以能够坚定制度自信，是因为我们的制度生成和产出的治理效能不但相较于中国历史上王朝的封建制度具有优势，而且相较于其

---

① 《马克思恩格斯文集》第 1 卷，人民出版社，2009，第 5 页。
② 《马克思恩格斯文集》第 1 卷，人民出版社，2009，第 15 页。

他国家的制度，同样彰显了显著的效果。治理效能的优越性，首先体现在经济建设上。邓小平强调，“社会主义比资本主义优越不只是名词好听，而是生产力发展速度要超过资本主义”。[①] 社会主义制度能够顺应社会化大生产的历史趋势，从而更能够适应生产力的发展规律，在中国特色社会主义制度的支撑下，中国创造了经济快速发展的发展奇迹。和西方资本主义国家相比，中国仅仅用了几十年的时间，就走完了西方国家几百年才走完的道路，不仅在速度和数量上超过了绝大部分资本主义国家，在经济发展质量上同样实现了超越，脱贫攻坚战取得了全面胜利，以“当惊世界殊”的发展成就屹立于世界民族之林，实现了从“追赶时代”到“引领时代”的伟大转变。治理效能的优越性同样体现在维护社会稳定上，中国在几十年走完西方国家几百年走完的道路，势必会面临西方国家在这几百年所遇见的问题，中国“并联式”的发展道路，也决定了问题挑战没有数百年的时间来予以“缓冲”，而是以更加复杂交织的面貌呈现，稍有不慎就会激化矛盾、诱发风险。在这场极端复杂和剧烈的社会转型中，我们依靠中国特色社会主义制度，实现了比较平稳的社会转型和变迁，有力地维护了社会的和谐稳定。反观西方国家，资本主义制度的内在矛盾决定了其“已经包含着现代的一切冲突的萌芽”，[②] 决定了诸如“黑命贵”“黄马甲”等社会动乱必然此起彼伏、无法根除。

（二）在效能反馈中促进制度自信提升

习近平总书记指出，“制度自信不是自视清高、自我满足，更不是裹足不前、固步自封”。[③] 推动治理效能向制度自信的转化，既要通过制度自信来提升人们对中国特色社会主义制度的认同感，更要以高度的制度自觉和制度自省来不断巩固和完善制度，以更加具有优势的制度来促

---

① 中共中央文献研究室编《邓小平思想年谱（1975—1997）》，中央文献出版社，1998，第243页。

② 《马克思恩格斯选集》第3卷，人民出版社，2012，第658页。

③ 习近平：《在庆祝全国人民代表大会成立60周年大会上的讲话》，人民出版社，2014，第19—20页。

进制度自信的提升。诚然，我们有理由自信，但制度自信和制度完美之间并不能画等号，制度有优势，“但还不是尽善尽美、成熟定型的”。[①]如果以治理效能为借口，拒绝对制度进行改革创新，既不符合唯物辩证法的基本要求，同样也违背制度建设的客观规律。治理效能向制度自信的转化并非单方面、线性的转化过程：一方面，治理效能可以借由显著的现实成就转化为制度自信；另一方面，治理效能可以通过反馈，对转化的实际效果做出合理评价，通过反馈转化过程中存在的问题，为完善制度指明切入点、聚焦点和着力点，为制度不理想之处的矫正提供参考和依据，进一步巩固和提升制度优势，从而为坚定制度自信提供更加坚实和有力的支撑。

具体而言，就是要在制度优势转化为治理效能的实践过程中，坚持以治理效能的反馈为标准，坚持问题导向、目标导向和效果导向相统一，以问题是否得到了根本性的解决、目标是否实现作为评估标准，对制度优势转化为治理效能的效率、效果和效益进行科学研判，提高制度的质量，确保制度作为生产关系的代表能够更好地适应生产力的发展状况，进而以更多更好的制度来产出更多国家治理的制度红利，提升国家治理效能。一方面，要“固根基、扬优势”，把那些在治理实践过程中已经被实践证明的、行之有效的、能够切实提升治理效能的制度安排更好地运用起来，并不断加以强化定型，以维持既有的制度优势；另一方面，要“补短板、强弱项”，对那些在实践中暴露出的问题和短板、对新形势新任务的“不适应”“不管用”、阻碍治理效能提升、不利于治理效能生成的制度及时加以清理和更新，做好它们的“卸载”工作，为后续新制度的建立提供良好的环境。从这两方面入手，强化制度建设，巩固和发展制度优势，从而为进一步提升制度自信奠定坚实基础。

（三）以制度自信助力社会主义现代化

古人云：“君子进不败其志，内究其情；虽杂庸民，终无怨心，彼有

① 《习近平谈治国理政》，外文出版社，2014，第10页。

自信者也。”[①] 一个人正是因为自信，才能够在困难险阻面前安之若素，才能有所建树。个体如此，国家亦然。正如列宁所说，“没有革命的理论，就不会有革命的运动”。[②] 社会意识依赖于社会存在，由社会存在所决定的同时，对社会存在也会起一定的反作用，这种反作用既可能是正面的积极促进作用，也可能是负面的消极阻碍作用。习近平总书记在庆祝中国共产党成立100周年大会上庄严宣告，“实现中华民族伟大复兴进入了不可逆转的历史进程”。[③] 然而，民族复兴的进程并非一帆风顺，制度优势向治理效能的转化同样不是径行直遂的过程，其中充斥着数不清的风险挑战。在这个过程中，能否保持制度自信、坚定战略定力，对于我们进行现代化建设、实现中华民族伟大复兴至关重要。我们党在革命、建设、改革和复兴时期，正是依靠着坚定的制度自信，取得了一次又一次胜利。在未来发展道路上，我们同样需要以高度的制度自信来为制度优势向治理效能的转化提供强有力的精神动力和信念支撑，在风险挑战面前赢得战略主动，更好地应对来自外部的严峻挑战，更好地助力现代化建设。

提升制度自信，一方面要科学阐释，推进制度自信理性化。“理论只要彻底，就能说服人”，[④] 要想切实坚定人们的制度自信，而不是让人“顺境自信、逆境不自信”，就必须通过科学阐释，在阐释制度性质、比较制度优势中讲明白、讲清楚、讲透彻中国特色社会主义制度究竟有何优势，形成人们对制度的理性认知和科学认同，确保人们能够形成更高程度的制度自信，既能与制度同甘，也可以同制度共苦。另一方面要广泛宣传、推进制度自信大众化。列宁指出，“最马克思主义 =（转化）最通俗”，[⑤] 培育人民群众的制度自信，不能借助佶屈聱牙的学术语言，而必须通过大众化、通俗化的语言来完成。因此，必须将宣传制度优势同人民群众日常生活结合起来，运用简单、鲜明、具体的实例和生动活泼的语言来回答人民群众关心的问题，为人民群众解惑，宣传和阐释制度优势，让

① 《墨子·亲士》。

② 《列宁选集》第1卷，人民出版社，2012，第153页。

③ 习近平：《在庆祝中国共产党成立100周年大会上的讲话》，人民出版社，2021，第7页。

④ 《马克思恩格斯选集》第1卷，人民出版社，2012，第10页。

⑤ 《列宁全集》第36卷，人民出版社，2017，第422页。

制度优势能够深入人心。同时，坚定制度自信要不断扩大对外传播，通过提炼标志性概念，构建中国特色社会主义制度话语体系、创新形式方法和拓宽传播渠道的方式来提升中国特色社会主义制度的影响力和吸引力，提高国家文化软实力，做到“墙内开花墙外香”。

从董仲舒与洛克比较看中西政治哲学之分野

徐 瑾 邵哲夫*

（湖北大学哲学学院，武汉）

摘 要： 董仲舒的政治哲学思想奠定了传统中国数千年的社会治理模式，洛克的政治哲学思想则是近代以来西方政治哲学的典型，对两者的比较有益于理解中西政治哲学之分野。董仲舒与洛克的思想在政治哲学上表现为“天立王以为民”与民意政府的相似性，也表现为“大一统”的整体取向与个体自由、“三纲五常”与自然法的根本区别。通过两者的比较，揭示了中西方政治哲学的根本分歧，即民惟邦本、德主刑辅是中国政治哲学的总体特性，主权在民、法治自由是西方政治哲学的最终指向。

关键词： 董仲舒；洛克；政治哲学；中西分野

董仲舒（公元前179—公元前104）是传统中国政治哲学体系及其现实政治制度的奠基者，约翰·洛克（John Locke，1632—1704）则是近代西方政治哲学的重要奠基者，两者分别在中西政治哲学中占有重要地位，对于两者的比较有助于我们深刻认识中西政治哲学的根本分野。

一 董仲舒与洛克政治哲学之异同

董仲舒与洛克代表了中西政治哲学的典型思想，两者有一定相似之

* 徐瑾，湖北大学哲学学院教授、博士研究生导师；邵哲夫，湖北大学哲学学院硕士研究生。

处，但主要表现出的是相异之处。

就相似之处而言，两者都强调了爱民或保护人民权益的目的，典型表现在“天立王以为民”与民意政府的相似性上。董仲舒思想中最有特色的是“天立王以为民”思想。早在先秦之时，荀子也说过类似的话——“天之生民，非为君也；天之立君，以为民也”。[①] 董仲舒则予以继承发展：“且天之生民，非为王也，而天立王以为民也。故其德足以安乐民者，天予之；其恶足以贼害民者，天夺之。”[②] 在董仲舒看来，上天的意志是为人民（造福）而不是为了君王一人，上天之所以立王的根本也在于此。如果君王有着崇高品德，能够让人民安居乐业，那么上天就会让君王管理天下；相反，如果君王残害百姓，那么上天就会剥夺君王的权力。这和洛克所说的民意政府是有相通点的。虽然洛克的民意政府更多从民意本身来谈，主张如果政府违反民意，不能保障人们自然权利的实现，那么人民就有权推翻政府；董仲舒则从神圣天道的角度谈，如果君王不能造福于民，那么就会遭到上天的摈弃。两者看起来采用的方式大相径庭，但是根本出发点却是一致的，即政府（君王）存在的合理性仅仅在于造福于民（或保障人民权益的实现）。洛克认为一个违反民意的政府，人民是有权推翻它的。董仲舒因为强调中央集权和君权天授，所以没有这种思想，但是他从上天降下灾祸的角度对君王的统治提出了警告：如果君王不行仁政，那么“凡灾异之本，尽生于国家之失”，而“国家之失乃始萌芽，而天出灾异以谴告之”。[③] 显然，在董仲舒看来，上天降下灾祸的根本原因在于君王失德，所以君王见到灾祸发生，就必须反躬自省、重视民生。这种方式在现代人看来似乎是比较荒谬的（强调理性的洛克更不会认可这种方式），但是在迷信盛行的古代却有着不可忽视的重要作用。从这个意义上来说，这和洛克对民意、民权的重视是有一定相似性的。

董仲舒与洛克政治哲学的区别主要表现在两个方面。其一，大一统的整体取向与个体自由之别。董仲舒大一统政治哲学思想产生有其特定的历

---

① 《荀子·大略》。
② 《春秋繁露·尧舜不擅移汤武不专杀》。
③ 《春秋繁露·必仁且知》。

史背景。时值秦王朝灭亡后的汉初，承袭周天子分封诸侯的旧制，汉王朝中央政府的权力严重不足。董仲舒提出的大一统思想正是在这种背景下产生的。洛克强调个体自由的政治哲学思想也产生于特定的历史背景。经历了漫长的中世纪，西方社会迎来了一个思想解放的启蒙时期，整体主义价值取向开始崩溃。在这种情况下，个体价值得到了空前彰显。于是洛克开始深刻思索个人的天赋权利，并从对自然状态的思索中论证了自然权利的不可侵犯性，个体自由成为至高无上的价值，洛克的政治哲学因此也带有强烈的自由主义色彩。其二，三纲五常与自然法之别。在董仲舒生活的时代，等级尊卑本身是基于血缘宗族社会存在的自然现象，所以董仲舒对这一等级制度的认可是无可厚非的。三纲五常包含的内容在董仲舒之前基本上都有，只是不够系统；天人感应思想之前也有，但都比较零散。董仲舒通过对天道的系统诠释，进而通过天人感应将三纲五常与天道对应起来，从而赋予了儒家纲常伦理神圣性和至高性。三纲五常尽管是为了民生，但是其内容却是对等级尊卑秩序的肯定和固化，这一点与洛克的自然法思想是截然相反的。洛克通过自然法理论奠定了现代自由主义思想的理论基础。在洛克看来，自然状态中每个人都遵从理性自然法，在这种状态下每个人都拥有天生的平等和自由，人与人之间没有高低贵贱之分，没有任何所谓天赋的或神圣的等级尊卑秩序，人生而平等并生而自由。因此，相对于董仲舒的三纲五常来说，洛克的自然法完全摈弃了等级尊卑之说。当然，客观来说，董仲舒在西汉时期不可能超越等级秩序，但是就董仲舒本身的意志而言，他主张大一统、君主集权的现实理想是建立一个统一的、和谐的太平盛世。从这个角度来说，其主张和洛克通过自然法及其实在法的构建，形成一个体现民主、实现民权（自然权利）的法治社会似乎也有一定共通之处。

二　民惟邦本，德主刑辅：中国政治哲学的总体特性

董仲舒奠定了中国政治哲学的基本框架，洛克提供了近代以来西方政治哲学的基本内核。由两者的比较管窥中西政治哲学的分野，我们发现，中国政治哲学的总体特性表现为“民惟邦本，本固邦宁”的根本治国方

略，以及“德主刑辅”的社会治理模式。前者是整个中国政治哲学的理论根基，也是所有政治哲学的理论归宿；后者是自西汉以来历代王朝长期奉行的社会治理模式。这种民本、德治思想在中国传统社会中有着极其深远的影响。

民本思想的最早说法可见《尚书·五子之歌》：“民可近，不可下；民惟邦本，本固邦宁。”自此，“民惟邦本”成为中国传统民本思想的代表词。先秦之时民本思想已有萌芽，如《礼记·缁衣》提到“民以君为心，君以民为体”“心以体全，亦以体伤。君以民存，亦以民亡”，《春秋穀梁传》也载“民者，君之本也”。对此，荀子更是形象地说：“君者，舟也；庶人者，水也。水则载舟，水则覆舟。”[①]“舟水论”是民本思想的典型主张，对后世君王产生了巨大影响。民本思想在秦朝遇到了巨大阻碍，严刑峻法成为秦王朝的治国方略。由于秦王朝不重民生、不行德治，因此很快遭到了覆灭，这给统治者也敲响了警钟。因此自西汉开始，民本思想重新成为主流治国理念。如贾谊就强调“闻之于政也，民无不为本也。国以为本，君以为本，吏以为本。故国以民为安危，君以民为威侮，吏以民为贵贱，此之谓民无不为本也”，[②] 这是对民本思想的很好解释，并且在对人民力量的认识上比前人更进了一步。王符也主张“为国者以富民为本”，[③]“君以恤民为本”。[④] 杂家著作《淮南子》中也有民本思想，如“治国有常，而利民为本”。董仲舒从天人感应角度告诫统治者要保民、爱民，这也是重要的民本思想。宋明以来，民本思想一以贯之。到了黄宗羲这里，他甚至明确反对君主专制，“岂天地之大，于兆人万姓之中，独私其一人一姓乎！……盖天下之治乱，不在一姓之兴亡，而在万民之忧乐”，[⑤] 这在整个中国传统社会都是没有出现过的（受历史所限）。这已经初步具有了西方政治哲学中所说的民主、民权思想。

德主刑辅思想最早可以追溯到明德慎罚的观念，如《尚书·周书·康

---

① 《荀子·哀公》。
② 《新书·大政上》。
③ 《潜夫论·务本》。
④ 《潜夫论·本政》。
⑤ 《明夷待访录·原臣》。

诰》提到“惟乃丕显考文王，克明德慎罚”，又如《左传·成公二年》所载“明德慎罚，文王所以造周也”，又如《荀子·成相》所说“治之经，礼与刑，君子以修百姓宁。明德慎罚，国家既治四海平”。这里涉及一个问题，即礼、德、刑之间的关系。在先秦之时，礼主要指等级尊卑制度及其表现（礼仪、礼制），德主要指孔子奠基的仁德思想，刑主要指刑罚。三者之间的关系大致是刑与礼相关并为礼服务，礼则是德的制度化表现形式，所以刑的存在是为了保障礼、德的实行，刑是礼、德的辅助。借鉴前朝经验，董仲舒提出了德主刑辅的治理方略。德主刑辅的理论基础是天人感应、阳德阴刑。对于刑罚的有限性，桓宽在《盐铁论·申韩》中也说：“法能刑人，不能使人廉；能杀人，不能使人仁。”王充也指责韩非的“明法尚功”不足以“养德”：“治国之道所养有二，一曰养德，二曰养力。养德者养名高之人，以示能敬贤；养力者养力气之士，以明能用兵。此所谓文武能设，德力具足者也。”[①] 桓宽和王充的观念与董仲舒思想较为接近。对于什么是德主刑辅，朱熹有过注解：“愚谓政者，为治之具。刑者，辅治之法。德礼则所以出治之本，而德又礼之本也。此其相为始终，虽不可以偏废，然政刑能使民远罪而已。德礼之效，则有以使民日迁善而不自知。”[②] 这是对德、礼、刑三者关系的清晰界定，德是礼之本，刑是辅治之法，德、礼的特点是能够教化百姓使之日日向善，刑罚的特点是使百姓远离罪祸。概而言之，德主刑辅意味着一种社会治理的价值秩序，即德主刑辅、德先刑后、德内刑外。

从中西对比来看，德主刑辅中的刑罚与西方社会的法律是不同的。因为传统中国的刑罚缺乏西方法治中的民法内容，即西方法治中的法律以保护公民权益为根本，而传统中国的刑罚则主要是惩罚性规章，并不包含肯定民众权益的内容。因为传统中国缺乏法治传统，所以就特别强调道德治理的作用，而民惟邦本、德主刑辅在一定程度上有利于保护民生，起到了一定的以法律保护民权的作用。

---

① 《论衡·非韩》。

② 《四书章句集注·论语章句》。

三 主权在民，法治自由：西方政治哲学的最终指向

从古希腊到近现代，西方政治哲学一直有保护公民权利的传统。在西方哲学世俗化的发展过程中，对个体自由权利的保护逐渐提升到至高地位。古希腊时期，西方也有理性自然法传统，发展到近代，以法治保障民权的实现就成为主流的社会治理模式。

“主权在民”传统和“个体至上”传统在古希腊就有萌芽，到了近代西方才凸显出来。近代以来西方政治哲学的一个重要特征，就是主权在民和个体至上的统一。在古希腊，公民是一个政治概念，公民能够参与城邦的政治事务，这对于文艺复兴以后主权在民思想的萌发有奠基作用。政府的合法性来自人民的同意，洛克这样说：“开始组织并实际组成任何政治社会的，不过是一些能够服从大多数而进行结合并组成这种社会的自由人的同意。这样，而且只有这样，才能创立世界上任何合法的政府。”① 这段话非常明确地指出，政府的合法性仅仅来自大多数人的同意。由于大多数人同意组成一个共同体，并且愿意让渡一部分权利以形成一个管理机构，所以政府才得以产生。和洛克的主张相似，卢梭也认为政府（国家）是由民意产生的，是一个能够实现民主的政府。在这个民主制度下，每个人都服从于公意或民意，成为不可分割的一分子。在卢梭看来，“每个个人在可以说是与自己缔约时，都被两重关系所制约着：即对于个人，他就是主权者的一个成员；而对于主权者，他就是国家的一个成员”。② 这就是卢梭所说的主权在民的意思，即国家（政府）只是公意或民意的代表，其主权并不归属于国家（政府）这一公共人格个体。主权在民与个体至上是什么关系？主权在民可能意味着两种意思：一种是主权归属于作为群体的所有人，另一种是主权归属于作为个体的个人。西方政治哲学的主流思想是主权归于个人，其背后的理论支撑就是个体至上原则。休谟曾说：“我们承认人们有某种程度的自私；因为

① 〔英〕洛克：《政府论》下篇，叶启芳、瞿菊农译，商务印书馆，1996，第61页。

② 〔法〕卢梭：《社会契约论》，何兆武译，商务印书馆，2017，第22页。

我们知道，自私是和人性不可分离的，并且是我们的组织和结构中所固有的。”[①] 甚至很多思想家都认为，个体是真实的，整体（社会、国家）是虚幻的（它只是由个体组成），所以个体是至高无上的。因此，在卢梭谈到主权在民之后，整个西方哲学的价值取向是主权在民与个体至上是统一的整体。

就西方政治哲学来看，法治在古希腊就已经萌芽，但是自由这一概念直到近代才开始凸显。自由是否意味着无所约束？法律是保护自由还是限制自由？对这一问题的回答奠定了西方政治哲学的重要特征，即自由与法治的统一。自由这一思想随着欧洲中世纪的结束而开始彰显，卢梭在《社会契约论》中提出了“人生而自由”的口号，不过他还认为，“人是生而自由的，但却无往不在枷锁之中”。[②] 要想实现自由，就必须有一个符合民意的保障每个人自由权利实现的政府，因此卢梭主张：“要寻找出一种结合的形式，使它能以全部共同的力量来卫护和保障每个结合者的人身和财富，并且由于这一结合而使每一个人与全体相联合的个人又只不过是在服从自己本人，并且仍然像以往一样自由。”[③] 孟德斯鸠对自由与法律的关系做了深刻的阐述，他这样说：“的确，在民主国家，人民似乎为所欲为，不受约束，但政治自由并非随心所欲。在一个国家，即一个有法律的社会，自由只能是人们有权做应当做的事，而不是被迫做不应做的事。我们应该牢牢记住何为独立，何为自由。自由是有权做一切法律所允许的事情。”[④] 秉承古希腊的自然法传统，洛克认为政府制定的实在法或成文法必须以自然法为依据，因为自然法是普遍理性的外在定在，是对自然权利的肯定和保护。所以洛克这样说：“立法或最高权力机关不能揽有权力，以临时的专断命令来进行统治，而是必须以颁布过的经常有效的法律并由有资格的著名法官来执行司法和判断臣民的权利。”[⑤] 这实际上就是为了保证法律的公正性（符合自然法精神）而采取的措施，只有公正的法律才

---

① 〔英〕休谟：《人性论》，关文运译，商务印书馆，2009，第621页。
② 〔法〕卢梭：《社会契约论》，何兆武译，商务印书馆，2017，第4页。
③ 〔法〕卢梭：《社会契约论》，何兆武译，商务印书馆，2017，第19页。
④ 〔法〕孟德斯鸠：《论法的精神》，许家星译，中国社会科学出版社，2007，第347页。
⑤ 〔英〕洛克：《政府论》下篇，叶启芳、瞿菊农译，商务印书馆，2017，第85页。

能体现民意、保护民权。

由上可知，自由和法治是不可分割的整体，这正如洛克所说，“法律的目的不是废除或限制自由，而是保护和扩大自由”。[①] 中国政治哲学思想与之比较起来有着较大差别。中国（政治）哲学既缺乏自由精神，也缺乏法治精神。譬如在董仲舒的德主刑辅思想中，固然也体现了保民、爱民的意旨，却没有保护个人自由权利实现的色彩；而传统中国强调圣人之治（天子就是圣王），政治哲学也是如此，这种人治色彩与西方法治精神也大相径庭。

四　结语

董仲舒与洛克生活的年代虽然相隔久远，似乎看起来两者比较的时代性不强，其实并非如此。董仲舒奠定了整个传统中国政治哲学及其政治思想的根基，一直影响至今；洛克的政治哲学思想秉承古希腊传统，同时体现了鲜明的近代特色，对于近代以来西方政治哲学及其政治思想产生了重大影响。从两者的比较中可以管窥中西政治哲学之根本分野。即在中国传统社会，“民惟邦本，德主刑辅”是一以贯之的总体特征，自西汉以来的历朝历代几乎如此；“主权在民，法治自由”在古希腊并没有鲜明体现出来，自近代以来却被奉为至理，这代表了整个西方政治哲学的最终指向。中西比较的意义在于，对于当今社会来说，继承和发扬中华优秀传统文化，同时借鉴和吸收西方文化的优秀元素是实现民族复兴的应有之义。

① 〔英〕洛克：《政府论》下篇，叶启芳、瞿菊农译，商务印书馆，2017，第35页。

政治哲学不应当在哲学“外边”*

葛梦喆　戴茂堂**

（中共山东省委党校哲学教研部，济南；

北京师范大学哲学国际中心，珠海）

摘　要：政治哲学与哲学之间的关系涉及政治哲学的学科归属问题。如果政治站在哲学的“外边”，竭力保持和维护自己的独立性，就必然会在保持和维护自己独立性的过程中逐渐拉开与哲学的距离，最终走向政治科学的领地；与之相反，只有政治站在哲学的“里面”，作为切近哲学的入口之一与其他通道保持“不同而相通”的默契，接受哲学的质疑，政治哲学才会与哲学永远地站在一起。为了准确把握政治哲学的学科归属，应当正视政治哲学与政治科学在方法论层面上的关键性分野，呼唤并吁请哲学进入政治。毕竟，“无哲学的政治”对于真正的政治哲学而言是不能接受且不可设想的。

关键词：政治哲学；政治科学；“外边”；“里面”

谈及政治哲学，首先需要面对的就是它与哲学之间的关系。这涉及政治哲学的学科归属问题。在当今学术界，存在一个严肃性不足却又极其普遍的操作，那就是习惯于在哲学这个概念的前面添加另外一个概念，如经

---

* 课题信息：中共山东省委党校（山东行政学院）青年人才专项“政治哲学：一个熟知非真知的概念”（22YT016）。

** 葛梦喆，中共山东省委党校哲学教研部讲师；戴茂堂，北京师范大学哲学国际中心教授、博士研究生导师。

济哲学、环境哲学、发展哲学等等。有些学者对政治哲学概念的构造便是在如此操作下完成的。

这种添加、这种操作产生的后果往往是，经济哲学、环境哲学、发展哲学都竭力保持和维护自身的独立性，却在保持和维护自身独立性的过程中逐渐拉开了与哲学的距离。更有甚者，将自己不正当地放在了哲学的“外边”。经济哲学站在哲学的“外边”强调发展经济的重要性，环境哲学站在哲学的“外边”强调保护环境的重要性，发展哲学则站在哲学的“外边”强调发展经济不能牺牲环境、保护环境不能牺牲经济。如此一来，经济哲学、环境哲学和发展哲学由于缺少了哲学这样一个统一的学科归属，只能各自为政、自说自话，并且彼此之间不可避免地充斥着严重的不协调。若经济哲学、环境哲学、发展哲学都定位于、从属于哲学这个统一的学科，那就意味着它们都只能站在哲学的制高点表达自己关于发展经济、保护环境以及如何处理发展经济与保护环境之间关系的学术立场，这样它们才有可能避免产生这种严重的不协调。与此相似，政治哲学如果想站在哲学的“外边”来竭力保持和维护自己的独立性，必然会在保持和维护自己的独立性的过程中逐渐拉开与哲学的距离，这无疑将面临同样的风险。因此，政治哲学只有定位于、从属于哲学这个学科，才有可能与哲学之外的所谓政治哲学划清界限，从而根本性地建立起自己稳固的学术立场。

严格来说，没有独立于哲学之外的政治哲学。若将哲学比作一棵高耸入云的参天大树，那么政治哲学（也包括在哲学的概念之前添加另外一些概念的相关学科）即是这棵大树挺拔的枝干，衍生出繁茂的枝丫。它（们）与哲学同气连枝，共享养料，或“一律向上”，或“旁逸斜出”，但绝无可能伫立在哲学之外“独树一帜”。哲学是唯一的、一阶的。当然，讨论和切近哲学的入口却是无限的。这入口既可以是人类的政治活动也可以是人类的其他活动。人类的活动可以在无限可能的层面展开。讨论和切近哲学的入口如果是人类的政治活动，于是便有了政治哲学。这类似于讨论和切近哲学的入口如果是人类的审美活动、道德活动、认知活动，便有了审美哲学、道德哲学、认知哲学一样。这恐怕也是我们可以提出并谈论政治哲学、审美哲学、道德哲学、认知哲学这些概念的唯一理由。除此之外，别无其他理由。讨论和切近哲学的入口可以有不同、注定有不同，但这些不同的入口作为切近哲学的通道却是彼此平等、彼此呼应、彼此承认的。正如张世英后期哲学所强调的那样，世间万事万物“不同而相通”。所谓“不同”，即指讨论和切近哲学的入口有所不同；所谓“相通”，则是指无论从哪一条通道切近，都无一例外地进入了哲学的高塔。正是因为有了这些“不同”，哲学的参天大树才能枝繁叶茂、绿阴如盖；也正是因为这些“不同”始终保持着“相通”，才规避了某些小枝丫肆意生长、无料可施的风险。因此，政治哲学、审美哲学、道德哲学、认知哲学归根结底也是相互贯通的。这就好比说在黑格尔哲学内部，政治哲学、审美哲学、道德哲学、认知哲学是相互贯通的一样。假设黑格尔哲学内部的审美哲学、道德哲学、认知哲学与政治哲学互相冲突、相互对抗，那黑格尔审美哲学、道德哲学、认知哲学与政治哲学之为黑格尔哲学的有机整体也就不攻自破、彻底崩溃了。

显而易见，只有把政治哲学、审美哲学、道德哲学、认知哲学都放在哲学的“里面”，才不至于彼此冲突、彼此对抗。要不然，哲学的“堡垒”就会从内部被攻破，哲学就会走向自我否定、自我取消。因此，我们并不主张在哲学之外安放政治哲学。政治哲学应当在哲学的“内部”“里面”，不应当在哲学的“外部”“外边”。这也就是说，从学科归属考虑，政治哲学不应该从哲学中独立出来，成为“自成一体”的学科，其内核必须是哲学本身而非其他。

李佃来曾经在《新中国成立 70 年来政治哲学的发展》一文中详细回顾了当代中国政治哲学的发展历程。从 1949 年至 1979 年政治哲学“荒芜与空白”的 30 年，到改革开放以来由“物”的哲学向“人”的哲学之转化深刻推动政治哲学的发展，再到 21 世纪政治哲学“从学术译介为主的初始性研究转向对政治哲学概念的界定以及对政治哲学论题的拆解、组合、扩充、演绎或重新阐释”，在李佃来看来，“对政治哲学概念的追问和界定，同时也意味着政治哲学的学科观念和主题化意识在不断加强”。事实上，作为一种“介于哲学和政治学之间的交叉性学科方向”，① 当代中

① 李佃来：《新中国成立 70 年来政治哲学的发展》，《武汉大学学报》（哲学社会科学版）2019 年第 6 期。

国政治哲学“自立门户”好像已然成为一个不争的事实。韩水法也曾在其著作《正义的视野——政治哲学与中国社会》中开篇明义，将政治哲学定义为“一门综合性的学科”，“一种跨学科的研究”。[①] 另外，王炳权在《当代中国政治哲学的发展：回顾与前瞻》一文中强调，政治哲学已经“初步形成了一个相对独立、具有鲜明特色的研究体系”。[②]

诚然，这一新兴学科的蓬勃发展值得欣喜，但我们更应警惕将政治哲学作为一门“交叉性学科方向”构筑于哲学之外所带来的重重风险。如此这般的“自立门户”真的立得正、立得直吗？冠以哲学之名，却在政治学与哲学之间摇摆不定：究竟应当站在政治学的角度研究哲学，还是应当站在哲学的角度研究政治学？这个充满争议的问题引发了学界的诸多争论，至今未有定论。与此相关，“交叉性学科方向”看似可以多道并行，实际上却极易因为缺乏稳固的学科基础而使其学科体系、学术体系、话语体系的边界模糊不清，发展路径不明。若以政治学为主要视域，抛开哲学的根基“另起炉灶”，将哲学视作一种研究方法、一项外在参照，那么所谓的政治哲学也就成了寄托在哲学“水面”上的“浮萍”，看似满池皆碧水，实则随风东西流；若以哲学为主要视域研究政治学，我们则需要关心政治哲学的研究是否真正站在了哲学的“内部”反思现实生活。作为讨论和切近哲学的重要入口，政治哲学只有站在哲学的“里面”稳固内核，才能博采众长、兼收并蓄。当它站在哲学的“外边”，失去了哲学的灵魂，那么无论它从外界汲取多少养分，都会如昙花一现，瞬间凋零。当今学术界对政治哲学的颇多争议恰好说明进一步明确政治哲学的学科定位及其学科归属已然迫在眉睫。事实上，只有将政治哲学从哲学的“外边”坚定地拉进哲学的“里面”，才能夯实地基，砌牢砖墙，由内而外地将政治哲学建筑成一座坚实的堡垒。

将政治哲学安放在哲学“内部”“里面”，意味着政治哲学与哲学永远站在一起，意味着政治哲学既享有哲学的一切学术荣耀，也承担哲学的全部学术责任。既然我们要从哲学的“内部”来确认政治哲学的学科归

① 韩水法：《正义的视野——政治哲学与中国社会》，商务印书馆，2009，前言第4页。

② 王炳权：《当代中国政治哲学的发展：回顾与前瞻》，《学术月刊》2019年第6期。

属，那么，进一步说，一部著作在外在形式上（如在题目上）与政治哲学无关，我们也有可能称它为政治哲学的经典之作，汉娜·阿伦特的《人的条件》就是如此。换言之，“政治哲学”概念本身是否在他们的著作题目中被凸显几乎不重要。如果一味强调凸显政治哲学概念本身的重要性，一味强调政治哲学要作为一个独特的知识门类而获得概念化的有效性，那就表明，研究者还是从外在形式上来考察政治哲学之为政治哲学的可能性和必要性，而没有深入政治哲学的实质和内部。

前文中已经提及，哲学是唯一的、一阶的。因此，只有统一的哲学。虽然讨论和切近哲学的入口是无限的，并且各个入口之间保持着“不同而相通”的默契，但哲学不能因为经济哲学、环境哲学、发展哲学等概念的“不断泛滥”而走向碎片化、零散化，最终失去本身的严密性、完整性。任何想从外部给哲学添加什么“动议”和“努力”的思想或行为往往有可能因为泛化哲学的宽度而淡化哲学的深度。其实，哲学本身作为时代的良心、问题的声音，拥有最大的宽度。当我们说“哲学是世界观”的时候，我们就已经将哲学安放在整个世界的舞台上，赋予了哲学最大的入世契机与批判空间。哪里有问题，哪里就有哲学的声音。哲学可以在制高点上对所有问题发声，整个世界的问题都可以成为通向哲学的入口。不过，需要说明的是，哲学的巨大舞台不是外在的力量赋予它的，而是内生的。正因如此，哲学对于世界及其全部问题的理解和把握不是发散的、外在的，不是漫无边际地延展的，而是向内深入的。也只有向内深入，才能理解和把握世界及其全部问题。这就像一座建筑物一样，地基越深，就越有可能高耸入云；也像一棵树一样，根须越深，就越有可能枝叶繁茂。

将政治哲学放在哲学的“外边”的研究者的操作策略大都相似，他们一方面会弱化哲学与世界及其全部问题的关系，而另一方面又会强化政治与科学的关系。在弱化哲学与世界及其全部问题的关系、强化政治与科学的关系上，做得比较彻底的是分析哲学。分析哲学力图斩断哲学与生活世界的联系，认为哲学不必干预生活，只需梳理和澄清语词的意义和用法。相应地，政治哲学只需弄清楚语词及语言本身在制度规范中的具体运用，可以不做道德判断，可以保持价值中立。循着分析哲学的思路，新分析法学派认为，法学的重点乃是分析法律术语，探究法律命题在逻辑上的相互关系。法理学就是对从实在法中抽象出来的一般概念和原则规范予以说明，阐明不同法律制度所共有的一些原则、概念和特征。约翰·奥斯丁就认为，法理学是一种独立自足的关于实在法的理论，凡是实际存在的法律就是法律。凯尔森认为，法律规范是社会组织所特有的适用于人类所有行为的一种技术。有关法律规范效力问题具有一种纯形式技术的性质，而且法律规范的制定只需要经过一定的形式上的程序，是否被遵守也只需做出简单的甚至机械的决定。从法律规范必须抵制住来自形式之外的因素的冲击这个角度来考察，赋予法律规范以自洽性、独立性、纯洁性、自足性是必需的，也是值得称赞的。

这样的政治哲学虽有哲学之名号，但实质上更接近科学，几乎成为政治科学的别称。李佃来认为，这种“知识化的哲学不仅是一种‘见物不见人’的哲学，而且同时也必然是一种‘见确定知识不见规范诉求’的哲学”。[①] 事实上，在曾经“政治哲学已死”的叫嚣中，价值理性被排除出科学与理性的范围，并且一度呈现出“科学研究”的潮流：用所谓具有“价值中立”特点的“社会科学模式”取代在历史上曾经高歌猛进、对政治实践的发展产生重要影响的政治哲学范式；那些曾经激发人类政治共同体感受的智慧与灵性，也注定会被“工具操作和实证方法”的技能与“史料考据和说文解字”的方法所遮蔽。[②] 在这个意义上，“政治哲学被认为仅仅是政治科学的方法论，是对政治科学的语言、界限和目的的研究，政治科学的逻辑和认识论，政治科学的原理论自在意识，或者说是原政治或政治‘研究’的原理论”。[③] 换句话说，在有些研究者看来，作为政治科学，政治哲学应当严格地建立在可观察、可检验的经验“事实”上，可以全然没有“价值”颜色。但是，正如施特劳斯所言：“政治哲学是一种尝试，旨在真正了解政治事物的本性以及正当的或好的政治秩序。”[④] 因

---

① 李佃来：《新中国成立70年来政治哲学的发展》，《武汉大学学报》（哲学社会科学版）2019年第6期。

② 王岩：《当代中国政治哲学：基本特点、研究图式和话语要素》，《求索》2022年第4期。

③ 〔罗马尼亚〕O. 特勒斯尼亚：《当代政治哲学的结构和使命》，乔亚译，《国外社会科学》1988年第5期。

④ 〔美〕施特劳斯：《什么是政治哲学》，华夏出版社，2011，第3页。

此，“价值无涉（value-free）的政治科学是不可能的”。[①] 虽然施特劳斯将获得“有关好生活、好的社会的知识”[②] 视作政治哲学出现的标志，但正如李佃来所言，“‘关于好生活、好社会的知识’不是一个知识论的问题，而是一个价值论的问题”，因为“只有在价值论的层面上，人们才可以展开关于‘好生活、好社会’的探讨”。[③] 罗伯特·达尔也曾经指出：“政治哲学的特殊贡献就在于它曾特别关注关于价值、规范和标准的信念。”[④] 而政治哲学对政治事务的探讨越是接受科学的方法，就越会走向政治科学，就越会忽略“事实”与“价值”的二分。这就模糊了政治哲学与政治科学的学科边界，进而也就模糊了政治哲学的学科归属。为了澄明政治哲学的学科归属，就必须阻止政治哲学滑向政治科学，承认“事实”与“价值”的二分，毕竟“政治作为人类重要的实践活动，须臾不能离开价值判断和价值选择”。[⑤] 当李义天断言“正是‘政治科学’在研究工具上的多样性，使得现代人关于政治事务的探讨在内容上可以变得更丰富、更广博，也更复杂。也正是这种丰富、广博和复杂的思想状况，才使得我们这些现代研习者去追问、区分和澄清‘何为政治哲学’这个问题变成一项有意义的工作”[⑥] 的时候，可以推测李义天还没有完全注意到，政治哲学丢失自己的学科归属很大程度上是因为政治哲学与政治在科学方法论上的根本分野没有被凸显出来。其实，正视政治哲学与政治科学在方法论层面上的关键性分野对于把握政治哲学的学科归属至关重要。

政治哲学与政治科学的根本分野在于，政治哲学将政治放在哲学的内部，从而可以极其方便并理所当然地接受哲学的质疑；政治科学将政治放在科学的内部，从而使得政治回避了哲学可能对它展开的质疑。施特劳斯

---

① 〔美〕施特劳斯：《什么是政治哲学》，华夏出版社，2011，第 14 页。

② 〔美〕施特劳斯：《什么是政治哲学》，华夏出版社，2011，第 2 页。

③ 李佃来：《新中国成立 70 年来政治哲学的发展》，《武汉大学学报》（哲学社会科学版）2019 年第 6 期。

④ 〔美〕罗伯特·达尔：《现代政治分析》，王沪宁、陈峰译，上海译文出版社，1987，第 170 页。

⑤ 王岩、陈绍辉：《政治正义的中国境界》，《中国社会科学》2019 年第 3 期。

⑥ 李义天：《“政治哲学”何以成为可能》，《武汉大学学报》（哲学社会科学版）2019 年第 5 期。

意识到了政治哲学与政治科学的分野。他说："政治哲学被理解为与'政治科学'截然不同的东西。这种区别是哲学与科学的基本区别的结果。甚至这种基本的区别也是新近产生的。就传统而言，哲学和科学是没有区别的……17 世纪伟大的理性革命开辟了当代自然科学的道路……新的自然科学越来越独立于哲学……哲学和科学的分野得以确立，政治哲学和作为一种研究政治事物的自然科学的政治科学之间的区分也随之获得了广泛认可。"[①] 可惜，施特劳斯没有把这种分野上升到政治哲学的学科归属上加以讨论。恰恰从学科归属上考察可以发现，政治不可以游离于哲学的"外边"，政治哲学也不应当在哲学的"外边"，否则，政治哲学就成了政治科学。从警惕政治哲学蜕变为政治科学的意义上讲，把政治哲学和政治科学区别开来是必需的。退一万步说，政治可以游离于哲学的"外边"，只是必须明确，政治如果游离于哲学的"外边"，产生的只是政治科学。在那种情况下，也就没有真正的政治哲学，或者说，严格意义上的政治哲学是缺席的。政治哲学呼唤并吁请哲学进入政治。"无哲学的政治"对于政治哲学而言，是不能接受的，也是不可设想的。

---

① 〔美〕施特劳斯：《政治哲学史》，李天然等译，河北人民出版社，1998，第 1 页。

治理现代化理论与实践

发展全过程人民民主：内在形态与内生逻辑*

黄显中　袁红娟**

（湘潭大学马克思主义学院，湘潭）

摘　要：发展全过程人民民主是马克思主义民主理论中国化的最新原创性成果。从方位来看，发展全过程人民民主是建设社会主义现代化强国内生需要的中国式民主新形态。在统筹“两个大局”的整体性视域中，人民民主直面全面建设社会主义现代化强国、立足新发展阶段、贯彻新发展理念、构建新发展格局、实现高质量发展的现实需求，直面理想与现实、理路与经验、范畴与实践、中西马的对立统一，直面“中国之问”“时代之问”“世界之问”“人民之问”四个重大问题，依次构成发展全过程人民民主的现实逻辑、理论逻辑和价值逻辑。科学厘定发展全过程人民民主的方位，深层次揭示发展全过程人民民主的内生逻辑，全面掌握其理论形态、理论范式和理论话语，有利于建构中国式人民民主话语体系，传播中国声音、中国理论、中国思想。

关键词：全过程人民民主；马克思主义民主理论中国化；内生逻辑

---

* 本文系湖南省教育厅科研项目“毛泽东现代化思想及其对创造人类文明新形态的意义研究”（22A0128）、湖南省研究生科研创新研究项目“习近平总书记关于发展全过程人民民主重要论述研究”（CX20220606）成果。

** 黄显中，湘潭大学毛泽东思想研究中心副主任、教授；袁红娟，湘潭大学马克思主义学院博士研究生。

发展全过程人民民主，是马克思主义民主理论中国化的最新成果，是对百余年来中国共产党探索民主政治的总体概括，是当代中国马克思主义、21 世纪马克思主义的重要组成部分。发展全过程人民民主是一个系统理论，全面理解和深入揭示其内生形态与内在逻辑，首先必须明确它的方位，这是研究的起点。当前学术界对发展全过程人民民主所处方位的讨论已有很多，但总体而言，当前的讨论还不够充分。一方面，有很多研究从历史、制度、功能等维度出发，但对方位的确立尚未完全清楚和深入研究；另一方面，尚未有相关研究从社会主义现代化强国建设的现实整体本身来进行探讨。本文试图为发展全过程人民民主确立新的方位，找到真正的逻辑起点。党的十八大以来，以习近平同志为核心的党中央立足中华民族伟大复兴战略全局和世界百年未有之大变局，从形态、规范和范型上系统设计和整体推进社会主义建设。从这点出发，发展全过程人民民主是建设社会主义现代化强国内生需要的民主新形态，这是研究的起源。在此基础上，本文从现实逻辑、理论逻辑、价值逻辑三重维度揭示发展全过程人民民主的立论基础，真正呈现马克思主义民主理论中国化创新逻辑，建构中国式人民民主话语体系，阐发发展全过程人民民主的原创性贡献。

一　方位厘定：作为内在形态的全过程人民民主

自全过程人民民主议题提出以来，学界围绕全过程人民民主的时代内涵、基本特征、历史逻辑、制度支撑、实践路径等进行了持续性研讨，推出了大量的研究成果。对于全过程人民民主所处方位，当前学术界主要有历史方位、制度方位、功能方位三种解读。这些观点从不同角度呈现出全过程人民民主的方位，都有相应的理论依据，但放入全过程人民民主提出的背景视域下，又都并非在建设社会主义现代化强国的整体域中进行把握。

（1）历史方位的观点。这种观点侧重于从大历史观视角来界定全过程人民民主所处方位。“民主是全人类的共同价值，是中国共产党和中国人民始终不渝坚持的重要理念。”[①] 学术界认为在我国人民民主发展史上，全过程人民民主“是对我国实行的人民当家作主民主制度本质特征的概括，是对中国共产党领导人民长期探索实现人民民主实践形式的政治智慧结晶”；[②] 在马克思主义发展史上，“全过程人民民主实现了马克思主义民主理论的中国化和时代化”，[③] “创造性地发展了马克思主义民主理论”；[④] 在科学社会主义发展史上，全过程人民民主“开辟了科学社会主义的新境界”，[⑤]“在霸权主义大行其道的当代指明了一条面向人民主权和解放的民主治理道路”；[⑥] 在人类社会发展史上，全过程人民民主是一种“全新的民主价值理念”，[⑦] “是超越西方形式民主、程序民主的实质民主、高质量民主”，[⑧] “从根本上创造了人类政治文明新形态”。[⑨] 显然，在历史方位上，学术界的积极探寻为我们把握发展全过程人民民主的重要意义提供了参考，然而当前研究还未能立足于对“时代之问”的解答高度上进行深刻揭示。

（2）制度方位的观点。这种观点侧重从全过程人民民主制度本身来界定全过程人民民主所处方位。全过程人民民主具有完整的制度程序和完整的参与实践，“我国全过程人民民主实现了过程民主和成果民主、程序民主和实质民主、直接民主和间接民主、人民民主和国家意志相统一，是全链条、全方位、全覆盖的民主，是最广泛、最真实、最管用的社会主义民主”。[⑩] 学术界认为在制度特征方面，全过程人民民主“准

① 习近平：《论坚持人民当家作主》，中央文献出版社，2021，第 335 页。

② 樊鹏：《全过程人民民主：具有显著制度优势的高质量民主》，《政治学研究》2021 年第 4 期。

③ 黎田、王传利：《社会主义核心价值观在发展全过程人民民主中的政治功能探讨》，《社会主义核心价值观研究》2021 年第 6 期。

④ 许安标：《深刻认识、切实推进全过程人民民主》，《行政管理改革》2022 年第 6 期。

⑤ 张树华：《中国之治让人类文明百花园更加多姿多彩》，《红旗文稿》2022 年第 8 期。

⑥ 包大为：《全过程人民民主的政治哲学意义》，《思想理论教育导刊》2022 年第 4 期。

⑦ 江必新：《习近平法治思想对法治基本价值理念的传承与发展》，《政法论坛》2022 年第 1 期。

⑧ 李忠：《论全过程人民民主的制度化法律化》，《西北大学学报》（哲学社会科学版）2022 年第 1 期。

⑨ 张明：《全过程人民民主与人类政治文明新形态》，《思想理论教育导刊》2022 年第 4 期。

⑩ 习近平：《论坚持人民当家作主》，中央文献出版社，2021，第 336 页。

确表达了人民民主的全主体性、人民民主的全方位性、人民民主的全覆盖性、人民民主的全持续性、人民民主的全链条性和人民民主的全保障性”；[①] 在制度架构方面，全过程人民民主“是全链条、全覆盖、全方位的民主，其中蕴含着民主主体、客体、程序等要素，形成完整的结构”，[②] 包括“人民代表大会制度、中国共产党领导的多党合作和政治协商制度、民族区域自治制度、基层群众自治制度和信访制度”；[③] 在制度程序方面，全过程人民民主“契合于政策全链条，并在‘全过程负责’中提升民主运行的质量”；[④] 在制度实践方面，全过程人民民主“在具体内容、运作流程、参与主体和民主绩效方面”提出了要求。[⑤] 同时，在合力效应方面要求“做到全方位协调，形成主体合力；做到全链条衔接，形成程序合力；做到全覆盖拓展，形成客体合力”。[⑥] 从当前制度方位的研究来看，学术界着重从内容、过程与环节等层面探寻全过程人民民主的制度优势和所处方位，有一定的创新意义。但从民主的内部要素来讨论发展全过程人民民主，不可避免地又陷入了孤立化考察，导致缺乏整体性把握。

（3）功能方位的观点。这种观点侧重于从国家治理的外部视角来界定全过程人民民主的所处方位。民主的精义在于使国家实现良好的治理，“发展社会主义民主政治，是推进国家治理体系和治理能力现代化的题中应有之义”。[⑦] 学术界认为在概念界定方面，“中国式治理民主概念的提出，是对中国政治内部性演变的概括，是由中国的国家根本性问题与根本性议程所决定的”，[⑧]

① 肖光荣：《全过程人民民主：人民民主特质的准确表达》，《湖湘论坛》2022 年第 2 期。

② 佟德志、王旭：《全过程人民民主的要素与结构》，《探索》2022 年第 3 期。

③ 程同顺：《全过程人民民主的制度安排、民主实践和治理效能》，《党政研究》2022 年第 2 期。

④ 李瓔珞：《全过程人民民主论析：结构、流程与功能》，《云南社会科学》2022 年第 4 期，http://kns.cnki.net/kcms/detail/53.1001.C.20220707.1312.016.html，最后访问日期：2022 年 7 月 21 日。

⑤ 宋菁菁、王金红：《数字人大建设何以促进全过程人民民主发展：创新路径与前景展望》，《学术研究》2022 年第 2 期。

⑥ 佟德志：《发挥全过程人民民主的合力效应》，《探索与争鸣》2022 年第 4 期。

⑦《习近平谈治国理政》第 2 卷，外文出版社，2017，第 289 页。

⑧ 徐勇：《国家根本性议程与中国式治理民主》，《学术月刊》2022 年第 3 期。

是“国家治理的制度安排和程序设计”；[①] 在双方关系方面，“全过程人民民主是推进国家治理现代化的手段，国家治理现代化的过程也是全过程人民民主的发展目标，二者互为表里”；[②] 在目的效能方面，全过程人民民主“以治理绩效为发展导向”，[③] “推动实现民主决策与科学决策的结合，实现民主价值与治理功能的统一”；[④] 在实现保障方面，推进全过程人民民主“必须始终坚持在党治国理政中加强全过程人民民主，在党和国家机关各方面各层级工作中加强全过程人民民主，在干部管理中加强全过程人民民主”，[⑤] 还要“通过推进全面依法治国，全过程实现人民当家作主”。[⑥] 从功能方位研究发展全过程人民民主，为我们提供了一种新的视角，但还缺乏从党领导人民有效治理国家的整体上进行深入研究，也还未提到从社会主义现代化强国的道路层面上进行探讨，未能看到发展全过程人民民主是社会主义现代化强国道路的必然选择和内生需要。

以上三种对全过程人民民主所处方位的系统性阐释，对于把握全过程人民民主具有一定的学理价值。但作为一种新形态，相关研究大都还停留在从民主的内部来谈民主的独立论视角或从治理来谈民主的构成论视角，尚未上升到形态论的高度来进行阐释。这就导致了一方面缺乏宏观的整体性考察视域，不可避免地存在割裂化、孤立化和静止化地看待全过程人民民主的现象；另一方面没有站到党中央治国理政的高度，一定程度上矮化了发展全过程人民民主的原创性贡献。

本文在已有的研究基础上，提出从形态论的视角界定全过程人民民主的方位。从提出发展全过程人民民主的时代背景看，新时代“属于中国特色社会主义初级阶段的中后期”，[⑦] 是对社会主义现代化建设的提质改造

---

① 董树彬、何建春：《全过程人民民主赋能国家治理：现实可能、作用机理与实践路径》，《学习与实践》2022 年第 2 期。

② 张爱军：《全过程人民民主的战略图景与实现途径》，《学海》2022 年第 3 期。

③ 李笑宇：《理解全过程人民民主的三重维度：关系结构、实现机制与发展逻辑》，《学习与探索》2022 年第 5 期。

④ 李锋：《全过程人民民主话语体系的构建》，《当代世界与社会主义》2022 年第 2 期。

⑤ 李景治：《积极推进全过程人民民主建设》，《学术界》2022 年第 6 期。

⑥ 张亮亮：《中国民主的阐释维度、发展向度和比较尺度》，《理论视野》2022 年第 1 期。

⑦ 黄显中、李盼强：《百年中国共产党探索中国道路的总体性逻辑》，《扬州大学学报》（人文社会科学版）2021 年第 2 期。

时代。而社会主义初级阶段的早期属于对社会主义现代化建设的摸索时期，是在“摸着石头过河”的不成熟状态中进行建设。自党的十八大召开以来，我国开始从改革开放和社会主义现代化建设时期以经济建设为中心偏重从量的方面增加社会主义因素，转变为从形态、范型和规范上顶层设计和整体推进中国式现代化。这标志社会主义初级阶段的中后期，不只是一个新阶段的开始，更是中国特色社会主义建设进行整体转型的时期，还是一个从探索时代向文明时代转型升级的时期。在这个大背景下，党中央提出建设社会主义现代化强国，是在更高阶段的道路探索，是建设系统全面“五位一体”全领域的“强起来”。从这个高度来看，发展全过程人民民主既是目的又是手段；既是建设社会主义现代化强国内生需要的中国式民主新形态，又是社会主义现代化建设成功的一个重要标志。

发展全过程人民民主的方位决定了其发展只能在国家治理之中，而不是在国家治理之外，也不是与国家治理并列。就其性质而言，它不是人民民主的全过程性，而是以全过程人民民主为体、以国家治理现代化为用的治理型民主，是对人民民主形态的创新性发展，也是对人民民主理论的范式变革。它不仅贯穿整个国家治理的各方面、各阶段、各层级，是国家治理规定必须开展的活动，还是实现国家治理的特有形式和独特方式，具有基础性意义。只有从这一点出发，才能彰显出发展全过程人民民主的价值，才能找到发展全过程人民民主的内在逻辑。

二　时代呼唤：发展全过程人民民主的现实逻辑

时代是思想之母，实践是理论之源。新时代进入新阶段，中国特色社会主义在全面建成小康社会后进入了全面建设社会主义现代化强国阶段。人民日益增长的美好生活需要对民主提出了更高要求，而我国人民当家作主制度优势尚未充分发挥出来。基于此，以什么样的思路来发展人民民主，具有管根本、管全局、管长远的意义。立足新发展阶段、贯彻新发展理念、构建新发展格局、实现高质量发展的时代呼唤成为发展全过程人民民主的现实逻辑，也有力佐证了发展全过程人民民主就是社会主义现代化强国内生需要的中国式民主新形态。

（1）人民民主理论适应新发展阶段的与时俱进需要发展全过程人民民主。从概念上来说，“新发展阶段”不只是对“十四五”时期的时间概括，更包含着“十四五”时期发展的工作要求。这就要求必须在新的历史起点上发展当代中国马克思主义、21世纪马克思主义，建设具有中国特色、中国气派、中国风格的哲学社会科学体系。发展全过程人民民主，以新时代为观照，立足新发展阶段实际，解决当前人民民主面临的新问题，这其中蕴含了人民民主理论适应新发展阶段的与时俱进。“十三五”时期以习近平同志为核心的党中央，着力推进协商民主广泛、多层、制度化发展，创造了社会主义协商民主理论的中国形态，丰富和发展了我国社会主义人民民主理论，坚持和拓展了中国特色社会主义政治发展道路。“加快构建中国特色哲学社会科学，归根结底是建构中国自主的知识体系”。[①]我国协商民主具有鲜明的中国特色和时代特色，但协商民主理论最早是由外国学者提出的。而全过程人民民主在古今中外的民主思想史上，是首次提出来的具有原创性的概念，开启了中国式人民民主话语体系的建构之路。全过程人民民主不仅包含和超越了社会主义协商民主，而且将人民民主全程、全域、全员统揽其中，是人民民主理论适应新发展阶段的独创性贡献，为批判和反思西方民主提供了新的原则和标准。

（2）人民民主实践实现高质量发展的求真务实需要发展全过程人民民主。从全面建成小康社会到全面建设社会主义现代化国家，不仅是两个百年奋斗目标的接续实现，还是中国特色社会主义的升级转段，因而必须“以推动高质量发展”为主题。高质量发展是全方位、全过程的高质量发展，我国社会主义的人民民主同样必须高质量进行，确保全国人民真正实现当家作主。发展全过程人民民主，恰恰彰显了人民民主实践实现高质量发展的求真务实。“全过程”是“国家治理”的全过程，既指人民民主贯穿国家治理全过程，又指国家治理全过程落实人民民主。“人民民主”既是对人民参与规模、结构、质量的主体规定，又是对人民共建共治共享的协商要求。“全过程人民民主充分体现在民主选举、民主协商、民主决策、民主管理、民主监

① 《习近平在中国人民大学考察时强调　坚持党的领导传承红色基因扎根中国大地 走出一条建设中国特色世界一流大学新路》，《人民日报》2022年4月26日。

督等国家治理实践当中”。[①] 围绕经济社会发展重大问题和涉及群众切身利益的实际问题，不同渠道可以容纳人民在同一时间分散参与，人民可以在不同区域同一层级同时就近参与，可以在不同渠道不同层级同时参与，可以在不同起点同时和多次参与。不论人民在哪个渠道、哪个层级、哪个环节，采取哪种途径、方式、技术参与，就是要广泛、真实、有效地保障人民当家作主。

（3）人民民主功用增进新治理效能的凝心聚力需要发展全过程人民民主。中国特色社会主义踏上新征程，把我国制度优势更好转化为国家治理效能，为实现中华民族伟大复兴提供有力保证，就必须从源头上固根基、扬优势、补短板、强弱项，形成党集中统一领导下共建、共商、共享的治理共同体。国家治理效能提升的这个源头，就在于人民当家作主的真实充分实现，构成不断发展社会主义民主的根本要义。党的十九届五中全会制定 2035 年远景目标，“人民平等参与、平等发展权利得到充分保障”，[②] 抓住了实现国家治理体系和治理能力现代化的根本环节。发展全过程人民民主，正是推进该远景目标全过程“持续用力、久久为功”的有力举措，呈现着人民民主增进新治理效能的凝心聚力功用。国家治理实行全过程人民民主，不仅发挥人民群众的首创精神，促进人民素质提升和全面发展，把最广大人民智慧和力量汇聚起来；尤其提升人民群众的主人翁精神，增进人民群众的家国情怀，使人民群众在国家治理中凝心聚力，从而为制度优势转化为治理效能提供整体性担保。人心就是力量，民主就是守民之心。全过程人民民主是实现党的领导力量与人民群众力量有机结合的纽带，汇聚起中华民族伟大复兴的磅礴力量。

（4）人民民主发展贯通新发展格局的行稳致远需要发展全过程人民民主。推动构建新发展格局取得扎扎实实成效，需要各环节、各要素自觉纳入构建新发展格局，发挥重点突破作用带动引领发展格局战略转型。人民民主是社会主义的生命，必须完全融入构建新发展格局之中。发展全过程人民民主，选准了加快构建新发展格局的真正重点、痛点、难点，体现着

---

① 中共中央宣传部：《中国共产党的历史使命与行动价值》，人民出版社，2021，第 17 页。

② 《中共中央关于制定国民经济和社会发展第十四个五年规划和二〇三五年远景目标的建议》，人民出版社，2020，第 5 页。

人民民主贯通新发展格局的行稳致远需要，展现了人民民主强大的生命力和优越性。人民民主不仅是社会主义政治文明建设的核心，而且是统筹推进“五位一体”总体布局的关键，创造全面协调共享的中国式现代化。人民民主克服西方选举民主弊端，贯彻落实人类共同民主价值，体现在构建人类命运共同体全过程。毛泽东强调“民主必须是各方面的，是政治上的、军事上的、经济上的、文化上的、党务上的以及国际关系上的，一切这些，都需要民主”，[①] 这其中就包括了国际关系上的民主。习近平主席在大国外交和全球治理各个场合，都不懈倡导世界多极化和国际关系民主化，指出“世界上的事情应该由各国政府和人民共同商量来办”。[②] 发展全过程人民民主的根本使命，就是要构建以国内人民民主为主体、引领国际关系民主化的新发展格局。

发展全过程人民民主在响应建设社会主义现代化强国的时代呼唤中应运而生，充分说明了这一民主新形态首先是一个实践问题，必须立足于党领导人民有效治理国家和建设社会主义现代化强国的整体视域。其次，发展全过程人民民主还是一个理论问题，作为党的创新理论又有其理论的创生逻辑，是以问题为中心的马克思主义民主理论的中国化原创。

三　时代创新：发展全过程人民民主的理论逻辑

弄清楚发展全过程人民民主的理论逻辑，就是找到中国特色社会主义民主政治发展道路的中国之理。习近平总书记关于发展全过程人民民主的重要论述，继承发展了中华优秀传统文化、西方政治文明精华、马克思主义民主理论，以一系列新思想、新观点、新论断，丰富和拓展了中国特色社会主义民主政治的政治内涵、理论内涵和实践内涵，标志着我们党对民主政治发展的规律性认识达到新的高度。

（1）理想与现实相互趋近的中国化逻辑。马克思主义是关于人的自由解放条件的学说，而人民民主则是实现人的自由解放的现实运动。中国共

① 《毛泽东文集》第3卷，人民出版社，1996，第169页。

② 《习近平关于中国特色大国外交论述摘编》，中央文献出版社，2020，第208页。

产党自成立以来，坚定马克思主义理想信念，坚持不懈为实现人民民主而奋斗，体现着理想与现实相互趋近的中国化逻辑。马克思在《〈黑格尔法哲学批判〉导言》中指出："光是思想力求成为现实是不够的，现实本身应当力求趋向思想。"[①] 马克思在对资本主义社会的批判中揭露了资本主义民主的虚假性，提出了无产阶级要进行革命，要"上升为统治阶级，争得民主"的历史任务。[②] 列宁认为就是实现革命民主专政，即"抵御反革命势力，在事实上消除一切和人民专制相抵触的东西"。[③] 毛泽东结合中国实际，创造性地把"对人民内部的民主方面和对反动派的专政方面，互相结合起来"，[④] 实行人民民主专政，奠定了中国民主政治发展的前提。党的十八大以来，以习近平同志为核心的党中央在治国理政中坚持以社会为本体、以人民为中心大力发展全过程人民民主，开创了马克思主义民主理论新境界。一方面，社会主义现代化国家内含"民主"理想，提出了人民全过程参与国家治理的目标要求；另一方面，人民当家作主的制度体系不断完善，奠定了人民全过程参与国家治理的坚实基础。国家治理实行全过程人民民主，既是实现现代化国家"民主"理想的过程，又是根源于人民当家作主制度体系的创举，完美诠释了理想与现实相互趋近的中国化逻辑。

（2）理路从经验汲取智慧的合理化逻辑。习近平总书记关于发展全过程人民民主的重要论述，在以史为鉴、开创未来意义上，是新发展阶段推进人民民主建设的理路，但又蕴含着从经验汲取智慧的合理化逻辑。中国共产党历来重视历史研究，旨在汲取过去能够成功的经验，并为未来继续成功指引前进方向。新时代提出发展全过程人民民主，正是以史为鉴、开创未来的原创论断。习近平总书记高度重视并善于汲取历史经验智慧，指出："尊重人民主体地位，保证人民当家作主，是我们党的一贯主张。"[⑤] 紧紧依靠人民创造历史，不仅是历史唯物主义观点，也是中国共产党百年奋斗经验，还是改革开放积累的宝贵经验，"发挥群众首创精神，紧紧依

① 《马克思恩格斯选集》第1卷，人民出版社，2012，第11页。
② 《马克思恩格斯文集》第2卷，人民出版社，2009，第52页。
③ 《列宁全集》第11卷，人民出版社，2017，第116页。
④ 《毛泽东选集》第4卷，人民出版社，1991，第1475页。
⑤ 习近平：《在庆祝中国共产党成立95周年大会上的讲话》，人民出版社，2016，第19页。

靠人民推动改革”。[①] 习近平总书记还非常重视历史上的反面教训，指出东欧剧变和苏联解体的一个重要原因，就是缺乏人民当家作主的制度保障，严重的官僚主义导致苏联共产党丧失群众基础。所以如何看待自由、民主、平等的科学内涵和实践，成为新时代需要重点加以回答的理论和现实问题。发展全过程人民民主立足国家治理，以全面关联的宽广视野认识和揭示共产党执政规律、社会主义建设规律、人类社会发展规律，展现了中国共产党深刻理论洞察和卓著理论创新能力。它是对我国社会主义民主政治道路的坚持和发展，集中表现为坚持党的领导、人民当家作主、依法治国的有机统一。

（3）概念从实践抽象提炼的理论化逻辑。发展全过程人民民主是习近平总书记总结新时代开展人民民主实践的重要论述，又是具有中国特色、中国气派、中国风格的术语，蕴含着概念从实践抽象提炼的理论化逻辑。新中国的成立标志着人民民主时代的开始，从制度、渠道、途径、方式、技术上保障人民当家作主，成为新中国成立之后全面广泛持久的事业。人民民主内容有选举、协商、决策、管理、监督，人民民主领域有五大文明、军事国防、国际关系的民主，人民民主层级有中央、地方、基层的民主，人民民主渠道有人民代表大会制度、中国共产党领导的多党合作和政治协商制度、民族区域自治制度、基层群众自治制度，人民民主组织机构有全委会、常委会、扩大会议，人民民主类型有选举民主、协商民主，人民民主方式有提案、会议、座谈、论证、听证、公示、评估咨询、网络、民意调查等。我国社会主义民主建设的伟大实践，正是全过程人民民主的生动表现，而将所有这些生动表现进行抽象概括，正是习近平总书记所原创的“全过程人民民主”概念，是实践理论化的整全表达。

（4）理论从中西马融合创新的会通化逻辑。发展全过程人民民主，继承发展了中华优秀传统文化、西方政治文明精华、马克思主义民主理论，蕴含着理论从中西马融合创新的会通化逻辑。习近平总书记强调国家政治制度发展既要把握长期形成的历史传承，又要把握走过的发展道路，还要

---

① 中共中央文献研究室编《十八大以来重要文献选编》（上），中央文献出版社，2014，第554页。

把握现实要求、着眼解决现实问题；强调需要借鉴国外政治文明有益成果，把他人的好东西加以消化吸收，但“不是照搬其他国家的政治理念和制度模式”。[①] 中国传统虽然缺少西方民主资源，但有着深厚的民本主义文化和对权利的共同体主义理解；古希腊城邦实行直接民主，现代西方推行“天赋人权”“三权分立”“宪法民主”；马克思高度评价 1871 年巴黎公社，指出公社政权在人类历史上第一次实现了真正由大多数人当家作主的民主制。从我国的现实条件出发，发展全过程人民民主本着择其善者而从之、其不善者而去之的科学态度，学习和借鉴人类文明的一切优秀成果。发展全过程人民民主，着眼中国特色社会主义踏上新征程的人民民主建设，是对中国传统民主权利观的创造性转换，是对西方民主权利观的批判性超越，是对马克思主义民主权利观的继承性发展，是马克思主义民主思想中国化的理论原创典范。

作为建设社会主义现代化强国内生需要的中国式民主新形态，发展全过程人民民主是现实逻辑与理论逻辑相向驱动下智慧创造的结晶，有其广博深厚的思想文化渊源，更有深层的马克思主义政治哲学、历史唯物主义和科学社会主义的理论基础，具有重大而深远的时代意义、理论意义、实践意义和世界意义。

四　时代贡献：发展全过程人民民主的价值逻辑

理论与实践相结合使发展全过程人民民主彰显出历史唯物主义的“能在”品格，破解了“民主向何处去”的根本性问题，在人类民主发展史和思想史上都具有重大理论原创性贡献。具体而言，它是对“中国之问”“时代之问”“世界之问”“人民之问”的科学、有力回答，创造了人类政治文明新形态。

（1）发展全过程人民民主解答了社会主义建设什么样的人民民主的“中国之问”。马克思主义以人的自由解放为根本宗旨，不懈为实现人民民主而顽强奋斗。马克思、恩格斯原则性地描绘了社会主义社会蓝图，也为

① 《习近平关于协调推进“四个全面”战略布局论述摘编》，中央文献出版社，2015，第 84 页。

无产阶级指明了“争得民主”任务，并支持巴黎公社变“人民主人”为“人民公仆”，但缺乏从理论上解决社会主义建设什么样的人民民主问题的经验基础。列宁领导俄国十月革命使科学社会主义由理论变为实践，认为民主是“承认大家都有决定国家制度和管理国家的平等权利”,[①] 社会主义民主是供穷人、大多数人享受的民主，是“比资产阶级议会制要高得多和进步得多的民主形式”。[②] 但列宁领导社会主义建设时间短暂、形势复杂，这些论述仍只是意识形态性质的抽象理想。中国共产党百年来坚持和发展中国特色社会主义政治发展道路，实现了民主发展与政治稳定、社会进步的良性互动。全过程人民民主是“以人民为中心的”人民民主新形态，它意味着坚持以人民为中心的世界，超越资本主义以资本为中心的世界，并把资本关在以人民为中心的社会笼子里；意味着坚持人民主体地位，全过程人民民主属于人民，由全体人民享有和行使；意味着坚持以人民为中心的发展思想，通过全过程人民民主的凝心聚力，促进人民利益实现和全面发展。习近平总书记关于发展全过程人民民主的重要论述，在马克思主义民主思想发展史上，创造性地解答了社会主义建设什么样的人民民主的理论问题。

（2）发展全过程人民民主解决了人口规模巨大的国家如何实现全民参与的“时代之问”。民主是一个困扰古今中西世人的问题。“民主”一词在传统中国是“民之主”的简称，造成了中国 2000 多年封建专制统治，禁绝了人口规模巨大国家的民主问题。“民主”一词源于古希腊，意指人民的统治，即“民作主”。古希腊城邦虽实行直接民主，却只限有公民资格的男子参加，与现代人口规模巨大国家实现全民参与不可比拟。近代西方政治思想家开创“权力制衡”理论，造就了西方民主政治“三权分立”制度。但资产阶级政权机关不论如何配置，它作为资产阶级专政的一种完备形式，仅仅是“管理整个资产阶级的共同事务的委员会罢了”。[③] 现代西方民主适应大国发展的需要，实行间接民主而否定直接民主，回避了人

① 《列宁选集》第 3 卷，人民出版社，2012，第 201 页。
② 《列宁全集》第 34 卷，人民出版社，2017，第 66 页。
③ 《马克思恩格斯文集》第 2 卷，人民出版社，2009，第 33 页。

口规模巨大国家实现全民参与的实践问题。全过程人民民主是全程性、全域性、全员性的人民民主，“充分体现在民主选举、民主协商、民主决策、民主管理、民主监督等国家治理实践当中”,[①] 是国家治理领域全方位贯穿的实践过程，是国家治理全过程人民当家作主的真实过程，是国家治理中每个民主制度都有保障的规范过程。习近平总书记关于发展全过程人民民主的重要论述，道出了人民分层级、分类型、分环节地全过程、全领域参与国家治理的中国方案，解决了人口规模巨大国家实现全民参与的“时代之问”。

（3）发展全过程人民民主破解了中国式民主为什么具有无可比拟优势的“世界之问”。我国是实行人民民主专政的社会主义国家，根本政治制度和基本政治制度的确立从根本上确保了人民享有更加广泛、更加充分、更加真实的民主权利，让社会主义民主的优越性更加充分地展示了出来。中国式民主具有西方民主无可比拟的优势，形成“紧紧依靠人民推动国家发展”[②] 的显著治理优势。然而中国式民主为什么具有独特优势，却是全世界试图破解的密码。这个答案内含于我国社会主义民主实践之中，唯有参与国家治理方能获得真切体会感悟。我国人民民主在根本上意味着人民当家作主，人民当家作主才是人民民主的精神实质。这意味着全过程人民民主由全体人民当家作主，人民全过程参与国家事务、社会事务、经济文化事业的管理，共建、共治、共享中国特色社会主义事业，成为国家、社会和自己命运的主人；意味着一切以人民赞成不赞成、满意不满意、高兴不高兴、同意不同意为准绳，而不以“任何利益集团、任何权势团体、任何特权阶层”[③] 为标准；意味着倾听人民意见、尊重人民意愿、激发人民智慧，消除官僚作风、专横跋扈、利益交换的肆意支配。习近平总书记关于“发展全过程人民民主”的重要论断，对人民全过程参与国家治理提出了新要求，为实现人民当家作主提出了新目标，也道出了中国式民主无可比拟优势的密码。

---

① 中共中央宣传部：《中国共产党的历史使命与行动价值》，人民出版社，2021，第17页。
② 《中国共产党第十九届中央委员会第四次全体会议文件汇编》，人民出版社，2019，第5页。
③ 习近平：《在庆祝中国共产党成立100周年大会上的讲话》，人民出版社，2021，第12页。

（4）发展全过程人民民主解开了现代化国家建设进程中如何推进人民民主发展的“人民之问”。中国特色社会主义在全面建成小康社会之后，乘势而上开启全面建设社会主义现代化国家新征程，确定2035年“基本实现国家治理体系和治理能力现代化，人民平等参与、平等发展权利得到充分保障”① 的远景目标。这是社会主义现代化国家建设进程中如何推进人民民主发展的“人民之问”，迫切需要以习近平同志为核心的党中央做出科学回答。实际上如何坚持和拓展中国特色社会主义政治发展道路，在党的十八大之后也是长期存在的“人民之问”，习近平总书记发展全过程人民民主的重要论述正是对该问题的系统、深刻、全面回答，彻底解开了长期以来人们心中中国特色社会主义如何推进政治改革的疑惑。“在中国，发展社会主义民主政治，保证人民当家作主，保证国家政治生活既充满活力又安定有序，关键是要坚持党的领导、人民当家作主、依法治国有机统一。”② 发展全过程人民民主的根本保证是党的领导，即党对发展全过程人民民主进行全面、全过程领导。它的根本要义是人民当家作主，也只有发展全过程人民民主，才能最广泛、最真实、最管用地实现人民当家作主。它的重要方式是坚持依法治国，各民主渠道依法依规自我运行、自我发展，人民依法全过程行使民主权利。习近平总书记关于发展全过程人民民主重要论述，是对人民民主道路在新发展阶段的深化拓展，高明而中庸、精要地解开了人民的心中之惑。

习近平总书记关于发展全过程人民民主重要论述，适应了全面建设社会主义现代化强国的现实需要，遵循了党的理论创新逻辑，解答了民主发展的系列时代之问，是马克思主义民主理论最新原创成果，是对社会主义民主政治道路的坚持和发展，是对共产党执政规律、社会主义建设规律、人类社会发展规律长期探索和具体揭示的结果，是必须始终坚持和不断发展的思想方略。

---

① 《中共中央关于制定国民经济和社会发展第十四个五年规划和二〇三五年远景目标的建议》，人民出版社，2020，第5页。

② 习近平：《论坚持全面依法治国》，中央文献出版社，2020，第70页。

新时代中国国家治理及其现代化论略*

李武装**

（西安工程大学马克思主义学院，西安）

摘　要：国家治理构序的理论和实践探索，不外乎依托“国家变量”来求解现代政治学相关议题，其实质更在于国家权力与有效治理的深生态阈乃至强关系厘定。改革开放40多年“倒逼”的诸多“问题”和大国担当该有的责任意识，使得中国的“国家治理现代化”必须提上议事日程。既然国家治理是一个结构性和调适性的“家族相似性”概念，即“治理共同体”范式，那么，其现代化的实现注定经由一系列具体场域的要素联动并共频发酵。国家治理及其现代化构境欲获得实质性推进，至少还需要在以下三个方面接续努力：第一，相对于国家和社会关系视野，立足国家“权力合法性”这一独立论域析判“国家变量”的视野亟待开启；第二，较之于“国家变量”过多的共时态要素式研究，其历时态经验式研究更值得关切；第三，必须加强国家与政党关系的研究以提振“国家治理现代化”的理论深度与实践效度。

关键词：新时代；国家治理；善治；权力合法性

一　引言：问题的提出

较之于作为宏观层面的马克思主义国家理论和作为微观层面的（实

---

* 本文系国家社会科学基金项目“伦理学视野下中国特色社会主义空间正义理论谱系与实现路径研究”（22BZX087）阶段性成果。

** 李武装，西安工程大学马克思主义学院教授。

现）“四个现代化”理念，作为中观层面的中国“国家治理现代化”，毋庸讳言是对马克思主义国家理论的进一步丰富、发展和完善，也是对微观实践意义上“四个现代化”理论的超越与提升，特别是对改革开放以来中国共产党现代化理论的渐进式超越与在更高位阶、更广范围的综合提升。换言之，改革开放以来，中国的国家治理现代化约略经历了三个阶段：从20世纪80年代的“经济现代化”到90年代的“社会现代化”，再到21世纪，特别是新时代统摄“政治现代化”或“制度现代化”的“治理现代化”。

资料显示，国家治理现代化被中共十八届三中全会确定为社会主义现代化建设的重要内涵和总体性目标；而经由党的十九大开启的全面建设社会主义现代化国家新征程的一系列战略部署与战略安排，至十九届四中全会时，则依托关于“中国之治”的那个纲领性文件，业已从“制度优势”跃升到“治理效能”之新理论高度和发展实践效度。有人把这一跃升称为当代中国的“第五个现代化”，并强调指出，这种“从制度自觉到治理自觉，从制度功能到治理效能，从制度优势到治理胜势的转变”，[①] 显示了新一届政府以治理现代化和制度现代化推动国家现代化之“治国理政”基本思路，是矢志不移继续和全面深化改革的重要话语宣示，也是“善治”理论的中国版最新发展实践。

因为着眼于理论本根处，“治理”取代“管理”，更意味着“政府统治的含义有了变化，意味着一种新的管治过程，意味着政府统治的条件已经不同于前，或是以新的方法来管社会”。[②] 而着眼于现实效应处，我们发现，这种从国家治理视角来求解处于转型期中国社会发展遭遇的新问题，寻绎发展新途径，构筑发展新境界的战略新举措所昭示和警醒我们的，是“从统治、管理到治理，言辞微变之下涌动的，是一场国家、社会、公民从着眼于对立对抗到侧重于交互联动再到致力于合作共赢善治的思想革命；是一次政府、市场、社会从配置的结构性变化引发现实的功能

① 人民论坛编《大国治理：国家治理体系和治理能力现代化》，中国经济出版社，2014，第67页。

② 〔英〕格里·斯托克：《作为理论的治理：五个论点》，华夏风译，《国际社会科学杂志》（中文版）2019年第3期。

性变化再到最终的主体性变化的国家实验；是一个改革、发展、稳定从避免两败俱伤的负和博弈、严格限缩此消彼长的零和博弈再到追求和谐互惠的正和博弈的伟大尝试”。[①]

那么，究竟何为国家治理？为什么要提出国家治理现代化？中国语境中的国家治理现代化究竟蕴含哪些要素或单元？这些要素或单元之间又是如何实现联通联动的？不一而足。特别是当我们再一次站在“新的历史起点”和“新的发展阶段”并誓“将改革进行到底”时，反思并回应这些问题就显得正当其时。本文试着就这些问题进行一番学理检讨，希冀在反思批判并建构创制的意义上深化国家治理现代化的探讨，为新时代中国实现从“制度优势”到“治理效能”的根本转变奠定一定理论基础和方法论启示。

二　何为国家治理：基于国家与社会关系的批判性分析

囿于国家与社会的复杂关系及其强调重点不同，国家治理至少可以被释义为“由国家治理”和“治理国家”两种路向。“由国家治理”主要强调“谁治理”，强调国家自身的主体地位，主要指国家作为统合性政治主体对政治及社会事务进行管理或治理。这种治理或者经由日益健全的政治制度和法律法规推进，或者经由渐次英明的一系列决策介入方式进行延展，其实质属于“国家中心论”或“积极国家”政策，因为它主要体现和展示的是国家贯彻和实现自身意志的能力。“治理国家”则主要强调“治理谁”，强调治理本身的超越功效，它意味着国家或政府不仅是治理的主体，而且更属于治理的对象或客体。这显然属于“社会中心论”或“消极国家”政策，强调代表统治阶级履行社会管理职能的能力。看得出来，“由国家治理”和“治理国家”不仅仅是字面上的差异，而且是在以下方面存在巨大的甚至实质性的差异：对治理的根本出发点与相应配置，治理的中心目标及其实现路径，为治理而实施的配套战略，等等。而这些

---

① 江必新等：《国家治理现代化——十八届三中全会〈决定〉重大问题研究》，中国法制出版社，2014，第10—11页。

差异背后隐含的关键问题，在于人们对国家与社会关系的厘定始终处于一种竞争性解释的张力之中，并总是受制于具体的历史传统和社会发展进程中各种不确定性因素。

在传统中国，国家治理结构呈现为“上下分治”格局，即上层由中央政府自上而下的官僚系统治理，下层由族长、乡绅、地方名流等掌权并通过保甲和乡约等制度来实现地方性治理。[①] 这种“双轨”政治[②]上下区隔的临界点就是县级管理部门：县级以上的治理交由传统帝国“皇权”，县级以下的治理交由地方，从而实现传统中国国家—社会的各安其事式治理。费孝通在《乡土中国》中所谓的中国传统社会的“乡土性”特征就是例证。他说，在乡土社会，信用的确立并不依赖国家权威与契约，社会公共秩序也不依赖国家法律，而是凭借“对传统规则的服膺”。[③] 这个“无法”“无讼”社会在“礼治”的安顿下，获得了社会信任与社会秩序，从而使得“熟人社会”得以良性运转，国家—社会自治秩序得以畅通运行。

1992 年我国提出建立社会主义市场经济体制后，“小政府大社会”治理理念曾一度成为改革初期中国人笃定的治理之道。然而，由于“市场社会”过于倚重市场这只“看不见的手”，自觉不自觉地忽视了国家宏观调控这只“看得见的手”，再加上法治不健全、治理不规范等治理初期的弊病，“市场社会”愈来愈多地暴露出自身难以克服的市场短板与能力限度。于是，伴随中国改革开放的深度推进与“入世”后国内外新的政治经济大环境，要求加强国家力量的呼声不断增强。在学术界，国家治理随即成为中国政治社会学的热点议题之一，国家治理现代化问题也顺理成章地引起政府决策部门和学人的深度关注。

吊诡的是，国家治理问题在国外的研究也没能跳出国家、社会和资本的关系论圈子，其理路在自由主义和社群主义的相互掣肘中开显出三种学理性典范——以斯密定律为核心的“小政府”路向、以凯恩斯理论为基础的“大政府”社会和以公共选择理论为中心的“新公共治理”理论。必

① 王先明：《近代绅士》，天津人民出版社，1997，第 27 页。

② 费孝通：《中国绅士》，中国社会科学出版社，2006，第 46—56 页。

③ 费孝通：《乡土中国》，中华书局，2013，第 103 页。

须指出，这三种西方学理性典范“因其共同的个人主义思想基础，在解决合作收益形成、分配与公民参与中存在诸多局限；20 世纪 80 年代形成的公益政治学实现了研究起点的转换，而 90 年代协商民主理论的兴起则为探讨此主题奠定了新的思想基础和理论框架”。[①] 毋庸讳言，西方关于国家治理问题的演进图景带给我们的启示是深刻的，却也是一致的，那就是，国家治理问题必须到如下建构模式中去求解：以社会主义协商民主为方向，以人民为主体和中心，立足本国国情，积极探索创建国家、社会、资本和个人之间“竞争—合作”式参与条件和制度平台，走向善治。

综上所论，笔者认为，前文提及的“由国家治理”和“治理国家”还只停留于纯粹理性分析与程序设计层面，现实生活中根本不存在界域彰明乃至不可通约的国家自治和社会自治。换言之，“由国家治理”和“治理国家”各自存有一定的局限，二者融合的理想格局或终极目标当是围绕现代化进程中的“善治”图景而展开创制，因为在根本意义上，治理本身就是统合各种优质资源进行制度设计与政治创制的过程，治理本身就是一个复杂演进和相互调适的过程。也因此，在更一般意义上，国家治理既不是国家自治，也不是社会自治，而是国家、社会、资本、个人等的“协同治理”，此种协同治理也是“善治”理论的终极形态，至少在国家还没把权力完全交还社会之前，也就是在国家还没有完全消失之前，是如此。

笔者经过进一步剖析认为，国家治理问题求解的是围绕“国家变量”而延展的一系列政治社会学问题，其实质正在于国家权力与有效治理的深生态阈及其勾连的一系列强关系问题。必须承认，化解这些问题目前只能寄望于在动态中寻觅到诸构成要素或力量的相对平衡，并进一步把诸平衡治理的经验转化落实为可以使之长远的制度。

三　“政治秩序论”：为什么要提出国家治理现代化

小智治事，大智治制。国家治理现代化是全面深化改革战略举措的必

① 薛冰：《合作收益、公众参与与社会和谐——基于公共管理演进的视角》，《西安交通大学学报》（社会科学版）2007 年第 4 期。

然选择。某种意义上，这二者是同一个问题的两个方面。换言之，回答为什么要提出国家治理现代化的问题，就是回答为什么要全面深化改革的问题。一方面，以“制度建设”为主线的国家治理现代化，靠的正是全面深化改革这条红线得以有效推进；另一方面，以“制度建设”为主轴的全面深化改革，其目的正是完善和发展中国特色社会主义制度，推进国家治理体系和治理能力现代化。简而言之，无论是社会主义的根本制度、基本制度抑或重要制度，其坚持和完善依凭的只能是深化改革这一动力；而深化改革的目的则显然属于“中国之治”之创制、立制和定制效能的不断巩固、发展和完善。

就国内而言，40 多年的改革开放取得了重大成就，但也衍生和置换出不少新的问题。譬如，在经济和社会前进过程中，发展实践中突出的不平衡、不协调和不可持续问题（简称“三不”问题）日益严重，科技创新能力后劲不足，各种差距（例如行业差距、城乡差距、地区差距、收入差距等）引致的社会矛盾明显积聚，腐败蔓延也不容小觑，等等。这些问题使得我们全面反思和深化改革成为必要，正所谓改革由问题倒逼产生，又在不断解决问题中获得深化和推进。而深化与推进的可能性在于，40 多年改革实践中积累的经验及其理论成果，特别是关于中国特色社会主义规律的深刻认识和自主把握，足以使得此次“深改”的启动获得理论的圆融一贯从而取得实践上新的制度性保障。

就国际来讲，现在的国际环境整体稳定，我国的国力和国际地位大幅度提升，这就为我们继续发挥和巩固我们的后发优势进而“追赶超越”和实现“民族复兴”提供了良好的国际大环境。从更广视野讲，“深改”也是为着成就“负责任大国”之美名，崛起的中国应该在跨越“中等收入陷阱”的基础上践行共创、共享理念，铸造人类命运共同体，让“深改”不仅扎根于中国人民，而且惠及世界人民。这可能是全球化进程赋予中国此次全面深化改革的一个新命题和新动向。正如国家主席习近平在 G20 工商峰会的讲话中指出的，“今天的中国，已经站在新的历史起点上。这个新起点，就是中国全面深化改革、增加经济社会发展新动力的新起点，就是中国适应经济发展新常态、转变经济发展方式的新起点，就是中国同世界深度互动、向世界深度开放的新起点”。①

结合国内和国际视野，并把中国特色社会主义置于一个更长历史发展长河，现在的中国正处于一个“新的历史起点”和“新的发展阶段”上，这个新起点和新阶段，按照习近平总书记2017年7月26日讲话，就是我们从站起来到富起来现在主要解决“强起来”的问题。② 这个“强起来”的问题，并不限于对我国社会主义初级阶段“阶段性特征”的聚焦性表达，以及对中国特色社会主义踏上新征程面临“四个伟大”之治国理政新理念、新思想、新战略的强调，至关重要的是，明确宣告着中国今后国家治理体系和治理能力的全面提升之路。质言之，中国的第五个现代化——“国家治理现代化”集结号已经吹响。

在更深的理论层面，日裔美籍比较政治学家弗朗西斯·福山的“政治秩序论”可谓发人深省，为国家治理现代化奠定了一定理论基础。“政治秩序论”主要体现在福山的《政治秩序的起源：从前人类时代到法国大革命》和《政治秩序与政治衰败：从工业革命到民主全球化》两书。在《政治秩序的起源：从前人类时代到法国大革命》一书中，福山把政治秩序与国家建构联系在一起展开论述，他指出，一个良好的政治秩序需要三个条件：国家、法制和责任政府。这三个条件同时具备当然是最好的，譬如丹麦，但很多共同体则没有这么幸运。该书最大的贡献之一就是提出了“国家建构”议题，并把它置于法制和民主的关系论中深入探讨，从而进一步恢复国家在政治研究中的核心地位。当然，对于国家权力与国家能力的进一步理论分析，是福山的理论中欠缺的。

而在《政治秩序与政治衰败：从工业革命到民主全球化》一书中，福山基于对人类政治命运的深彻反思，进一步给当今国家政治现代化开出震人心魄的“新处方”。新处方主要由三个制度律令构成：强政府（effective state，又译“有效国家”）、法治（rule of law）和民主问责制（democratic accountability）。与早年“历史终结论”过度强调西方自由民主制度的必

① 习近平：《论把握新发展阶段、贯彻新发展理念、构建新发展格局》，中央文献出版社，2021，第124页。

② 《习近平谈治国理政》第2卷，外文出版社，2017，第62页。

然性和优越性相比较，这一新处方里增添了强政府与法治，而且在顺序上也有逻辑的先后定位：排在首位的是强政府，其次是法治，最后才是自由民主。也正是基于此，我们把福山的新处方冠名“强政府”铁律，以之与福山早年的“历史终结论”相比照。这一“强政府”铁律推出的基本观点及其理据就是社会存有的诸多矛盾完全可以凭借这份迟来的铁律信念得以有效化解，因为“一方面，国家要拥有足够的权力与能力来确保和平、执行法律和提供必要的公共产品；另一方面，国家的权力在法治和民主问责制的制度框架内受到制约”。①

福山以美国正在走向衰败为例来证实自己的观点。“衰败”在福山看来表现有三：一是美国的某些政府部门出现了明显的功能失调，自主性正在丧失；二是美国根深蒂固的利益集团政治与分权制度制衡，使得美国很难组织运营起一个高效廉洁的政府；三是否决政治内在的相互掣肘情景使得美国很多地方政令不通。当然，这究竟是他为美国乃至整个西方自由民主制度高唱衰败时代的挽歌，还是为西方政界重新宰制世界不遗余力地建言献策，恐怕不是一个简单的非此即彼的理论选择问题。然而无论如何，有一点是确定无疑的，那就是，国家治理在当今政治中的地位必须获得提升和加固，因为无论是“失败国家”还是众多发展中国家乃至新兴市场化国家，国家治理能力及效度都成为衡量与分析当代政治非常重要的要素与范式，亟待进入我们的视野。

综上所论，笔者认为，福山“政治秩序论”的贡献主要在于，拓展出一条从宏观到微观，从放眼全球到聚焦一国国内，从一味强调西式民主到不得不关注各国具体的国家治理策略这么一个政治现代化基本路线图。在学理层面，其意义在于，立足比较政治视野对晚近 20 多年世界整个政治变迁的总趋势与国家理论新进展进行梳理和阐发，不仅深化了世界范围内中西两种不同民主模式的比较研究，而且，也是最重要的一点，推动了包括中国国家治理体系和治理能力现代化的伟大实践在内的社会主义国家建构问题之理论探索。

---

① Francis Fukuyama, *Political Order and Political Decay: From the Industrial Revolution to the Globalization of Democracy* (New York: Farrar, Straus and Giroux, 2014), p. 317.

四　走出“自治神话”：中国语境中的国家治理现代化

如果说福山的“政治秩序论”只是道出了当今世界国家建构的必要性和重要性，那么，进一步的问题就是，在国家建构或国家治理进程中，国家究竟应承担什么责任，以及其基本遵循是什么。对此一问题的回答，首先，笔者认为，国家治理现代化的推进不应该只关注历史的宏大叙事，而更应关注现实的具体的“人”。就是说，国家治理更应该在“以人为本”“改善民生”等方面下功夫。这就把国家治理的终极归宿——如何促进人的全面发展呈现给我们，国家治理也因此拥有一个比较清晰的大致研判方向。

这一点可以从美国女权理论家玛萨·艾伯森·法曼（Martha Albertson Finema）的“脆弱性理论”（vulnerability theory）中获得启示。对于在美国政治哲学中一直占据主导地位的平等自治理论，法曼在她的《自治的神话：依赖理论》一书中一针见血地指出，平等自治理论仅仅提供给我们一个理想化的愿景，却始终不能给需要实质平等待遇的人造就福祉。这与众所周知的美国新自由主义政治学家——罗尔斯的机会平等与实质平等二分理论有某些相似性。基于对美国社会发展历史和现实的考察，法曼认为，建基于平等自治理论的形式平等（即罗尔斯的机会平等）在化解和纠偏社会经济生活中的不平等问题时显得是那么力不从心，因为它并没有真正挑战现时社会中扭曲的资源配置和权力归属情状。相反，在既有平等自治理论的怂恿和教唆下，一部分人受益而另一部分人受损的现实制度安排却渐次得到固化，从而，存在运行缺陷的现有制度安排不仅得不到政府（国家）的干预，而且还进一步得到法律的兜底性保护。[①] 如此这般地“恶循环”推进，平等就沦为一个乌托邦口号。有鉴于此，法曼提出了自己的脆弱性理论，以颉颃我们鹦鹉学舌般的平等自治理论。

按照法曼的理解，平等自治理论的实质是严重依赖自治个体以及建立

① 〔美〕玛萨·艾伯森·法曼：《自治的神话：依赖理论》，李霞译，中国政法大学出版社，2014，第56页。

在这一图景基础上的社会结构，而忽视了每个个体在不同历史阶段和人生阶段需要接受呵护之事实。而脆弱性理论认为，由于个体在自己生命延续过程中必定需要呵护与关爱，无论是缘于身体本身抑或自然灾害，也就是说，人的脆弱性成为人类无法避免的客观存在，因此，要求个体来完全承担此一“脆弱”责任的“自治说”之合理性就受到挑战。换言之，既然人类共同拥有的脆弱性是国家缘起的理由之一，那么，国家天然具有承担人之脆弱性的责任。于是，脆弱性理论之于国家治理现代化的意义就是，“脆弱性理论指明了国家治理现代化的根本出发点与相应的责任配置；脆弱性理论阐释了国家治理现代化的中心目标及其实现路径；脆弱性理论为推进国家治理现代化而实施的多项战略，如精准扶贫、反腐倡廉等提供了重要的理论支持”。①

其次，笔者认为，国家治理的推进必须扎根于中国的具体国情。众所周知，现代西方的治理理论源于市场失灵和政府失效这一“双重失灵”缺陷。而与现代西方治理理论的主题就是要解决市场失灵和政府失效此一“双重失灵”问题不同，当代中国的治理理论所要解决的是社会转型中市场机制的不健全和政府监管责任的不到位问题。因此，当代中国的治理不仅要求我们充分释放市场机制、限制政府的不当干预，而且要求我们探索如何在完善市场体制进程中不断加强国家的宏观调控问题。质言之，对当代中国的治理而言，任何只是倚重市场的“自治”理论都是不切实际的幻想，因为中国的发展实践早已证明市场化本身的弊端，把政府干预限制在最弱层面是不符合中国国情的。

因此，在当代转型中国，“没有政府的治理”和“小政府大社会”的治理逻辑是完全行不通的。换言之，中国现代化不可能超越“政府主导型”这一根深蒂固的内在特质。具体而言，就是当代中国的治理主题和方向依旧是以政府为主导，构建一个权力和责任对称一致的政府，即“问责政府”，也即权力与责任互相规制、互为边界。而只有在此基础上，我们讨论中国治理问题的“多元”、“合作”和“善治”等议题和方案时，才更具有实际价值和意义。

---

① 朱圆：《脆弱性理论与国家治理责任新解》，《学术月刊》2017 年第 3 期。

五　作为“家族相似性”即“治理共同体”范式的国家治理：国家治理现代化进程中的各种联动要素

不难发现，国家治理是一个结构性和调适性的开放性概念，其现代化的实现注定要通过一系列具体领域的协同治理来完成。这些领域治理及实施战略涉及社会治理创新、基层治理面向、精准扶贫的落实、反腐倡廉的推进、各种社会组织的积极推进、大数据的应用、新的社会阶层的积极作为以及特色制度的健全等单元或要素。这些单元或要素之间互为联动、彼此制约，共同造就国家治理这个“家族相似性”概念，即“治理共同体”范式。然而也不仅限于此。笔者认为，只有让这些联动单元和要素共频发酵并具有“可公度性”，才能真正推进国家治理现代化进程。按照梁军教授的概括，国家“治理现代化具有鲜明的社会工程特征，既需要集成相关的科学理论进行顶层设计，也需要综合价值、情境等维度建构新的治理模式”。[①] 而依照江必新教授的概括，作为一项系统工程的国家治理现代化，必须涵括如下基本特征：“视域上要求全面性、品质上要求时代性、制度上要求成熟性、形态上要求稳定性、方式上要求规范性、体系上要求开放性。”[②] 下面就各主要单元略论其基本规定和努力方向。

关于社会治理。社会治理是国家治理最核心的内容。首先，推进国家治理现代化的前提是社会稳定。能否正确处理经济发展与社会公正、现代化与环境保护、基本民生建设与公共安全、公共权力膨胀与公民权利萎缩等社会问题，既是构建国家治理体系的基础，也是提升国家治理能力的前提。立足中国社会现实，我们坚定地认为，当下的社会转型危机为现代社会治理创新提供了较之过去更多的机遇，而社会治理创新的持续理论攀升势必为国家治理现代化注入不竭动力和新的思路。2019 年，党的十九届四中全会提出要“坚持和完善共建共治共享的社会治理制度，保持社会稳

① 梁军、韩庆祥：《问题、模式与路径：“社会工程”视域下的国家治理现代化》，《西安交通大学学报》（社会科学版）2017 年第 4 期。

② 江必新等：《国家治理现代化——十八届三中全会〈决定〉重大问题研究》，中国法制出版社，2014，第 5—7 页。

定、维护国家安全。社会治理是国家治理的重要方面。必须加强和创新社会治理，完善党委领导、政府负责、民主协商、社会协同、公众参与、法治保障、科技支撑的社会治理体系，建设人人有责、人人尽责、人人享有的社会治理共同体，确保人民安居乐业、社会安定有序，建设更高水平的平安中国”。当然，社会治理更多、更难的是基层治理。

关于基层治理。基层是联系、服务群众的“最后一公里”，基层治理是国家治理体系的基础性组成部分。基层治理状况是国家治理能力的集中体现，国家治理体系和治理能力的有效程度最终要通过基层治理的绩效反映出来。从问题意识出发，基层治理的“体制性与结构性问题涉及城乡社会二元结构、土地制度改革、社会保障体系建构等等，而这些问题直接关系到基层一元化治理向多元民主治理结构的转型”。① 当前，中国基层治理存在的问题集中表现为基层政府的治理思维、治理方式与基层经济社会发展的多元化、多样性之间积淀而成的现实的或潜在的对立、矛盾和冲突。不仅如此，由于国家力量暂时不够强大，国家政策暂时不够到位，基层治理还面临内卷化困境，即治理的边际效应递减趋势出现。近年来我们听得最多的“群体性突发事件”“表演式抗争事件”等，就是例证。故此，笔者认为，国家治理的展开与落实必须渐次目光下移，倚重基层治理或以基层治理为突破口。从理论处着眼，其原委可能更在于，“任何的治理都不可能是某一种具有普适性模式的翻版，也就是说，治理是‘地方性’的——民族的、地域的、地方的，在这个意义上，地方性是治理的本质，治理面对的只是地方性的事实”。②

关于精准扶贫。精准扶贫属于国家治理的政策层面，是国家治理经验层面的表达。优良的精准扶贫政策是国家治理能力达到一定阶段的产物，当然也是国家治理不可或缺的重要内容。笔者认为，精准脱贫的关键是要立足于治理，借力于治理，以治理为基础推动和实施。在关系论视野中，有三个方面可以描画精准扶贫与国家治理的关系：一是治理为精准脱贫提

① 周庆智：《基层治理：权威与社会变迁——以中西部乡村治理为例》，《学习与探索》2014 年第 9 期。

② 周庆智：《基层治理：一个现代性的讨论——基层政府治理现代化的历时性分析》，《华中师范大学学报》（人文社会科学版）2014 年第 5 期。

供组织载体，二是治理为精准脱贫提供制度规范，三是治理为精准脱贫提供持续保障。简而言之，治理是精准扶贫的基础，治理是驱动精准脱贫的杠杆，治理也是精准脱贫的方法。因此，我们须臾也不可忘却国家治理视野中精准扶贫攻坚战的全面展开与有效实施。2013 年 11 月习近平总书记在湖南湘西考察时首次提出“精准扶贫”概念；2015 年 6 月习近平总书记在贵州召开部分省区市党委主要负责同志座谈会时强调扶贫开发“贵在精准”,[①] 这里的“精准”主要包含三大内容或环节：扶贫对象的精准识别、扶贫措施的精准有效和扶贫管理的精准到位。还需要指出，只有把这些内容和环节系统处理，精准扶贫才能避免“大水漫灌”和“撒胡椒面”的老旧做法，那些难啃的“硬骨头”才能被最终解决。

关于大数据。大数据是由互联网、物联网和云计算构成并赋予社会主体更大的自我治理能力的信息——科技平台。毋庸讳言，大数据是后现代的产物。这里把大数据与国家治理相提并论，主旨在于为国家与社会平权化之后的国家治理或“治理国家”出场提供数据资源支撑和资源整合的便利渠道。看得出来，大数据正在改变社会政治形态，也在塑造国家治理方式。来自数据挖掘技术与互联网信息技术的大数据，不仅造成国家治理的组织结构日益多元化与平权化，而且造成国家治理决策过程的民主化与科学化。大数据赋予了国家或政府不同于传统的角色。简而言之，大数据应用下的互联网治理与国家治理具有相当程度上的同构性，互联网技术所释放出的技术便利可以为我国实现国家治理现代化提供有益动力。

关于各种社会组织。各种社会组织是平衡和稀释“威权国家”治理神话的社会有机构成单元。伴随转型中国的出现，社会组织已经从国家管理体制中独立出来，不仅获得了相对自由的发展空间，而且开始参与公共服务和提供公共物品。尤其在扶贫开发、环境保护和公共政策等领域，社会组织独自或通过与政府机构的合作发挥自己的作用。也可以说，社会组织被期待的作用更多是承接政府转移职能。目前看来，各种社会组织基于治理及其风险的深彻反思，通过社会治理结构的重新安排，期待化解中国国

---

① 中共中央党校组织编写《以习近平同志为核心的党中央治国理政新理念》，人民出版社，2017，第 102、105 页。

家治理潜在或已有的如下难题：规模负荷、权威体制、权责配置不明确、治理质量低下和治理绩效短期性效应突出等等。值得提及的是，郁建兴教授把党的十八大以来中国政府与社会组织关系的策略性变革概括为“调适性合作”，这种典范式概括的理据在于，“一方面，政府遭遇治理挑战，需要主动调整自我角色，通过制度设计与建构，与社会组织开展合作，实现有效社会治理；另一方面，社会组织采取策略性行动影响政府的合作意愿与行动，并借助政府资源实现自我发展”。[①] 看得出来，这种双赢“合作”变革蕴含的逻辑是，社会组织在未来国家治理现代化进程中的地位与作用将愈来愈不可或缺。

关于新的社会阶层。新的社会阶层是转型中国涌现的一大批新生社会群体。随着改革开放的深入和社会阶层的大量出现，这些新的社会阶层对社会稳定与社会和谐的影响不可低估。因此，国家治理如果要真正贯彻“以人为本”，打造“回应型政府”，必须考虑到这些新的社会阶层的特点及其合理诉求。譬如，作为“回不去的一代”的新生代农民工的城市融入问题，本身就属于国家治理难题，如果处理不当，势必影响国家的长治久安。

关于网络治理。网络时代已经悄然来临，网络治理关乎中国社会稳定、国家安全等方面，理所当然成为国家治理现代化进程中的重要议题之一。以当前中国的网络民粹主义治理为例，它的特点有二。一方面，它“以碎片化、流变性的话语弥漫网络空间，由少数精英和大众草根共同推动。尽管触发网络民粹主义的议题具有偶然性和随机性，但又会沿着‘美化草根’和‘仇视精英’的基本轨迹发展，呈现出某种网络定律”。另一方面，它“对内往往与‘新左派’相融合，具有借助乡愁意识来寄托批判现实的旨趣；对外往往与‘民族主义’相结合，产生民族民粹主义这一现象，在爱国的名义下宣泄情绪、宣扬仇恨”。[②] 因此，如何有效治理网络民粹主义就成为当代中国网络治理乃至意识形态战略并国家治理的中心议题之一。整体而言，当代中国网络治理亟待解决的问题是网络舆论的对

① 郁建兴、沈永东：《调适性合作：十八大以来中国政府与社会组织关系的策略性变革》，《政治学研究》2017 年第 3 期。

② 刘小龙：《当前中国网络民粹主义思潮的演进态势及其治理》，《探索》2017 年第 4 期。

立和不满情绪，网络突发事件频发，网络领域出现了诸多危及公民生活、社会稳定和国家安全的违法犯罪问题，网络时代的公共参与问题，等等。也因此，治理之道当是，以多元互动、共治共享为基本理念，综合运用多种网络治理手段，积极加强网络舆论的正面引导，有效推动网络治理的国际合作，从而不断提高网络治理能力。

需要强调的是，上述这些单元和要素只有联通联动、共频发酵，国家治理及其现代化才能抵达理想的彼岸，马克思主义国家理论也才能获得真正意义上的与时俱进。因为在根深蒂固处，国家治理现代化是中观层面的国家理论和现代化理论，较之于经典马克思主义国家理论和我们熟悉的“四个现代化”理念，毋庸讳言，它是对马克思主义国家理论的进一步丰富、发展和完善，更是以“第五个现代化”的名义对改革开放以来中国共产党现代化理论的第三代超越，即从 20 世纪 80 年代的经济现代化到 90 年代的社会现代化，再到现在的政治现代化或制度现代化。

六　新时代的国家治理：国家治理及其现代化构境的批判方位

立足纯粹研究视域，不难发现，中国学术界近年来围绕国家治理，特别是中国的国家治理问题展开了深入研究并取得丰硕成果。这些研究集中起来可以概括为两个方面：一是中国特色制度运作层面的国家治理，譬如起源于分税制改革（1994 年启动）的“项目制”研究，针对国家或社会常规治理的“运动式治理”研究，“贤能政治”与“选举政治”的比较研究以及围绕“信访”“选举”等某一“事件”或“基层”的具体国家治理研究等；二是偏重社会治理的国家治理研究，譬如关于“乡土中国”的文化治理问题，转型期的“农民工”和“城镇化”问题，“基层社区”、“群体性突发事件”乃至“智慧社会”和“区块链”治理研究等。不得不承认，这些研究之于国家治理问题进一步的理论攀升，无疑具有重大推进作用。然而，也存在关注视野散乱，理论建构不是那么系统和深刻的问题。

缘此，笔者认为，国家治理及其现代化构境在新时代欲获得实质性推进，至少还需要从以下三个方面持续努力。首先，相对于国家和社会关系视野，立足国家权力独立论域，特别是“权力合法性”位阶分析研判“国家自变量”的视界亟待开启，因为仅就中国语境而言，正如前文所论，中国国家治理及其现代化进程不可能超越乃至彻底摆脱“政府主导型”这一根深蒂固的内在特质。既然国家是权力的顶层或终极端点，那么，能不能从（国家）权力合法性这个独立视野启动国家分析，研判国家治理问题呢？因为在实践中，当我们遵守代表国家权力的各种具体政策与法规时，国家治理所禀赋和使用的这种“符号性支配”力量的合法性就常常被人们忽略乃至屏蔽了。

所谓权力合法性，从内涵讲，一般指涉事物的特定政治品质与相应时期政治状态的健康要求相互吻合的情状，或者换言之，国家（或政治）权力合法性一定是指与相应时期的政治价值、现实需求之间具有某种吻合性的特质。而从评价指标看，国家（或政治）权力合法性一般包含社会公信力、正当的获得程序、学理上的正确性、实际操作过程的稳定性四个指标体系。显而易见，国家权力合法性隶属政治健康性标准，即以政治上的纯洁性、社会政体利益、公众可接受程度和社会稳定性之四位一体分析指标模铸出一个政治健康标准图谱。需要指出的是，中西关于权力合法性的评判标尺是有非常大的区别的，至少在传统习惯上来看是如此。譬如，西方主要依托“权力制衡”原则来批判国家（政府）的权力合法性，而中国尤其是传统中国更彰显“道德感召力”[①] 之于权力合法性的伟力与效应。质言之，西方的权力合法性属于纯粹理论思辨范畴，更属于一种“规范性”预设，而中国的权力合法性隶属实际效应观照下的广义道德监督范畴，更隶属一种“实证性”建构。因此，深入推进独立论域视野下的国家权力合法性探讨，尚需结合各个国家与文化的实际情况展开具体研判析论，不能一概而论。

其次，较之于“国家因变量”的共时态要素式研究，“国家自变量”的历时态经验式研究更值得关切。道理不仅在于一切历史都是当代

① “道德感召力”进路在近年来的中国业已有所改变，尤其是党的十八大以来，“把权力关进制度的笼子里”的制度、法律、法规等监督政府权力的研判思路与实践进路获得了大幅度改进与拓展。

史，而且，也是最重要的一点，现实叙事往往能从历史镜鉴中源源不断地获得新的经验和启示，无问中西。也因此，国家治理的历史叙事逻辑和历史文化语境，譬如历史上的“政治运动”“红色政权”等治理策略与经验必须获得全面开展与深度推进，尽管这一指向或多或少与目前主流治理话语体系所倡导的“用制度式治理代替运动式治理”的现代治理理念和目标相悖谬。

最后，必须加强国家与政党关系的研究以提升国家治理现代化的理论深度与实践效度，助推新时代中国的“第五个现代化”——国家治理现代化。华南师范大学陈金龙教授撰文指出，“以往我国学术界研究国家与社会关系的多，研究国家与政党关系的少。其实，要真正理解国家与社会的关系，离不开政党因素的引入，结合政党才能诠释当代中国国家与社会关系的实际情形。国家治理体系与治理能力现代化被确立为全面深化改革的总目标之后，学术界对现代国家建设的关注增多。中国共产党是现代国家建设的主导者，现代国家建设对当代中国政党建设也提出了新的诉求，讨论现代国家建设不能忽略政党因素”。[①] 事实上，在继续推进国家治理体系与治理能力现代化的伟大实践以及不断深化国家治理及其现代化理论的研究中，不可或缺的一点就是理顺政党与国家的关系。特别是对以政党引领的现代国家（社会）而言，由于“执政党和国家之间长期延续着组织同构、制度互嵌、结构共生和功能互补的关系”，[②] 而在后单位时代，特别是新时代，“政党引领国家（社会）”的分析框架尤其值得关注。以基层党建为例，不难发现，“基层党组织引领社会的机制表现为政治机制、组织机制、吸纳机制和服务机制，它们分别构造了基层党组织的领导力、组织力、凝聚力和回应力”。[③] 不一而足。

天地交而万物通，上下交则其志同。作为全文的结尾，最后强调，唯

---

① 陈金龙：《中国共产党与现代国家建设的良性互动关系》，《南京大学学报》（哲学·人文科学·社会科学）2019 年第 5 期。

② 唐皇凤：《现代国家建设对执政党建设的回应性塑造》，《南京大学学报》（哲学·人文科学·社会科学）2019 年第 5 期。

③ 田先红：《政党如何引领社会？——后单位时代的基层党组织与社会之间关系分析》，《开放时代》2020 年第 2 期。

有持续拓展并竭力融通这三个研究新进路，进而敦促其与现存的各种具体治理方案和治理策略发生实质性比照优配，国家治理及其现代化所诉求的“卓越治理”模型与“治理型发展”理念才可能得到真正创构，中国特色国家治理的各级各类“制度优势”才有望真正转化为我们孜孜以求的“治理效能”。对此，我们正充满无限期待。

论亚当·斯密政治哲学的现代性危机*

李家莲　向文杰**

（湖北大学哲学学院，武汉）

摘　要：长久以来，亚当·斯密因杰出的经济学成就被单纯作为经济学家予以讨论，而推动斯密的经济学得以诞生的18世纪英国道德情感主义哲学传统以及更早的洛克哲学传统则随之被遗忘。将斯密的经济学及其所属的道德情感主义哲学传统置于洛克开创的政治哲学传统中予以考察，发现其提出的以市场经济为主导的国家治理方案暗藏着现代性危机，进而探析该危机的根源，阐明其表现形式，评析斯密为之寻找的解困之道，试图为我国正在构建的现代国家治理体系和国家治理能力现代化图景提供参考与借鉴。

关键词：亚当·斯密；国家治理；现代性危机；道德情感主义

作为经济学学科的奠基人，亚当·斯密的经济学成就一直被认为远甚其政治哲学，比如，约瑟夫·克洛普西的《国体与经体》就明确说斯密的主要成就是经济学而非政治哲学。不过，这种看法未能将斯密的经济学纳入它所属的哲学传统进行评价，以孤立的方式解读并评判斯密，其偏颇不言自明。与此不同的是，唐纳德·温奇认为，若把《国富论》置于斯密所属的传统予以考察，则不可简单地把斯密的学说称为“经济学”或“政

---

* 本文系国家社会科学基金重点项目（21AZX016）的研究成果。

** 李家莲，湖北大学哲学学院教授、博士研究生导师；向文杰，湖北大学哲学学院2020级硕士研究生。

治学”，而应更恰当地称其为“政治哲学”。事实上，以狭义言之，斯密的经济学在18世纪属于沙夫茨伯里开创的情感哲学传统；而以广义言之，这种经济学则继承并修订了17世纪的洛克哲学传统。施特劳斯认为现代性有三次浪潮，分别以霍布斯、卢梭和尼采为代表。当洛克遵循霍布斯的思路阐释自然法时，这种哲学也随之延续了霍布斯开创的第一次现代性浪潮。如果考虑到洛克延续了霍布斯阐释自然法的范式，那么，斯密的经济学也可从广义上归为霍布斯传统，尽管斯密所属的18世纪情感哲学传统从根本上不同意像霍布斯与洛克那样阐释的自然法。在以洛克为起点的英国政治哲学中，第一次现代性浪潮试图把道德问题和政治问题化约为利益或财富问题，并最终在《国富论》中建立起以公共利益的增加为主旨的自由自然体系。就此而言，蕴含着现代性危机的斯密哲学与作为第二次现代性浪潮之代表的卢梭哲学有着本质不同，因此，蕴含在斯密政治哲学中的现代性危机归根到底属于第一次现代性危机。不过，学界往往热衷于讨论霍布斯或洛克哲学中的现代性危机，而不怎么关注实际上更值得关注的斯密政治哲学中的现代性危机，其原因在于斯密及其所属的18世纪情感哲学传统与洛克哲学传统之间有一种复杂的背离与继承关系。通过揭示这种关系并阐明隐藏在斯密政治哲学中的现代性危机的根源，描述现代性危机在斯密政治哲学中的表现形式，探析斯密对现代性危机采取的解困之道，本文试图为我国构建有中国特色的政治经济学提供有益的参考与启示。

一

斯密所在的哲学传统直接隶属于沙夫茨伯里开创的18世纪苏格兰启蒙学派道德情感主义哲学。作为该派学说的创始人，沙夫茨伯里宣称其理论始于对洛克哲学的批判，但研究显示，该批判不仅没有从根本上撼动洛克式的思想和政制，而且从更深层面发展了洛克的哲学思想，因此，与其说苏格兰启蒙学派道德情感哲学产生于对洛克的背离或批判，不如说它试图从内部对其进行修正。经过了这番努力，洛克作为启蒙思想家的宏旨才真正完善起来。克洛普西认为，“虽然亚当·斯密追随了以洛克为代表的传统，但亚当·斯密对此传统理论做了重要的改变并创立了有自身特点的理论”。[①] 那么，斯密及其所属的18世纪情感哲学传统究竟在哪些地方展现了对洛克传统的继承与创新？研究显示，通过继承与修正洛克哲学对自然法、自然状态和自然权利观念的阐释，斯密及其所在的情感主义哲学传统才逐步萌芽、壮大并最终确立自身的理论特点，以至孕育出《道德情操论》和《国富论》。需注意的是，斯密及其所属的18世纪情感主义哲学传统虽然继承并修订了洛克哲学，但深藏于洛克哲学中的现代性危机在该哲学传统中不仅未被革除，而且呈愈演愈烈之态，因此，分析洛克以及18世纪情感哲学彼此在自然法、自然状态和自然权利问题上的继承与修正将有助于把深藏于斯密政治哲学中的现代性危机的源头呈现出来。

斯密及其所属的道德情感哲学传统始终有别于正统基督教的路径阐释自然法，这表明该派学说继承了洛克哲学。不过，从沙夫茨伯里开始，该派学说始终试图基于情感而非理性探索自然法在人性中的全新表达范式，这表明斯密及其所属的情感哲学传统在继承洛克哲学传统的同时对其从情感视角进行了修正，其修正幅度之大，往往使人误以为这两个哲学传统彼此分属不同阵营。在否定先天观念论的同时，出于谨慎考量，洛克关于自然法的思想显得杂乱无章且逻辑不清。因此，关于洛克的自然法思想是否与基督教传统相符，学界始终有两种观点。一种观点认为二者之间无甚关联。该观点认为洛克延续了古典的和基督教的古老政治哲学传统。不过，施特劳斯却认为，大凡持此种看法的，都是被洛克的隐晦表达蒙蔽了眼目。以施特劳斯为代表的观点把洛克与霍布斯视为一类人，认为洛克善用隐晦写作术，其学说尽管表面看来非常传统且较少提及乃至厌恶霍布斯，但这只是洛克含混的表达给我们制造的表象罢了，其实，霍布斯才是洛克的真正先驱。施特劳斯共写过与洛克有关的4个文本。以时间为序，首先是1950年发表在《美国政治学评论》杂志第9期的书评，该文针对高夫出版的《洛克的政治哲学》发表了评论；其次是1953年出版的《自然权利与历史》的部分章节；再次是针对1954年由牛津大学克拉伦出版社推出的牛津博德莱安图书馆馆藏拉夫雷斯藏稿洛克《自然法论文集》的英译

---

① 〔英〕唐纳德·温奇：《亚当·斯密的政治学》，褚平译，译林出版社，2010，第15页。

本的书评；最后是针对1967年剑桥大学出版社出版的洛克早年写的《政府论》的书评。施特劳斯在这4个文本中都认为，不管年轻还是年老时，洛克都不是古典或基督式政治哲学家，而是隐秘的霍布斯主义者：《洛克的自然法思想》认为，“洛克通过否认自然法铭刻在人们心中，并否认可由人的自然倾向或一致同意而为人所知，而背离了传统，对传统未置一词”；①《自然权利与历史》认为，“无论洛克在《政府论》中本可以多么地遵循传统，但是对于他那其中的学说与胡克尔和霍布斯的学说的一个简单比较就会表明，洛克在很大程度上偏离了传统的自然法学说，走上了霍布斯所引导的道路”。② 学界普遍认为《基督教的合理性》很好地揭示了洛克的自然法思想的内涵，施特劳斯的研究依然证明该书仅仅是表面上符合基督教传统罢了。那么，施特劳斯的研究令人信服吗？证据来自洛克的学生，即沙夫茨伯里伯爵三世。沙夫茨伯里时常把洛克与霍布斯视为一类人，在《论特征》中常把二者相提并论加以批判，认为二者都不属于正统基督教传统。有趣的是，《论特征》中的宗教思想不属于正统基督教传统，这表明以他为首的18世纪英国道德情感哲学所解释的自然法，尽管因其情感性而显得与霍布斯、洛克迥异，却始终都站在洛克与霍布斯为之确立的起点上。如果说洛克以一种十分谨慎的方式通过利用胡克尔的部分同意以背离正统基督教的方式阐明他对自然法的理解，那么，基于该原点，当哈奇森、休谟进一步推进该思想时，蕴含于该传统内部的叛逆性和非正统性则愈演愈烈以至最终到了几乎难以收场的地步。例如，哈奇森面临着违背《威斯敏斯特法案》的宗教指控；而休谟则直接走向了无神论的边缘；斯密虽未被指控，但其学说中的宗教思想也一直都是学界争论的热点之一。虽然18世纪英国道德情感哲学在阐述自然法时的确继承了霍布斯与洛克为之确立的理论原点，然而，这并不意味着这些情感主义者会像前辈那样从理性出发理解自然法。以情感为基础，以沙夫茨伯里为代表的18世纪英国情感哲学从一开始就试图抛弃理性从而为自然法在人性中寻求情

① Leo Strauss, “Locke's Doctrine of Natural Law,” *The American Political Science Review*, Vol. S2, No. 2, Jun., 1958, pp. 490 – 501.

② 〔美〕施特劳斯：《自然权利与历史》，彭刚译，三联书店，2003，第226页。

感表达。该派学说分别在美学、道德哲学、宗教和政治哲学中探索了自然法的不同表现形式。随着该学派走向不同历史发展阶段，分别把美的感官、道德感官以及同情确立为审美判断原则、道德判断原则以及宗教的基础。不过，尽管如此，隐藏于洛克哲学中的现代性危机在18世纪情感主义哲学中不仅未被改变，而且借助情感的力量得到了深化。

除自然法外，自然状态是洛克、霍布斯、斯密及其所属的情感哲学传统中的另一个关键词。洛克全部接受了霍布斯对自然状态的理解并像霍布斯那样以之为预制前提构建政治哲学。同理，斯密及其所属的情感哲学也接受了该思路，不过，该派哲学对自然状态的理解却迥异于17世纪的洛克与霍布斯。施特劳斯指出，以基督代人赎罪的状态为区分点，基督教神学概念区分了自然状态和蒙恩状态，这种区分为现代西方政治哲学讨论的自然状态奠定了基础。霍布斯以社会状态和自然状态取代了传统基督教神学中的蒙恩状态和自然状态：基督教神学认为从自然状态到蒙恩状态的通道是上帝的爱和救赎，人在其中处于被动状态，义务大于权利；而霍布斯则认为人可依凭自身的理性从自然状态过渡到社会状态，人在其中由被动变成了主动，权利大于义务。基于权利而非义务阐释自然状态并以之为中心构建政治哲学，不仅使霍布斯把古典形而上学设定的共同体优于个体的宇宙图式翻转为个体优于共同体，而且推动霍布斯对现代性做出了独特理论贡献。洛克完全接纳了霍布斯的自然状态观，且与后者一样也视之为政治哲学的理论前提。事实上，洛克不仅接受这种讨论问题的范式，而且完全接纳了霍布斯对自然状态的定性分析，后者把自然状态视为战争状态，而前者阐述的自然状态则充满怨恨、恐惧、伤害、苦楚以及毫无停止的危险，人与人之间虽不至于相互争战，但争斗和麻烦却无休无止，冷漠多于关怀。由于负面的、否定性的情感在自然状态中占支配地位，道德、审美、宗教和社会在人性中失去了天然的情感纽带。这意味着这种自然状态中的道德、审美、宗教和社会于人而言都是非天然之物，而这正是推动斯密所属的情感哲学传统诞生的重要理论契机。沙夫茨伯里1709年在给迈克尔·安斯沃斯的信中表达了自己对洛克哲学的不满，他认为“是洛克打破了一切基本原则，他把一切秩序和德性都驱逐到了世界之外，与此有关的所有观念

(同样也包括与上帝有关的观念)都变得‘不自然了’,在我们心灵中失去了基础”,与此同时,他把问题根源归于霍布斯和洛克理解的自然状态。自此之后,以沙夫茨伯里为首的18世纪情感哲学彻底否定了霍布斯与洛克对自然状态的定性分析,他们把自然状态视为美好的状态,人与人因天然的感情而被天然联结起来,以该自然状态为出发点讨论美学、道德、宗教和政治哲学并试图基于情感阐述审美、道德、宗教和社会性在人性中的天然基础。这就构成了斯密及其所属的情感哲学与霍布斯、洛克学说之间的根本性差异。尽管如此,他们在阐述其政治哲学时,依然遵循了霍布斯与洛克为之确立的基本理论思路,即以非基督教传统的自然状态为基础和前提构建政治哲学体系,与此同时,该派哲学也以情感的方式延续了存在于洛克和霍布斯哲学中的现代性危机。

现代性危机的另一个根源是哲学政治化进程。该进程在英国始于霍布斯,洛克虽基于财产学说对霍布斯的自然权利说略有改良,而斯密及其所属的18世纪情感哲学传统虽也进一步继承并修正了洛克的自然权利说,但所有这些改良和修正并未改变哲学政治化进程,蕴含于霍布斯、洛克哲学中的现代性危机在此意义上得以“原封不动”地传承并再现于斯密政治哲学中。通过重新解释马基雅弗利,施特劳斯认为霍布斯与前现代思想实现了决裂并掀起了第一次现代性浪潮。在霍布斯之前,人们按人类目的等级解释自然法,而霍布斯则用人的自保解释自然法,最终使自然法被人的权利所替换,从此开启了哲学政治化进程。洛克在自然法和自然状态问题上与霍布斯有诸多共同理解,可洛克对自然权利的理解却不同于霍布斯,虽然洛克与霍布斯一样认为保存自我及后代不仅是最重要的自然权利,而且是上帝给人教导的“最强烈的原则”“第一位的、最强烈的欲望”,但是,对于如何捍卫这种权利,二者却给出了不同的答案。霍布斯主张通过“同意”而建立政府,而洛克则把保护财产和生命安全与自由相提并论,认为人们舍弃自由状态、加入社会并甘受约束的原因是为了在生命、自由和财产安全上得到保护。以此为基础,洛克基于自然权利而构建的政治哲学就显得与霍布斯的政治哲学差异甚大,用施特劳斯的话说,“洛克的政治哲学与传统政治哲学之间有一道既深且宽的鸿沟”，[①] 这道鸿沟的本质是二者对财产权的不同理解。通过研究洛克早年在牛津大学任职期间写作并收录在《自然法论文集》中的9篇未发表论文，施特劳斯认为洛克借鉴了霍布斯的思想并把它作为自然法在人类社会的表达方式——二者对自然权利持有相似看法，而且，他认为，财产学说是洛克政治学说中最核心的部分。温奇认为，“与古典学说不同，近代理论把财产和人的自我保护的经济关系，放到了政治哲学的显著地位，而洛克则是这一转变过程中的重要过渡性人物”。[②] 洛克开创了以财产为核心构建政治哲学的先河，自此之后，虽然斯密及其所属的情感哲学以一种不同于洛克的方式理解自然权利，却始终继承了以财产乃至经济问题为核心讨论政治哲学的理论传统。洛克认为，公共善为追求财富的行为提供了合理性，因公共善之故释放贪欲也是合理的，正如施特劳斯所言，“洛克并未荒诞不经到通过诉诸并不存在的绝对的财产权来论证释放贪欲的合理性。他是以唯一可以得到辩护的方式来论证释放贪欲的合理性的：他表明那是有利于共同利益、公共幸福或社会的现世繁荣的”。[③] 洛克之所以如此重视财产权，其重要原因与17世纪下半叶出现的“荷兰奇迹”有关，《政府论》多次提及荷兰。16世纪下半叶，摆脱了西班牙封建统治后，荷兰独立。此时的荷兰，几乎一无所有，但仅仅在半个世纪内，荷兰便发展成欧洲经济的领袖。荷兰的成功，一方面引起了17世纪思想家们的惊叹、敬畏乃至嫉妒，另一方面也吸引着思想家们分析其成功的原因。法国大主教黎塞留认为荷兰的成功本质上属于商业成功，洛克也发现，荷兰的财富主要是由商业而非土地带来的，而德拉考特进一步分析后则认为，导致商业成功的至关重要的因素是自由以及共和政体。洛克在《政府论》中认为荷兰的成功和政治体制有关。随着荷兰的成功以及商业的崛起，以财产问题或经济学问题为核心的现代政治哲学开始全面取代亚里士多德意义上的政治学，一跃成为18世纪英国政治哲学的主旋律。由此可见，自洛克之后的英国政治哲学，无论

① 〔美〕施特劳斯：《什么是政治哲学》，李世详译，华夏出版社，2011，第297页。
② 〔英〕唐纳德·温奇：《亚当·斯密的政治学》，褚平译，译林出版社，2010，第19页。
③ 〔美〕施特劳斯：《自然权利与历史》，彭刚译，三联书店，2003，第247页。

是以沙夫茨伯里、哈奇森、休谟和斯密为代表的情感主义学派，还是以曼德维尔等为代表的非情感主义学派，在讨论自然权利问题时均高度重视财产以及经济学相关问题，其根源可以追溯至洛克。然而，与洛克不同的是，当斯密及其所属的情感哲学从欲望或情感出发论追求财富的合理性问题时，都围绕劳动以及劳动分工等问题展开论证。以哈奇森和斯密为例，前者在格拉斯哥担任道德哲学教授时就系统讲述过劳动分工与社会公共善的关系，他指出劳动分工可以直接大幅增加公共善；后者的《国富论》则以自由主义的态度继承了这些观点，高度重视以劳动为表现形式的自然能力，认为国家财富的本质并非金银，自由劳动、自由交换、自由支配劳动成果以及受自由支配的市场体系才是国家财富的本质所在。受自由支配的劳动理论被视为斯密经济学的基石。尽管斯密及其所属的情感哲学传统对自然权利的理解与论证不同于洛克，而洛克理解的自然权利也不同于霍布斯，但所有这些关于自然权利的讨论都属于哲学政治化进程，因此，始于霍布斯、洛克政治哲学的现代性危机也构成了斯密及其所属的情感哲学传统的重要底色。

分析霍布斯、洛克以及斯密所在的18世纪道德情感哲学传统之间在自然法、自然状态和自然权利问题上的继承与修正关系固然可以找寻到斯密政治哲学之现代性危机的根源，不过，该危机还有更深刻的根源，即洛克创立的经验主义哲学世界观。当心灵被视为白板时，洛克等开创的现代形而上学随即产生了哥白尼革命式的伦理意义：一反传统或古典形而上学的“遁世”态度，转而基于感官感受为个人权利以及现世幸福正名，不再像过去的形而上学那样以消极眼光看待此岸世界，而是视之为值得欲求的潜在的天堂。18世纪英国道德情感哲学完全以这种世界观为前提阐释政治哲学诸问题。对于以往昔的神圣主题为主题的作家，沙夫茨伯里在《论特征》中称之为伪修道士（pseudo-ascetics），认为这些人既不能与自己对话，也不能与天国交流，当他们斜睨着这个世界时，心中默想的却是自己的名声和作品的版次。哈奇森认为传统形而上学的伦理理想被斯多葛学派视为完美幸福。该学派认为幸福即无关他人的、不动心的宁静，既不关心一切外在于我们的事物，也不关心我们的朋友、爱人或国家的命运，并安慰我们说，我们会因不动心而感到愉悦。以批判斯多葛学派倡导的不动心的幸福为基础，哈奇森认为，往昔哲学描述的神圣主题不仅无关幸福，而且正是其学说中的错误之处。在批判旧哲学的同时，哈奇森哲学以情感为名进一步告别了传统形而上学。斯密则批判所谓不动心的幸福过于冷漠，更直接地说这种学说从不受人欢迎，认为用以论证这种冷漠的所有形而上学诡辩，除了放大纨绔子弟固有的傲慢无礼，使其冥顽不化的冷漠数十倍地膨胀外，别无他用。总体看来，通过继承并修订洛克和霍布斯提出的自然法、自然状态和自然权利等思想，斯密及其所属的情感哲学传统进一步深化了洛克开创的经验主义哲学传统。如果说洛克和霍布斯因其自然法和自然权利等思想而被视为现代政治学之父和正统现代政治思想的先行者，那么，就 18 世纪道德情感哲学对其进行的修正来说，洛克只是为现代政治思想确立了宏观框架，其具体内涵的构建并非由他而是由道德情感主义者们完成的。因此，由于背离了古典的或基督教的自然法观念，由 18 世纪道德情感主义建立的政治哲学也和洛克政治哲学一样，具有相同的现代性危机。

二

虽然斯密及其所属的情感哲学传统中的现代性危机根植于 17 世纪的洛克与霍布斯哲学，但由于 18 世纪情感哲学以情感为关键词展开理论论证，具有相同本性的现代性危机在 18 世纪和 17 世纪哲学中具有两种完全不同的表现形式。更具体地说，现代性危机在斯密的政治哲学中首先以游叙弗伦困境的形式展现在《道德情操论》所讨论的合宜性原则中，随后以道德情感的败坏和虚无主义这两种形式表现于从事政治经济活动的人类的情感中。而无论是游叙弗伦困境，还是道德情感的败坏以及虚无主义危机，所有这一切固然关乎斯密自身的情感哲学，但更重要的是，它还关乎由沙夫茨伯里、哈奇森和休谟这些斯密的前辈和朋友们确立的 18 世纪英国情感主义哲学传统。以沙夫茨伯里为首的 18 世纪英国道德情感主义哲学从感官知觉、情感或欲望出发论证道德于人而言具有天然性，其目的是对洛克哲学进行修正，不仅从未试图从根本上改变洛克开创的经验主义哲学传统，而且从情感入手进一步深化了对先天观念论的批判。随着情感哲学不断发展，“我在”终被抛弃，只剩下纯粹情感。我们只能认识感官呈现给我们的事物，任何未被感官呈现的事物都不能进入我们的认识，确定性的起点是原初被感官呈现给我们的事物，而不是被感官认识的原初事物。哈奇森把原初地被感官认识的事物称为实体，认为实体把自身呈现给我们的感官时会使不同感官形成不同简单观念，所谓实体，只不过是被综合在一起的简单观念罢了，因此，仅仅能通过枚举这些可感知的简单观念来定义实体。休谟基于信念概念确立原初的被认识的事物，信念在休谟哲学中为我们担保真实的存在和事实性，它基于感官对对象的表象形成的感受被视为信念的起点，这种感受本质上是心灵对感知之对象而非自在之对象形成的认知。哈奇森和休谟都通过感官知觉寻求自在之物的原初的确定性，感官知觉被视为知识的前提，客体的客观性或确定性必须依靠主体的感官知觉才能证成自身。就此而言，哈奇森和休谟均把现实世界中的感知对象确定为自明性的第一起点，原初地被认识的事物的真实性也只能在此处被确认，此种类型的真实性仅仅来自并被限定于主体的感官知觉。为了获得真实性和确定性，感官会在认知对象的过程中对对象自动过滤，确保主体认知并领会与自身同质的对象，于是，感官知觉或信念会把异质对象转化为感官知觉的认知对象，在此过程中，由于作为自在之对象的启示神或上帝无法为我们提供感官知觉，所以最终也将被知性过滤掉。哈奇森和休谟讨论的原初地被认识的事物的真实性断绝了道德与自在的生命真实性之间的内在关联，当二者以知性的方式讨论情感主义道德判断原则和道德规范时，最终不但未能建立真正的情感主义道德判断原则和规范原则，反倒使自身的正当性成了一个亟待解决的严肃理论问题。当斯密继续沿着这种思路展开情感主义理论论证时，该问题在斯密道德哲学中被进一步放大并演变成游叙弗伦困境。

斯密的政治哲学建立于其道德哲学之上，二者共同建立在以情感为内核的合宜性地基之上。道德判断的基础是合宜性，《国富论》中的经济交换行为得以顺利进行的基础也是以情感或价值为表现形式的合宜性。然而，合宜性概念在斯密道德哲学中正是蕴含现代性危机的渊薮。合宜性的基础是同情，同情意味着旁观者需要通过想象把自己置于当事人的处境并把自己在该处境中产生的情感与当事人进行比较，如果两种情感具有一致性，则意味着这两种情感都具有合宜性，反之，则无合宜性。斯密及其所属的道德情感主义传统从道德赞同出发讨论道德判断，而合宜性中之所以暗含着游叙弗伦困境，重要原因在于：当旁观者和当事人以合宜性为标准表达道德赞同时，他人的情感不仅是参照点，而且被视为道德赞同的基础。一如游叙弗伦困境揭示了关于虔敬的困境（虔敬被神喜爱，是因为虔敬本身还是因为它被神所爱?）。根据他人的情感为参照点而表达道德赞同的合宜性在道德判断问题上也存在类似困境：行为之所以在道德上被赞同或被判定为善，是因为它本身值得被赞同还是因为它被他人所喜爱？很显然，除了第六版《道德情操论》讨论过并不会真正在现实中发挥作用的内心之人外，第一版至第五版《道德情操论》给出的答案都是因为它被现实中的他人所喜爱。进一步说，道德赞同可以等同于以他人的赞同或喜爱为表征的社会舆论，这种观点在初版《道德情操论》表达得最明确，不仅认为唯有倾听他人的声音才能形成合宜性，而且把良心的本质等同于社会舆论。就此而言，合宜性的本质可被理解为位于同一道德语境中的当事人和旁观者的情感表现出的一致性或对称性，该本质本身并未讨论行为中值得赞同的内容是什么，进一步说，一如哈奇森、休谟的道德情感哲学，它只涉及感官之对象，不关心自在之对象。合宜性概念使道德主体可以单凭情感而在以同情为代表的情感机制的约束下实现自我立法，无疑，这是18世纪情感哲学对道德主体的主体性和道德自主性做出的全新论证，这意味着一切旧的道德规范都将退出历史舞台，取而代之的是道德主体完全基于人自身而确立的规范。不过，令人遗憾的是，该合宜性概念的本质即无本质，不仅抹杀了对与错、好与坏的绝对界限，而且暗含虚无主义危机。

合宜性概念构成了斯密道德哲学和政治经济学连接的纽带，以游叙弗伦困境为表现形式的现代性危机在道德哲学中只属于道德情感理论问题，那么，一旦受合宜性支配的人类行为从道德理论过渡到社会生活，在消极正义观的帮助下，在自由劳动的旗帜下，因增加公共善之故，随着摆脱了一切规范与约束的真正自由社会得以诞生，其现代性危机也会随之被进一步社会化。斯密及其所在的情感哲学传统从自然状态入手为自然法寻求有别于霍布斯、洛克式的表达，把自然状态视为积极的、正向的，认为自然状态与道德、社会之间存有自然而然的情感联系。在道德领域内，沙夫茨伯里和哈奇森分别把整体性情感和仁爱视为能为道德提供基础的唯一道德情感，而斯密则追随休谟放弃了这种赋予单一类型的情感以道德优先性的做法，给受合宜性约束的各种不同情感赋予了成为道德情感的均等道德机会。同理，在社会得以形成的内在天然情感基础问题上，18 世纪英国道德情感学派的不同思想家也持有类似观念。沙夫茨伯里把社会的天然性建立在以整体善为目标的自然情感（natural affection）之上，而哈奇森则以仁爱为基础阐述这种天然性，斯密没有把这种天然性确立在某种具体的情感之上，认为每一种情感都能有机会成为推动社会得以诞生的天然情感基础。沙夫茨伯里和哈奇森基于自然状态为社会找到的天然情感基础自身就具有道德约束力，与休谟哲学一样，在把道德约束力交给合宜性概念时，斯密哲学认为包括仁爱在内的所有情感自身并不具有道德约束力，以仁爱为代表的单一情感并不具有道德优先性，受合宜性约束的所有情感都具有成为道德情感的均等机会。同理，在社会生活中，受消极正义约束的所有情感都具有赋予社会以天然性的情感价值。消极正义被斯密比喻为社会得以形成的语法，一如语法之于语言的规范而言具有基础性作用，消极正义在社会形成过程中也扮演了基础性角色。推动消极正义得以形成的情感是愤恨，正义法则之所以具有神圣性，是因为违反正义将在公正的旁观者心中引发愤恨，罪恶越大、越不正义，受害者的愤恨就越强烈，旁观者由此产生的同情也就越强烈，于是，旁观者和当事人的情感也就更易形成合宜点。斯密赋予旁观者和当事人用以进行道德判断的同情机制以神圣性，正义因此具有神圣性，随之而来的，是建立在正义法则之上的社会秩序也具有神圣性。较之仁爱，消极正义对社会的形成来说更显重要：没有仁爱，社会只是显得不怎么美好；而没有正义，社会将顷刻土崩瓦解 。当斯密把消极正义确立为社会得以形成的语法基础并据合宜性赋予每一种情感以道德合法性时，这意味着不受道德规范约束的情感在形成社会的过程中因受消极正义的加持进一步失去了来自社会规范的约束，随之产生的后果是由自由人自主主宰的自由社会呼之欲出。与此同时，由于缺乏对自在的应然世界的观照，隐藏在道德哲学中的现代性危机也随之被社会化而成为一个显性问题。以经验世界中的现实之人的情感为主宰的规范成为新道德和新社会的真正主宰，来自超经验世界的古老训诫被弃之一旁。就此而言，以经验世界的主体之自主性自我立法为基础而形成的自由社会在诞生之初就为自己留下了被称为现代性危机的阿喀琉斯之踵（Achilles' Heel），更具体地说，它表现为道德情感的败坏和虚无主义危机。

现代性危机在斯密政治哲学中表现为这种道德哲学和商业社会可以容许道德情感的败坏。当人们基于同情和合宜性构建新社会时，由于同情的视域仅仅被限定于经验世界或感官世界，因此，社会秩序和等级差别便建立在人们易于同情富者和强者的情感倾向之上。在严格的合宜性视角看来，以消极正义为保障的商业社会可以容忍道德情感的败坏。在同情心的作用下，社会往往根据一个人的地位高低和财富多寡进行道德评价。大人物的愚蠢和罪恶往往容易被谅解，而同样的愚蠢和罪恶如果发生在小人物身上，则足以带来毁灭性后果，普通人偶尔违背社会规则往往比富人和大人物更易遭受攻击。因此，更多的人会选择通过获取更多的财富和更高的地位而非美德来获得他人的尊敬。当这种做法在商业社会中广泛流行时，这就等于财富和地位可被赋予道德败坏的特权。斯密注意到，获取财富的道路和培育美德的道路并不一致，而放弃后者，往往能使人获取财富。这意味着服从和被服从的等级秩序根植于弱者对财富和权威的羡慕而非强者自身的美德。以法国国王路易十四为例，斯密指出，人们虽然对他表现出巨大敬意，而他自身则既没有广博的学问，也没有甚于平凡人的美德，仅仅因其拥有国王的地位和权威，所以能唤醒下层民众的羡慕和虚荣心并获得广泛尊敬。斯密发现，正因这样，对于那些曾因占据某种地位而获得过普遍同情、关注、尊重和羡慕的政治家来说，即使失去了这种地位，也不再能保持平常心，不再能在平凡的生活中享受普通人的乐趣，保全地位往往成为拼死相争的焦点，因为对于文明社会中的文明人来说，没有人会心甘情愿被人歧视和侮辱，人人都希望变得更优异、更杰出、更文明。至此，隐藏在道德哲学中的游叙弗伦困境在社会生活中借着同情富人、鄙视穷人的心理动机得到了放大，同时也使失去了道德规范约束的情感在社会生活中最终演变成腐败却无拯救之道的道德情感。由于钦佩或崇拜富人和大人物，轻视或怠慢穷人和小人物，社会虽然确立了秩序和等级，但同时伴随着道德情感的败坏，而当穷人和小人物对富人和大人物表达钦佩或崇拜时，随着道德情感败坏，他们往往只能在堕落之路上越走越远，这种哲学似乎没有给他们提供拯救的希望和暖心的慰藉。有理由相信，斯密注意到了这个问题，因为当《道德情操论》第六版出版时，其中增加了题为“论由钦佩富人和大人物，轻视或怠慢穷人和小人物的这种倾向所引起的道德情操的败坏”的新章节，这种修改似乎是为了对其政治哲学中的这种先天不足做出回应与修订。

不仅如此，现代性危机在自由自然的商业社会中还表现为虚无主义危机。当《国富论》描述的市场经济秩序和资本全球化倾向成为当今世界的支配性秩序时，以现代性危机为表现形式的先天不足也随之展现出深层危机，即财富与美德的背离。就斯密所在的情感哲学传统来说，沙夫茨伯里、哈奇森和休谟都讨论过财富与美德的关系问题，但与斯密不同的是，他们都认为，追求财富的动机源于财富具有某种值得人追求的内在本性。沙夫茨伯里在《论美德与功德》中从情感出发讨论追求财富的动机，以不破坏以情感为表征的人性的自然构造（natural constitution of human nature）为标准，他认为既不能对财富不屑一顾，但也不能过度追求，因此，追求财富的情感需与其他各种情感保持平衡。由于受制于自然情感在人性中的自然构造，沙夫茨伯里的道德哲学赋予了追求财富的自然情感以道德保障。在哈奇森看来，个人欲求增加财富的目的是满足超功利的审美快乐，“每个人都知道，少量的财富或权力会给我们带来远超外在感官所能产生的快乐，我们知道，匮乏对这些知觉的强化往往远甚富足，因为后者会使人对享乐中为所有快乐所必需的那种欲望感到厌腻，所以，诗人劝人以艰辛的劳作换取口食是完全正确的，简言之，大量财富胜过少量财富（相互协作和道德快乐中的财富除外）的唯一原因必定是它能给我们提供美、秩序与和谐的快乐”。[①] 显然，由于增加财富的欲望与满足超功利的审美快乐紧密相连，因此，增加财富的欲望被赋予了无限放大的可能性。不过，在他的道德哲学中，只有仁爱被视为唯一的道德情感，而对于包括追求财富在内的所有情感来说，若要获得道德身份和道德地位，首要条件是要受到以仁爱为基础的“道德感官”（moral sense）的认可。因此，追求并增

---

① Francis Hutcheson, *An Inquiry into the Orginal of Beauty and Virtue in Two Treatises*, edited and with an Introduction by Wolfgang Leidhold (Indianapolis: Liberty Fund, 2004), p. 20.

加财富的欲望，尽管因审美有可能被名正言顺地放大，却依然深受以仁爱为表征的“道德感官”制定的道德规范的制约，也正因如此，该欲望在现实社会中也始终受制于公共善的约束并拥有坚实的道德地基。休谟在人为美德的视域下讨论财产权并衍生出人为正义原则，尽管这种做法割裂了财富、财产权与自然情感之间的联系，但追求并增加财富的欲望却终受正义原则的约束，因此，该情感在他的哲学中也始终受道德规范的钳制。然而，在斯密哲学中，当欲求并增加财富的欲望在游叙弗伦困境和消极正义观的“加持”下完全失去道德规范和正义原则的约束后，财富与美德发生背离似乎就有了必然性。《道德情操论》第四卷第一章分析了人类行为的审美动机，在哈奇森的影响下，斯密把追求财富的欲望与宇宙的秩序和和谐关联起来，认为审美之乐“会使我们把它们（即追求财富的欲望）想象成某种宏大的、美丽的和高尚的、值得我们为获得它们而倾注心力的东西”。[①] 无疑，这是斯密受哈奇森影响的结果，但与哈奇森不同的是，虽然求财之心在审美之乐的加持下给这个世界带来了财富、秩序和社会公共善，但斯密笔下的求财之人并未像哈奇森笔下的求财之人那样获得最高和最持久的道德快乐，相反，斯密认为，这一切其实只不过是人类受爱美天性的欺骗后产生的结果罢了。对于斯密学说中的天性欺骗说，学界研究颇多。例如，日本学者田中正司认为斯密学说中的天性欺骗说是受凯姆斯勋爵的影响所致，理由在于，后者在《论道德和自然宗教原理》中把人类视为上帝实现自己的设计方案的手段。事实上，从隐藏在斯密政治哲学中的现代性危机来看，合宜性中的游叙弗伦困境和消极正义观已散发出虚无主义气质，所谓天性欺骗说，只不过是这种虚无主义的另一种表达罢了。就此而言，相对于合宜性和消极正义观在斯密学说中占据的基础性地位来说，凯姆斯勋爵是否真正影响过斯密，实在是无关紧要。不仅如此，当斯密说追求财富的目的是获得虚荣或他人的赞许时，其实已明确表现出来这种虚无主义倾向。《国富论》第二卷讨论花销方式或挥霍问题时也说过，个人通过增加财富而获得幸福的企图是虚妄的，但社会公共利益正产生于

---

① Adam Smith, *The Theory of Moral Sentiments*, edited by D. D. Raphael and A. L. Macfie (Indianapolis: Liberty Fund, 1984), p. 183.

个体不断追求并满足这种虚妄的梦想之上。事实上，在游叙弗伦困境和消极正义观的双重作用下，当道德和正义的根基被抽空，构建在合宜性原则之上的全新商业社会，即使它既富有又充满秩序，但由于深受自身之爱美天性的欺骗，人类的一切努力均以虚空为地基且最终将坠入虚空。不过，即使如此，这种虚空对人类社会来说却显得十分重要，因为它“激发了人类的勤勉并使其永不停歇”。[①] 就此而言，早在《道德情操论》中，虚无主义的基调就如梦魇般盘旋在《国富论》即将推出的、以自由自然体系为特点的全新商业社会的上空。虚无危机正是现代性危机的重要表征之一，包括追求财富在内的人类生活失去了某种稳定的支撑，人类在享受现代生活之便利的同时似乎面临着寻根的使命，然而，殊不知，正是凭借斩断深埋在情感、欲望与生活深处的那种不可见却为之提供稳定性之来源的根基，这种现代性才得以真正诞生。

三

作为18世纪苏格兰启蒙思想家，弗格森和伯克作品中的现代性危机显得较清晰，而蕴含在斯密政治哲学中的现代性危机则不是这样。斯密政治哲学中的现代性危机并未直白地显现在某个单一版本的《道德情操论》或《国富论》中，而是以动态的方式蕴含于斯密对《道德情操论》和《国富论》分别进行的六次和三次修订中，无疑，这既增加了现代性危机在其学说体系中的隐蔽性，也增加了研究者们发现并解读它的难度。虽然斯密在初版《道德情操论》和《国富论》中没有明确界定现代性危机，但随着对建立在自由自然体系之上的商业社会的深入观察，他不仅意识到了这种危机，而且试图从经济学和道德哲学出发为其找到解决之道。然而，寓于时代的限制，斯密找到的解决方案都有一定的局限，正因如此，也为身处现代社会的后人留下了亟待解决的历史问题。

斯密为现代性危机找到的最初方案是经济学方案，不过，当他提出该

---

① Adam Smith, *The Theory of Moral Sentiments*, edited by D. D. Raphael and A. L. Macfie (Indianapolis: Liberty Fund, 1984), p. 183.

方案时，其目的是借助自由自然的经济学体系以及由此产生的资本全球化推动包括现代性危机在内的一切道德与社会问题得到改善。在财富与美德的关系问题上，初版《道德情操论》和《国富论》均持乐观看法。初版《道德情操论》全面肯定了同情机制和合宜性作为社会秩序之基础的有效性，第一卷第四编第二章基于同情法则中蕴含的趋乐避苦趋向认为同情富人和强者的心理倾向为社会等级秩序奠定了天然的情感基础，因此，人类对财富和权力的羡慕和追求被视为推动社会进步的契机。斯密把这种观点视为初版《国富论》的理论基础，相信经济自由可以使包括道德问题在内的人类其他一切问题得到改善。时至今日，该观点已发展成经济自由主义思想的核心理念。不过，当看到商人因财富的增加而愈加狂傲而道德情感却因此愈加败坏时，斯密在第三版以后的《国富论》中表达了自己的忧虑，改变了自己在初版《国富论》中持有的观点，不再认为商业社会的危险或问题是社会分工，转而认为商人道德情感的腐败才是商业社会的主要危险。奥斯瓦尔德的研究显示，1759 年的斯密对基于同情而产生的社会结构抱有信心，但到了 1790 年，他开始“对劳动者阶层在社会生活中的谨慎如此容易受到分工、奢侈诱惑以及财富虚荣心的损害感到失望”。[①]从此以后，斯密至少对单凭自由自然的经济学体系本身来改善道德问题的思路产生了怀疑，这种怀疑直接表现在他对第六版《道德情操论》的修订中。如果说初版《道德情操论》和《国富论》尚未明确意识到游叙弗伦困境和消极正义会引起现代性危机，但建基于同情机制、合宜性和消极正义之上的现代商业社会中商人的道德情感的腐败已作为道德事实使斯密从根本上转变了对同情机制及其合宜性原则持有的乐观看法，至少意识到自由自然经济体系主导下的经济进步或财富增加并不会一劳永逸地推动包括道德在内的所有问题得到改善。不过，尽管如此，直到最后一版《国富论》，斯密对通过扩大市场以及资本全球化的途径改善道德的基本看法尚未发生根本性改变。这说明，尽管斯密在《道德情操论》和《国富论》中对商人和资本家形象的描述大致经历了从正面到负面的转变过程，但

---

① D. J. Oswald, “Metaphysical Beliefs and the Foundations of Smithian Political Economy,” *History of Political Economy*, 27－3, 1995, p. 470.

是，在尚未从道德哲学出发对现代性危机产生的根源进行深入反思前，虽然受自由自然经济学体系支配的商业社会中的商人道德情感的堕落促使斯密开始反思《道德情操论》中的合宜性概念并推动斯密在过世前推出了第六版《道德情操论》，不过，总体看来，该版《道德情操论》对于从市场机制内生发出美德的理论主旨基本不再抱希望，但令人遗憾的是，由于自然生命的终结，斯密着手进行的这种极为重要的反思与修订工作终究止步于《道德情操论》，尚未延伸至《国富论》。或许正是基于该原因，我们才在《国富论》中看到斯密虽然对自由自然的商业社会及其市场机制的道德功能持十分谨慎的肯定态度，却未从根本上质疑它。

斯密为现代性危机找到的道德哲学方案更基础、更具根本性且更值得重视。《道德情操论》共有六版，其中前五版的修订幅度并不大，第六版的修订幅度较大，也最为研究者们重视。第六版在原有的第一卷中增加了一章，即“论由钦佩富人和大人物，轻视或怠慢穷人和小人物的这种倾向所引起的道德情操的败坏”，其中斯密明确将基于同情机制而产生的同情富人、有权之人的心理倾向视为导致道德情感败坏的重要且普遍的原因，“这种钦佩以及几近崇拜富人和有权之人以及藐视甚或轻忽穷人的倾向，虽为建立和维持地位差别和社会秩序所必需，但同时也是使我们的道德情感受到败坏的最重要且最普遍的原因”。[①] 除了讨论道德情感的败坏外，第六版还讨论了人类的傲慢和虚荣如何因放任自流而面临堕落的危险。尤其值得一提的是，与前五版《道德情操论》不同，第六版增加了对值得赞同的讨论，通过引入一个想象性的内部之人或公正的旁观者，第六版试图在与该人而非现实的旁观者进行对话的过程中确立合宜性之标准。这是斯密为现代性危机提出的最值得我们重视的道德哲学方案。

那么，第六版《道德情操论》引入的这个想象性的内部之人或公正的旁观者能否从根本上解决与游叙弗伦困境有关的现代性危机？答案是否定的。首先，推动斯密引入该想象性的内部之人或公正的旁观者的，不是对自身及其所属哲学传统的反思，而是商业社会中广泛流行的由野心和虚荣

① Adam Smith, *The Theory of Moral Sentiments*, edited by D. D. Raphael and A. L. Macfie (Indianapolis: Liberty Fund, 1984), p. 61.

心引起的道德情感的败坏。尤其值得一提的是，认识到中产阶级的道德情感容易在商业社会发生腐败是推动斯密推出第六版《道德情操论》的重要动机。前五个版本的《道德情操论》都对中产阶级持有积极看法，认为他们的中产地位可以基本上确保他们在财富和美德问题上保持一致，然而，由于斯密看到中产阶级同样和他曾经不信任的上流社会的那些人一样无止境地追求财富和虚荣，第六版对这些人的看法发生了根本性变化，正如德怀尔所说，在第六版《道德情操论》中，“斯密的主要烦恼在于中产阶级过度膨胀的野心”。[①] 其次，只有当现实中的旁观者反复做出背理背德的判断从而使当事人伤心绝望时，当事人想象性的内心之人或公正的旁观者才开始发挥作用。这表明，就想象性的内心之人或公正的旁观者发挥作用的时机与方式来说，该人的主要作用是安慰或补救而非为道德制定严格的规范，不仅没有从根本上改变同情与合宜性的生成机制，而且也丝毫没有撼动与合宜性紧密相关的游叙弗伦困境。想象性的内心之人或公正的旁观者被斯密视为“看不见的手”在人间的代言人，正由于它不可为人所看见，因此，它不会直接出现在人的面前并向人类提供出自自身的建议或指示，更不会像亚伯拉罕神那样给人类生活设定各种戒律。只有当现实的旁观者们无力赞扬值得赞扬之事并使拥有值得赞扬的品质的人屡感失望时，半人半神的旁观者才会以慰藉者的身份在受伤之人的心灵之室现身，在此意义上，斯密哲学中的内心之人或公正的旁观者的出场顶多承担了价值补救者与情感慰藉者的身份，并未从根本上撼动合宜性概念的地基。最后，想象性的内心之人或公正的旁观者也未从根本上改变斯密所在的哲学政治化进程。洛克和霍布斯在 17 世纪基于对自然权利的讨论在英国开创了哲学政治化传统，虽然 18 世纪情感哲学在很多地方修正了洛克、霍布斯开创的这个传统，但这种修订不仅未动摇其基础，而且还进一步推进并深化了该进程。作为 18 世纪道德情感哲学的集大成者和终结者，斯密的政治哲学抓住情感这一关键词把以利益为核心的自然权利置于自由自然的体系内予以讨论。随着《国富论》被出版，哲学的政治化进程被推向了全新的

---

① John Dwyer, *Virtuous Discourse*, *Sensibility and Community in Late Eighteenth-Century Scotland*, (Edinburgh: John Donald Publishers, 1987), p. 173.

高度。如果说第六版《道德情操论》中的想象性的内心之人或公正的旁观者在个体道德生活中还能以情感慰藉者的身份发挥一定作用，那么，当该人面对哲学政治化进程和现代性危机时，显得完全无能为力。综上所述，第六版《道德情操论》虽然推出了想象性的内心之人或公正的旁观者，但囿于时代和历史的局限，该人完全无法为蕴含于斯密政治哲学中的现代性危机提供解困之道。就此而言，与其说第六版《道德情操论》试图用想象性的内心之人或公正的旁观者解决现代性危机，不如说这仅仅表明斯密对蕴含于商业社会中的现代性危机开始有了初步认识罢了。

发生在 18 世纪的苏格兰启蒙运动是人类历史上第一次启蒙运动，以《国富论》的出版为终结，这场启蒙运动对人类社会影响深远。对身处启蒙前沿地带的斯密来说，凭直觉认识到了现代性危机，但由于深受时代限制，他提出的解决方案终究不能从根本上解决问题，不仅如此，随着英国人掀起的启蒙运动被逐步推广到其他国家，这种危机还表现出愈演愈烈的趋势。因此，对于正在构建有中国特色社会主义特色的政治经济学的当代中国人来说，全面反思深藏于斯密政治哲学中的现代性危机，不仅是理论之所迫，更是实践之所需。

斯洛特的关爱正义观及其启示意义

方德志*

（温州大学马克思主义学院，温州）

摘　要：斯洛特从基于关怀德性的伦理观推衍出一种基于关爱德性的社会正义观，认为国家的立法、司法人员只要从自身内在的关爱动机出发，进行立法和执法活动，该社会就会是正义的。但该理论方案难以付诸现实。偏斜的“关爱”动机会使立法、司法人员在立法和执法过程中优先考虑亲近利益，由此导致国家内部成员之间的不公平对待；在国际上，立法、司法人员会优先考虑本国利益，导致国家之间的不公平对待，使国际问题难达一致。当然，斯洛特的关爱正义观为我们破解西方情感启蒙之路上的问题提供了新的思路和视角，为现代中西方情感主义理论的逻辑义理融合和思想发展融合提供了重要的理论衔接机遇。

关键词：迈克尔·斯洛特；正义观；道德情感主义

一　西方传统正义观的学理特征及现实问题

正义问题是现代西方政治哲学的一个重要议题，具有深远的理性主义学理渊源。在近代契约论视域下，正义问题主要讨论个体间权利的合理性分配问题，拟构建一种消极防范性的公共秩序，以防止个人为了获

---

* 方德志，温州大学马克思主义学院“瓯江学者”特聘教授。

得更多权利而侵占他人的权利。例如，在斯密那里，相比仁慈作为一种积极的德性，正义只是一种消极的德性，即指人们应该具有一种不伤害他人的道德品质。所以，相比关爱、仁慈之人而言，正义的人并不显得高尚。

契约论视域下的正义观主要是以个人的理性自治（自律）与德性完满（自足）为理论预设，回避了人在现实生活中受运气等外在因素的影响。自古希腊以来，西方德性理论都强调个人要通过理性自律去追求幸福生活。一个人如果实现了理性自律和德性完满，也就实现了心灵的“正义”。城邦的正义则是个人心灵正义的外在延伸，它表示每一个人都能以理性自治和德性自足的状态生活。柏拉图的《理想国》描述了德性自足之人，就是理性充分自治的人。亚里士多德虽然指出运气等外在因素会对人的生活质量产生影响，但他也主张理性自律和德性自足是个人实现幸福的根本条件和内容。

契约论视域下的正义观，可以说是古希腊理性主义德性正义观的现代转化和发展，两者都遵从了理性主义思维进路，但不同之处在于，近代正义观以现代工商业“市民社会”生活为背景，建立在私有财产不可侵犯的个人主义权利观基础之上。同时，近代以来，古希腊所区分的理智德性与伦理德性开始以理性的“同一性”运用（理论运用与实践运用）的方式内在地统一起来，理论理性对实践理性有“理念”上的范导和规约意义。康德的纯粹理性哲学就展示了这个问题，即理论理性通过认知合理性的逻辑推衍，获得了诸多形而上的“理念”，该理念对实践理性有价值规约和行动范导作用。

因为人是理性的动物，所以人就有由现象反思本质的那种思维倾向和冲动。正如有“不纯净的水”的经验事实，我们就会反思和追求一种“纯净水”（理念）。而为了使“纯净水”（理念）变成一种现实的水，我们就需要通过科学实验，创造一种能够生产“纯净水”的设备和环境——这就排斥了现实环境。通过不断科学实验，人们最终生产出“纯净水”，这种“纯净水”通过资本市场，很快变成我们的生活饮用水，逐渐取代了我们原初取之于自然界的生活用水。“纯净水”的例证就充分说明认知合理性对实践合理性构成了逻辑挤压和现实排斥。“纯净水”的例证也说明，只要人们具备认知合理性的能力，就可以进行合理性的理性推理和思想实验，最终也可以制造出一种符合这种思想实验的科学“真空”环境，人们最终也可以生活在这种“真空”环境之中。但是适应了“纯净水”的人们（的肠胃）很难再适应“不纯净的水”，而构成现实世界中“不纯净的水”的条件是异常复杂的。这就使人们在面对现实之复杂性问题时，会显得更加脆弱。康德的正义观就是要求人们能够按照认知合理性的逻辑来追求实践合理性的幸福。按照康德的义务论，人们只有依照“道德律”（符合认知合理性）行动，才是道德的行动，才配享幸福，也是正义的行动。但是，康德的义务论和正义观解决不了现实复杂性问题，解决不了现实人的情感问题。

康德的义务论和正义观是古希腊和近代西方理性主义精神传统的一种缩影，[①] 它以认知合理性的逻辑尺度来丈量人的现实生活世界，忽视了现实世界的复杂情境，忽视了人的现实依赖关系，忽视了人基于肉体存在的情感需要。所以，契约论视域下的正义观就是以认知合理性的论证逻辑来规约个人生活的实践合理性（或价值合理性），[②] 它预设了个人的理性自律和德性完满，排斥了外在环境的影响，但它抽离了人们在现实世界中所生成的依赖性关系和脆弱性事实。而依赖性、脆弱性的存在恰恰反映了人的现实生存的合理性，反映了人的生存之真实状态。

那么，如果有一种道德理论是反映或建立在人的依赖性、脆弱性等这一现实人性基础之上，那么它的学理根源就是人的实践合理性逻辑，而这种实践合理性逻辑又根源于人的情感，根源于人的情感实践。人们能共情地认知这种依赖性、脆弱性的人性事实，并且能够共情地依照这种人性事实而道德地行动，那么这样的人就是道德之人，也是正义之人。总之，它预设了人是情感的动物。人是情感的动物，就会根据情感的思维来理解现实世界的合理性。

---

① 除了拒斥人的情感因素的康德义务论，还有追求不偏不倚的功利主义伦理学，它们都基于认知合理性的逻辑运用来规约人的现实生活行动。

② 所以，马克斯·韦伯、马克思、哈贝马斯、麦金泰尔等人都对西方基于认知合理性的理性主义传统文化做了不同程度的揭示和批判，都不同程度地认识到“实践合理性”“价值合理性”“交往合理性”的重要性。

二 斯洛特的关爱正义观

迈克尔·斯洛特（Michael Slote）的正义观就是建立在人们普遍的依赖性和脆弱性的人性事实之上，倡导人们之间要通过培养一种彼此关爱的德性来回应这种人性事实。斯洛特既反对亚里士多德主义个体自足式的德性传统，也反对康德式的纯粹理性主义精神，力图对西方基于理性主义和个人主义传统伦理思想做出学理改造。他按照休谟的情感主义学理进路、从人的群体性存在及其现实生存环境之复杂性的视角出发，重点阐述了一种依赖性的德性——关爱，即关爱德性伦理学。斯洛特从关爱德性伦理学推衍出一种基于关爱的社会正义，即关爱的社会正义观。

斯洛特的关爱（情感主义）德性伦理学，也叫基于行为者的道德理论（agent-based ethics），因为它只从行为者的道德动机来评价其行为的合道德性：当且仅当一个人的行为是源自“关爱”这种德性动机/动因（motivation），该行为者才是道德上的好人，其行为也才是道德的。根据基于行为者的道德理论，决定一个人的社会正义品质也是源于其关爱（德性）动因。以此类推，一群人和一个国家的人之正义品质也是源于关爱（德性）动因。沿着这一逻辑思路，斯洛特认为，要评价一个社会是否正义，或者说要构建一种社会的正义，就要看看构成这个社会的成员的行为动机是否源于关爱的动因。“从关爱也能一般地开发出正义和社会道德之理想。……假如各个个人能够亲密地和人道地关爱他人，那么这些人同样也能关爱自己国家（的善）和其他国家（的善）。”①

当然，一个社会的正义主要来自国家的权力系统。要评价一个社会是否正义，关键是要评价这个社会的权力行为系统是否正义，而权力行为系统的背后实质是在这个国家中掌控和行使权力的人，所以评价掌握和行使权力的人的行为是否正义是构成社会正义问题的关键所在。在这里，斯洛特把对社会的正义评价与对个人的道德评价做了一种类比。社会就像一个大写的“人”，作为一种生命有机体，社会的行为就表现为法律、制度、

① Michael Slote, *Morals from Motives* (New York: Oxford University Press, 2001), p. 93.

社会习俗等这些规范建制，一个社会是否正义，是否符合道德，就要看制定和执行这些规范制度的人们是否持有一种关爱的动机。当且仅当这些人从关爱的动机出发来制定社会法律、制度、习俗时，该社会才是正义的。否则，即使该社会能有效地运行，也不代表它是一个正义的社会。“假如一个社会被看作由生活在某种制度下的人类群体组成，那么，一种基于行为者的方法将自然地被坚持：一个社会之道德上的善性、它的正义，将依赖于构成该社会之人类群体的整体动机是怎么样的好。……因此，我们最终得出的是这样的观点：把社会的正义德性看作个人德性的一种功能。”①

从立法角度看，在一个国家，如果精英领袖、特权阶层或利益集团为了局部的利益（例如为了维护既得权力或利益）而制定各种维护社会稳定的法律和制度（例如禁止工人罢工、言论自由等），这样的社会就是不正义的，即使这些法律和制度的确推动了社会的有效运行。又如，在国家间，假如一个国家的法律制度缺乏实质性地关爱他国人民的生命福祉，这样的国家依然是不正义的，即使该国法律和制度能够增进本国人民的福祉。“很明显，法律、制度和宪法是由那种对他国福祉之关切不足（的动机）驱使的，也会被批判为不正义的。……即使（根据目前的概念）该社会的内在运作是完全正义的。”②

从执法角度看，当且仅当司法、行政等执法人员保证司法和行政程序是从关爱动机出发时，其执法结果才是正义的，即使制造了冤案、错案也仍然是正义的。在斯洛特看来，亚里士多德主义的正义概念是基于“应得”（desert）概念，但是现代社会流行程序正义，所以他也顺应了这个潮流。“基于行为者的观点也暗示了：假如依据的是正义的程序，即便在法庭上证据被（无辜地）误导了，判刑和惩罚某个未犯罪的人仍可以是正义的。这个结论就其自身来说没有什么特别不合理的。当然，它也不会自动地暗含遭受这样的惩罚也是应得的，得出这样的结论显然是不对的。可以确定，亚里士多德主义的正义概念是基于应得那个概念的，但是现代的康德主义、功利主义和契约主义理论都独立于应得来思考正义。这里所提供

① Michael Slote, *Morals from Motives* (New York: Oxford University Press, 2001), p. 101.
② Michael Slote, *Morals from Motives* (New York: Oxford University Press, 2001), p. 102.

的基于行为者的正义观点是紧跟这种趋势的。”①

除了社会正义（包括社会制度、立法正义和司法正义）之外，斯洛特也指出，他的正义理论也可以应用于社会习俗或家庭领域，不像罗尔斯的正义论一样没有考虑家庭中的正义问题。例如，根据斯洛特的正义理论，在一个家庭中，如果丈夫不是出于关爱的动机来对待妻子和孩子以及处理家务问题，那么这样的家庭环境就是不正义的。同样，有些社会习俗中也存在性别歧视，这些也都是不正义的。那么立法者应该从关爱动机出发，通过立法来保护妇女和儿童的权利和消除性别歧视。当然，在家庭或性别正义等问题上，斯洛特发展了女性主义者的观点。例如，女性主义者苏珊·穆勒·奥金（Susan Moller Okin）在《正义、社会性别与家庭》（*Justice*，*Gender*，*and the Family*）一书中就探讨了应该将正义视角引入家庭之中。奥金从当代美国人的婚姻状态出发，以女性在家庭和社会职场中承担的负担和脆弱为依据，对人们传统观念中赋予女性的家庭角色进行了深刻批判。她也指责了罗尔斯的正义论没有将正义原则运用于家庭之中，即便罗尔斯也认为家庭在培育人的正义感方面起到重要作用。她认为正义不仅是社会体制运行的首要德性或最基本的德性，也应该是家庭运行的基本德性。她还指责了卢梭、休谟、桑德尔等人把家庭组织描述得过于理想化，因为他们多认为家庭是一个温情脉脉的场所，一种爱的港湾，一个需要靠女性的关爱、顺从等包容性的品质来运营的场所。②但是，现实的婚姻并非都那么甜美，很多婚姻都已变得像一纸契约。“婚姻已经变得越来越像一个特别的合同，一个复杂的、歧义丛生的时代性错误却又体现当下现实的复合体。婚姻不再像过去流行的一样是双方期待的。很明显，至少在美国婚姻不再被想象为要持续终身，因为仅仅有一半的婚姻还在这样期待。”③ 既然婚姻也是一种契约形式，那么某种意义上家庭也就是一种契约组织，那么家庭中夫妻双方的权利和义务也应该被

---

① Michael Slote, *Morals from Motives* (New York: Oxford University Press, 2001), p. 106.

② Susan Moller Okin, *Justice*, *Gender*, *and the Family* (New York: Basic Books, Inc., 1989).

③ 〔美〕苏珊·穆勒·奥金：《正义、社会性别与家庭》，王新宇译，中国政法大学出版社，2017，第246页。

重新看待。

在社会财富分配方面，斯洛特先是认为平均分配要优于不平均分配，后来则坚持“损有余而补不足”的分配策略，因为这样可以防止递减边际效应（diminishing marginal utility）的发生。但是，他并不反对当国家的投资战略有利于增加大多数人的利益时所采取的不平等的分配，只要国家的行为动机是出自关爱。斯洛特还指出，他的基于行为者的正义理论是不同于其他正义理论的。例如罗尔斯的正义论是首先描述一种正义原则在人之中，柏拉图的正义论则是一个“大写的”（write large）城邦，以便人们能从这种城邦的比喻中认识自身的正义德性。斯洛特则从行为者的伦理品质出发来评价社会的正义与否，即从个体的内在情感动因（仁慈或关爱）来评价一个国家和社会的正义问题。正是这一点，基于行为者的正义理论能够经得住考验。因为，那种建立某种原则之上的正义理论经受不住情感的入侵。一个国家或社会的正义不是写在纸上的某些原则，而是发自人之内在的关爱情感动因。“因此，根据我们的基于行为者的观点，一个特定社会下的正义不能仅仅从一个特定时间内的那些制度（或法律）所肯定的方式中‘读取’（read off）出来。……而是要依靠这个社会的‘（伦理）灵魂’。基于行为者诸观点的一个吸引人的特征就是，它们会照此方式把社会的正义当作一种更为深刻地通人性的东西——相比那些把主要的重要性置于（仅仅遵从）规则、原则或/和制度的规范之上的正义理论而言。”①

那么基于关爱德性的正义观是否具有现实可能性呢？斯洛特认为这是可以实现的。现代社会心理学和儿童心理学都证明，利己主义的（人性）独断论是不能完全成立的，人性也有利他的一面。这意味着人类可以通过“共情”等教育方式来开发这种关爱的德性动因。一旦关爱的德性动因得以顺利开发，那么“关爱的正义”就有望变成现实。“假如共情和关切他人对我们来说是自然地发生，并且能够通过适当的教育和社会生活形式来培育，那么这里所描述的正义也许代表了一种在实践上可以达到的社会道

① Michael Slote, *Morals from Motives* (New York: Oxford University Press, 2001), p. 109.

德概念，一种相对的现实的社会道德理想。”①

三　基于关爱正义观的理论意义和逻辑问题

（一）综合了当代西方诸多新的理论和方法

从理论意义来看，斯洛特的正义观综合了当代女性主义关爱伦理思想与罗尔斯的“程序正义”方法。斯洛特从关爱德性的视角论证了一种情感主义正义观，将人们热心主动地帮助他人视为一种正义的行为。一方面，这突破了斯密等情感主义者将正义视为消极的德性。斯密把热心主动地帮助他人的行为（仁慈）排除在正义行为之外，认为仁慈行为属于（超出了人的正义行为的）额外之举，即使仁慈是积极的、高尚的德性行为。

另一方面，斯洛特也自视自己的关爱情感主义伦理学是近代英国道德情感主义理论的当代发新。斯洛特将关爱等道德情感行为视为正义的行为，从理论上回正了斯密、罗尔斯等人将仁慈排除在正义之外。这一定意义上体现了当代西方人社会道德心理的某种变化。在斯密的时代，基于资本推动的理性主义和个人主义精神盛行，人们主要通过贸易方式来实现交往、连接，人们在生产、生活空间上联系并不紧密，所以将有意地伤害他人的行为视为不正义的行为，有意地克制自己不伤害他人的行为视为正义的行为。但是，到了21世纪，人类的交往方式已经大大突破了贸易的内容，人们的生产、生活空间变得更加紧密，人们之间真正变成了“你中有我，我中有你”的“命运共同体”。所以，自休谟、斯密以来的近代英国道德情感主义理论开始由道德心理视域转向社会政治视域，即仁慈或关爱的行为已不再是基于个人道德情感心理的额外之举，而是一种社会的正义行为。

（二）展示了近现代西方现代化进程中的道德情感义理嬗变

斯洛特以发新休谟道德情感主义理论为己任，将斯密消极的“正义”

① Michael Slote, *Morals from Motives* (New York: Oxford University Press, 2001), p. 110.

发展为积极的“正义”，既展示了自近代英国以来，英语世界道德情感主义理论的逻辑义理嬗变过程，也反映了以近代英国为始点的人类现代化进程中人类道德心理的历史变化。我们知道，近代英国是人类现代化进程（以资本增值和工业化生产为基础）的始点，但在英国开始进入现代化之际（17—18 世纪），由于对资本的极度追求也产生了严重的社会道德危机，因此产生了以哈奇森、休谟、斯密为代表的道德情感主义理论，开启了崇尚人的自然情感的苏格兰启蒙运动。斯密的《道德情操论》可以说为人们塑造一种基于自然情感的社会德性提供了理论范导。《道德情操论》主要阐述了人们如何根据共情心理做出得体的行为，即行为的“合宜性”（类似于传统儒家所讲的行为合“礼”性），[①] 防止人们出于极端的自利而侵害他人的权利。所以，《道德情操论》相当于现代版的《论语》，充满了浓厚的实践合理性色彩。但是，工业革命为英国人带来了社会财富和福利，[②] 英国人的道德情感问题在工业生产和社会福利中得到了某种程度的解决。

英国人的情感启蒙之路，随着“工业革命”的成效，被传播到欧洲大陆，引发了法国的“政治革命”和德国的“哲学革命”（恩格斯观点）。法国大革命被认为受卢梭同情思想的影响（阿伦特观点），革命派因为对社会中下层人民充满了同情而对国王特权阶级实施了恐怖政策。在德国，出现了叔本华、尼采、费尔巴哈等激进的道德情感主义者，也对由英国引进的现代化道路进行了道德反思。马克思对这个问题做了最彻底的批判，他的《1844 年经济学哲学手稿》和《共产党宣言》充满了对社会中下层人民的普遍同情和解救决心。

第二次世界大战之后，女权运动和女性主义兴起，又使道德情感问题重新回到了原点，回到了哈奇森、休谟、斯密那里。斯洛特结合了女性关爱主义伦理思想，并将它的道德义理源头追溯到近代英国道德情感主义那里，力图站在 21 世纪人类更加紧密的依赖性、脆弱性的生存事实视角，

① 方德志：《回到被遗忘的身体：道德情感研究的思维进路之转换》，《湖北大学学报》2019 年第 4 期。

② 当然，这个时候英国人的“制度优势”（君主立宪制）开始发挥效用。

对近现代以来英语世界的道德情感主义理论做出更加严密的整体性解释。基于关爱的正义观属于他的情感主义伦理思想体系的一部分，也是他对该伦理思想发展史的一种逻辑推进。

（三）推进了中西方道德情感主义理论的融合发展

斯洛特在研究西方道德情感主义理论的过程中，不自觉地转向了研究中国传统道德文化，即以“阴”“阳”为核心的中国传统哲学思维机制。斯洛特之所以研究中国传统文化，主要因为儒家也倡导以“仁”为核心的道德情感。根据斯洛特的理解，“阴”具有情感的接受性特点，“阳”具有理性的指向性特点，“阴”“阳”统一即指情感意义上的“知行合一”。斯洛特通过“阴”“阳”机制使当代西方关爱伦理思想与中国传统伦理思想实现了某种逻辑义理衔接，一定意义上也展示出中西方基于情感的现代性启蒙视角。中国的现代化进程很大程度上吸收了近代英国开启的现代化进程的经验和教训，即中国式现代化道路是坚持以公有制为主体的基本经济制度和“以人民为中心”的政治理念，以共同富裕的方式来实现人们之间基于共情的生命尊重。所以，从情感的现代性启蒙视角看，斯洛特援用当代西方情感主义伦理思想来解读中国传统思想资源，为我们反思和论证中国“制度优势”“道路优势”提供了某种历史契机和理论创新的动力。例如，这种情感启蒙视域对于我们构建或论证当代中国语境下的社会正义理论将有很大的启示意义。

当然，斯洛特的关爱正义观也存在一些逻辑缺陷。因为关怀德性，作为一种情感动因，在结构形式上具有一种“重近轻远”的内在特征（由此导致人的道德行为表现出对亲近之人的关怀程度要强于对疏远之人的关怀程度），由各个个人所担当的立法者，他们在立法时也必然首先从重考虑“亲近之人”的生命福祉，然后从轻考虑“疏远之人”的生命福祉，那么由他们所制定的法律、制度必然不具有关切人们生命福祉的普遍有效性。例如，在制定涉外法律时，立法者自然会考虑本国利益重于他国利益，由此导致国家间（例如发展中国家与发达国家）的一些问题（环境污染、宗教冲突等）难以达成共识。固然，理想与现实之间是有差距的，但是，不能因为关爱的正义观在现实（私人）生活领域还行之有效，我们就承认它本身是一种合理的正义理论。只要在我们内心还有一种声音在呼唤：我们应该像关心自己的亲近之人那样去关心陌生人，那就说明从偏斜的关爱动机去建构一种社会正义观是行不通的，起码存在理论上的缺陷。换言之，一种基于关爱动机的正义观会让人们内在地感受到偏斜地关心自己的亲近之人是不完美的，是有缺陷的，是不应该的，我们应该平等地关心他人。这是一个心照不宣的心理事实。就此而言，斯洛特的关爱正义观还存在逻辑缺陷，还需要我们加以完善。

党的群众路线是国家治理现代化的根本遵循

戴圣鹏　余文涛*

（华中师范大学马克思主义学院，武汉）

摘　要：国家治理现代化，最为主要的还是发挥广大人民群众在国家治理现代化中的主体地位与主体作用。如果广大人民群众在生产方式、生活方式以及观念上没有实现现代化的转变，即便治理的科技手段再发达，国家治理现代化也很难取得实效。在国家治理现代化的过程中，不仅不能过于迷信治理的科技路线，也不能脱离人民群众的集体智慧来简单强调治理的顶层设计。治理的顶层设计如果没有坚实的群众基础和人民群众的集体智慧，就是废纸式的治理蓝图。治理的顶层设计只有以人民为中心，从广大人民群众的共同利益与中华民族的根本利益出发，才具有现实性与力量。

关键词：国家治理现代化；群众路线；科技路线；顶层设计；治理主体

推进与实现国家治理体系和治理能力现代化，是党中央提出的一项重大战略，也是中国特色社会主义进入新时代的一项重大课题。在十九届四中全会上，以习近平同志为核心的党中央提出了坚持和完善中国特色社会主义制度、推进国家治理体系和治理能力现代化的总体目标，在十九届六

* 戴圣鹏，华中师范大学马克思主义学院副教授、博士研究生导师；余文涛，华中师范大学马克思主义学院博士研究生。

中全会上又指出，“在全面深化改革开放上”，“国家治理体系和治理能力现代化水平不断提高”。[①] 国家治理体系和治理能力现代化水平的不断提高离不开党的群众路线，贯彻党的群众路线是推进和实现国家治理体系和治理能力现代化的根本遵循。在唯物主义历史观与科学社会主义的视野中，要大力推进和实现国家治理体系和治理能力现代化，就必须坚定不移地走党的群众路线、贯彻党的群众路线，紧紧依靠广大人民群众来推进和实现国家治理体系和治理能力现代化。

一 人民群众是国家治理现代化的真正主体

要推进与实现国家治理体系和治理能力现代化，有一个问题是我们必须要回答的，那就是谁是国家治理现代化的主体，或说谁是国家现代化治理的主体。如果这个问题我们无法认识清楚，抑或产生了错误的认识的话，国家治理体系和治理能力现代化就必然会出现问题。毋庸置疑，各级领导干部和各级政府部门的公务人员，必然是国家治理体系和治理能力现代化非常重要的主体，没有各级领导干部和各级政府部门的公务人员践行现代化的治理观念和采用现代化的治理技术与治理手段以及现代化制度来治理国家与社会，很难推进与实现国家治理体系和治理能力现代化。各级领导干部和各级政府部门的公务人员确实在国家治理体系和治理能力现代化中发挥着至关重要的作用，甚至是无法取代的作用。但有个问题我们必须要指出，就是各级领导干部和各级政府部门的公务人员如果是国家治理现代化的单一主体的话，那么其治理的对象又是谁呢？答案当然也是非常明确与简单的，那就是纳入他们治理范围内的所有治理对象，这些治理对象，既包括普通的民众，也包括普通民众之外的其他事物。因此，在国家治理体系和治理能力现代化的过程中，如果把各级领导干部和各级政府部门的公务人员看作国家现代化治理的重要主体与主要主体的话，那么在国家现代化治理的过程中，很有可能会出现治理主体与治理对象的对立与冲突。这种对立与冲突也许在现有阶段不是显性的，但随着这种治理观念与

① 《中国共产党第十九届中央委员会第六次全体会议公报》，人民出版社，2021，第12页。

治理模式的固化，也是有可能从隐性走向显性的。而要避免这类问题产生，就十分有必要来认识与厘清国家治理体系和治理能力现代化的实践主体到底是谁，又包括哪些。

在唯物主义历史观的视野中，社会实践的真正主体是现实的个人，国家治理作为一种社会实践活动，其实践的主体也必然是现实的个人。现实的个人在其现实的社会实践活动中，形成了广大的人民群众这个实践群体与社会实践活动的主体。人类历史就是由这个富有创造性与革命性的实践群体与实践主体来创造的，也是由这个富有创造性与革命性的实践群体与实践主体来推动与发展的。对于社会主义国家而言，广大的人民群众，既是中国特色社会主义的建设者，也是国家的主人。“人民是历史的创造者，是决定党和国家前途命运的根本力量”,[①] 因此，在治国理政的全部活动中，在推进与实现国家治理体系和治理能力现代化的过程中，必须坚持人民主体地位，必须发挥广大人民群众的主动性与积极性。如果作为国家主人的广大人民群众不是国家治理与社会治理的群体与主体，那么国家治理与社会治理就必然演变为少数人对多数人的治理，而这种国家治理与社会治理模式，必然与社会主义的本质背道而驰，也是与马克思主义相违背的。对于共产党执政的社会主义国家而言，要走社会主义发展道路和践行马克思主义，要彰显共产党人的党性与本色，就一定要充分调动和发挥好广大的人民群众在国家治理中的主人翁地位与主体作用，就应该把广大的人民群众作为国家治理现代化的实践主体与实践群体，依靠广大的人民群众来实现国家治理体系与治理能力现代化，而不应把广大的人民群众只看作国家治理与社会治理的对象。当然，不可否定，在国家治理与社会治理的过程中，治理的主体与治理的对象之间的关系在一定的历史条件下是可以相互转化的，甚至可以说，广大的人民群众既是国家治理与社会治理的主体，也是国家治理与社会治理的对象，但绝不能把二者简单地分裂开来，甚至对立起来。在国家治理与社会治理中，治理的主体，既包括各级领导干部和各级政府部门的公务人员，也包括人民群众，同样，不仅人民群众构成了国家治理与社会治理的对象，各级领导干部和各级政府部门的

① 《习近平谈治国理政》第3卷，外文出版社，2020，第16页。

公务人员也同样是国家治理与社会治理的对象。因此，在国家治理体系和治理能力现代化的过程中，我们绝不能只把人民群众看作国家治理与社会治理的对象，也不能把各级领导干部和各级政府部门的公务人员看作国家治理与社会治理的唯一主体。任何人，无论是人民群众，还是各级领导干部和各级政府部门的公务人员，他们既是国家现代化治理的主体，也是国家现代化治理的对象，在国家治理现代化的主体中，广大的人民群众是最广大的主体，也是真正的主体。而各级领导干部和各级政府部门的公务人员尤其是全体共产党员相比于广大的人民群众而言则是国家治理现代化的中坚力量与核心力量。

推进与实现国家治理体系与治理能力现代化，是离不开广大的人民群众的。但广大的人民群众，要真正成为国家治理现代化的主体，成为国家现代化治理的真正践行者，必须要完成两个转变或做到两个决裂，从而使自己不只是生活在现代社会的人，而且是生活在现代社会的真正的与现代社会的要求相一致的具有现代个性的人，与国家治理现代化的前进方向相一致的人。而要成为这样的人，其必须实现自身的现代化转变与升华。要做到这些，其首先要实现从旧的、传统的生产方式向新的、现代的生产方式转变，或者说，其必须从传统的生活方式向现代的生活方式转变。人是什么样的人，“这同他们的生产是一致的——既和他们生产什么一致，又和他们怎样生产一致”。[①] 因此，要使广大的人民群众成为与国家治理现代化相适应、相一致的人，要使他们跟上人类现代化发展的历史进程，就必须让他们采用现代化的生产方式，让他们过上符合时代发展要求的现代化生活。只有这样，广大的人民群众才能跟上时代发展的步伐，才能成为国家治理现代化的真正主体。其次就是要实现从旧有的、落后的、腐朽的观念向新的、先进的社会主义现代化思想观念转变，大力培育与践行社会主义核心价值观。例如，从旧的男尊女卑思想或重男轻女的旧观念向男女平等的新思想与新观念转变。再如，从官本位思想向以人民为中心和人民至上的思想转变，从人治观念向法治观念的转变，等等。与两个转变相对应的就是两个决裂：一是要做到与旧的生活方式决裂，二是要做到与旧

① 《马克思恩格斯选集》第1卷，人民出版社，2012，第147页。

的、落后的、腐朽的观念决裂。因此，广大的人民群众要在国家治理现代化的过程中践行好自己的主体地位，发挥好自己的主体作用与主动性，就必须改变自己的生产方式与生活方式，就必须改变自己的旧观念与旧思想，特别是要改变建立在农耕社会基础之上的与现代社会格格不入的具有典型的小农思维与小市民意识的旧思想与旧观念。

国家治理体系和治理能力现代化，既可以说是治理手段的现代化，也可以说是治理观念的现代化，还可以说是治理制度的现代化，但说到底是作为治理主体的人的现代化，特别是作为国家治理现代化的最广大的主体——人民群众的生产方式、生活方式与思想观念的现代化。无法实现广大人民群众的生产方式与生活方式的现代化，无法实现广大人民群众的思想观念的现代化，就不会有真正意义上的国家治理的现代化。要实现广大人民群众的生产方式与生活方式的现代化，一是要用现代科技与现代生产工具取代旧的生产工具以实现生产方式的变革。例如，通过现代农业技术和现代农业生产工具来改变过去牛拉犁、面朝黄土背朝天的生产方式。二是要用现代城市的生活方式来取代广大农村的旧的生活方式。广大农村的旧的生活方式相比于现代城市的生活方式而言，是一种落后的生活方式，在农村依然存在的旧的、落后的生活方式是非常不利于农业、农村与农民的现代化的。因此，要实现农业、农村与农民的现代化，特别是广大农民群众的现代化，就必须变革农村居民的旧的、落后的生活方式。正如马克思、恩格斯在《共产党宣言》中论述“资产阶级在历史上曾经起过非常革命的作用”① 时指出，资产阶级“创立了巨大的城市，使城市人口比农村人口大大增加起来，因而使很大一部分居民脱离了农村生活的愚昧状态”。② 在当代中国，也需要通过各种途径来让广大农民过上现代城市式的生活，从而使他们从“农村生活的愚昧状态”中解放出来，实现生活方式与生活观念的现代化。比如说，可以通过农村的“厕所革命”来实现农民生活方式与生活观念的现代化转变。但在“厕所革命”的实践中，我们绝不能把它简单地理解为只是农村厕所的变革，而应理解为以“厕所革命”为发力点

① 《马克思恩格斯选集》第1卷，人民出版社，2012，第402页。

② 《马克思恩格斯选集》第1卷，人民出版社，2012，第405页。

与切入点来推动整个农村生活基础设施的现代化革命。广大的人民群众要实现思想观念的现代化，就必须要与旧的、落后的、腐朽的思想观念做斗争，并用新的、先进的、现代化的思想观念，特别是用马克思主义来武装自己的头脑，用社会主义核心价值观来改造自己的主观世界。习近平同志认为："推进国家治理体系和治理能力现代化，要大力培育和弘扬社会主义核心价值体系和核心价值观，加快构建充分反映中国特色、民族特性、时代特征的价值体系。"① 因此，我们要成为一名时代新人，成为一名合格的国家治理与社会治理现代化的践行主体，我们必须树立社会主义核心价值观，必须用社会主义核心价值观来武装自己的头脑并以此为精神武器来改造自己的主观世界，在国家治理现代化的社会实践中认真践行社会主义核心价值观。广大的人民群众，只有在生产方式、生活方式和思想观念上真正实现了现代化，才能成为国家治理现代化的合格主体，并自觉地推进国家治理体系和治理能力现代化。只有这样，推进国家治理体系和治理能力现代化建设的实效才会越来越好，国家治理体系和治理能力现代化水平才会不断提高与取得更大进步。

二　治理的科技路线不能取代群众路线

国家治理体系与治理能力现代化，必然涉及治理工具与治理手段的现代化。以现代高科技来实现治理手段的现代化，是国家治理现代化的重要内容，也是提升治理能力和治理现代化水平的重要手段。在国家现代化的治理中，治理手段的现代化，是离不开高科技的：从一定程度上讲，没有以高科技为支撑的治理手段的现代化，也谈不上实现了国家治理体系与治理能力现代化；从一定意义上讲，国家治理体系与治理能力现代化也是治理手段与治理路径的高科技化。在推进与实现国家治理体系与治理能力现代化的路径上，落后的、旧的治理科技手段已难以满足新时代国家治理体系与治理能力现代化的客观要求，也难以支撑国家治理与社会治理对现代高科技的急迫需要。现代高科技，虽是国家治理手段现代化的科技支撑与

① 《习近平谈治国理政》第1卷，外文出版社，2018，第106页。

硬件基础，但一味地强调用现代化的科学技术与手段来实现国家治理体系与治理能力现代化，也不是真正意义上的国家治理体系与治理能力现代化。在国家治理现代化的实践中，以现代高科技为手段来实现国家治理现代化是十分必要的，也是实现国家治理现代化的一条有效路径。毋庸置疑，国家治理手段的高科技化，不仅节省了大量的人工成本，也节省了不少时间成本，很大地提高了治理的科技含量和治理效率。现代高科技，特别是以AI技术、大数据、云计算、面部识别技术、高清摄像机、手机信号侦探与定位设备为代表的现代科技，虽在国家治理现代化中发挥着重要作用，但它们只是国家治理现代化的工具，而不是国家治理现代化的目的，更不是国家治理现代化的实践主体。单一依赖现代高科技来实现国家治理现代化，是治标不治本的思路与观念，也可能造成一些国家公务人员的懒政行为。在国家治理现代化的过程中，使用现代高科技会提高国家现代化治理的技术水平与工具水平，但不一定会夯实国家治理现代化的群众基础。只有夯实国家治理现代化的群众基础，只有发挥广大人民群众在国家治理现代化中的主体作用，高科技的治理手段才能取得更好的实效。例如，在提升国家治理与社会治理的现代高科技含量的同时，大力发挥与调动“朝阳群众”、“西城大妈”、“海淀网友”、丰台劝导队、网警志愿者等群众团体参与国家治理和社会治理的主动性与积极性，会取得更加有效的治理成果。在国家治理现代化的过程中，党的群众路线是根本遵循，治理的科技路线，虽然在国家治理现代化中发挥着十分重要的作用，以及越来越被广泛应用，但相对于治理的群众路线而言，其仍是辅助路线与非根本途径。

从当前的国家治理现代化的一些现状来看，过于强调现代高科技在国家治理现代化中的应用与实践，甚至以治理的科技路线来取代治理的群众路线的思路与做法，是非常危险的。现代化的国家治理科技和现代化的社会治理设备，确实提升了国家治理与社会治理的现代化水平，但仍然无法取代国家治理与社会治理的群众路线。在国家治理现代化的过程中，如果作为治理的主体的人的积极性与作用没有得到很好的发挥，再高的科技手段或科技设备，都无法发挥其有效的作用。用高科技来治理，可以做到治理的高效化与精准化，但同时也有可能带来执政者与人民群众关系的冰冷化与器物化。在此次全球新冠疫情中，可以说国家治理现代化的科技手段得到了很好的应用，但我们发现，疫情防控还是要发挥好人民防线的作用，要充分调动好广大人民群众抗疫的积极性与主动性离不开党的群众路线的认真贯彻与践行。这样的事实告诉我们，在国家治理现代化的进程中，只走科技路线，不走群众路线，时间长了必然会摔跟头，只有科技路线与群众路线相结合，充分调动广大人民群众的积极性与主动性，治理的科技手段才能取得实际的效果。再好的、再高的科技，只有与广大人民群众相结合，才能真正起到事半功倍的效果。正如恩格斯所认为的那样："科学越是毫无顾忌和大公无私，它就越符合工人的利益和愿望。"[①] 高科技只有站在无产阶级的立场上，站在广大人民群众的立场上，坚定地依靠广大人民群众，才能发挥其最大效用。同样，国家治理现代化的科技路线只有与党的群众路线紧密结合，只有站在广大人民群众的根本立场上，从广大人民群众的根本利益出发，科技路线才是一条科学而有效的国家治理现代化路线。

"群众路线是我们党的生命线和根本工作路线"，[②] 是马克思主义群众观点在党的具体工作中的贯彻与运用，是中国共产党在革命、建设和改革的历史实践中，行之有效的路线，也是中国共产党在革命、建设和改革的历史实践中取得一个又一个的伟大成就的制胜法宝与成功秘诀。贯彻与践行党的群众路线，就是在贯彻与践行唯物主义历史观的基本观点，就是在贯彻与践行马克思主义认识论的基本原则。什么时候我们丢掉了群众路线，什么时候我们就会栽跟头、吃苦头；什么时候我们认真践行了群众路线，什么时候我们就会克服艰难险阻、战无不胜。在国家治理体系与治理能力现代化的过程中，我们一定要认真贯彻与践行党的群众路线，坚定不移地依靠广大人民群众来实现国家治理的现代化。在国家治理体系与治理能力现代化的过程中，要始终不渝地坚持以人民为中心的思想，把广大人民群众看作国家治理现代化的主体，看作推进与实现国家治理体系与治理能力现代化的关键与核心，看作国家治理体系与治理能力现代化的主要依靠力量。在国家治理体系与治

① 《马克思恩格斯选集》第4卷，人民出版社，2012，第265页。
② 《习近平谈治国理政》第1卷，外文出版社，2018，第365页。

理能力现代化的过程中，绝不能用治理的科技路线来取代治理的群众路线，一定要做到国家现代化治理过程中科技路线与群众路线的统一，并坚持群众路线的基础地位与根本作用。现代科技只有掌握在广大人民群众的手里，并与广大人民群众相结合，才能在推进与实现国家治理体系与治理能力现代化的伟大实践中展现其现实性与革命力量。在推进与实现国家治理体系与治理能力现代化的实践中，一定要把党的群众路线作为根本路线来贯彻与执行，如果推进与实现国家治理体系与治理能力现代化的实践离开了广大人民群众的积极参与和主动作为，再高的科技、再现代化的治理手段都会难以发挥其应有的治理实效，也难以取得实质性的治理效果，更无法实现真正意义上的国家治理体系与治理能力现代化。

三　治理的顶层设计应有群众基础和体现人民群众的集体智慧

实现国家治理体系与治理能力现代化，顶层设计是有其必要性的。如果需要在国家治理现代化的语境中对顶层设计做个简单的界定的话，我们可以把顶层设计理解为国家治理与社会治理的非常重要的主体——执政者及其智囊团成员，其在国家治理现代化的过程中依据国情与具体实际来科学出台或制定各种方针政策、制度措施与道路方案。在国家治理体系与治理能力现代化中，是需要设计合理的治理方案与治理措施的，也是需要制定各种方针政策与相关制度的。无论是在过去，还是在现在，国家治理的方案与措施、治理的政策与制度，都不可能由社会全体成员一起来制定或拟定，这在实践中也很难做到，特别是对人口比较庞大的国家或民族而言，其操作起来就更难。国家治理现代化的很多措施与方案，很多政策与制度，只能交由少数的人来制定与拟定，或说交由综合素质与能力相对高的人士来制定与拟定，这在一定程度上有利于提高决策的效率和治理的效果。因此，在国家治理体系与治理能力现代化的进程中，提倡顶层设计其本身没有什么问题。顶层设计作为一种执政理念，虽然有其存在的必要性与合理性，但过于强调顶层设计与夸大顶层设计的好处与功能，又是有问题的。顶层设计的好与坏，并不取决于其本身，而取决于从事顶层设计的人基于什么样的立场和采用什么样的路线来进行顶层设计。顶层设计主体的立场与采用的路线，决定着顶层设计到底是为谁而设计，是基于谁的利益来设计，也决定着顶层设计有没有群众基础。国家治理体系与治理能力现代化的顶层设计，要集思广益与群策群力，要植根于群众生活，要“有效克服人民群众在国家政治生活和社会治理中无法表达、难以参与的弊端”。①

不可否认，在国家治理体系与治理能力现代化的过程中，做好治理的顶层设计，会起到事半功倍的效果。但在国家治理体系与治理能力现代化的过程中，就像我们不能过于迷恋治理的科技路线那样，也不能过于沉醉于治理的顶层设计。国家治理现代化的顶层设计，不是国家现代化治理由几个处在社会上层的人或领导来设计，处在下层的人只要认真执行就行了的事情。顶层设计脱离了广大人民群众，就会成为无源之水、无本之木。如果国家的现代化治理或社会的现代化治理只是由处于社会顶层的少数人或领导根据自身的想法与利益来设计的话，这不是国家治理或社会治理向现代化的道路在前进，而是国家治理或社会治理向精英社会的治理模式在转变，是社会主义国家在国家治理体系和治理能力现代化的进程中开历史倒车的行为。社会主义国家有社会主义国家的顶层设计，资本主义国家有资本主义国家的顶层设计，但社会主义国家的顶层设计有别于资本主义国家的顶层设计，也优于资本主义国家的顶层设计。社会主义国家顶层设计的优越性就体现在其顶层设计有着坚实的群众基础，是基于广大人民群众的根本利益与共同利益来做的顶层设计。资本主义国家的顶层设计，是少数资本主义社会精英人士治理资本主义国家的措施与途径，其顶层设计的立场和出发点是占社会少数的现代资本家阶层，特别是大资本家阶层，因此，其不可能适用于社会主义国家。社会主义国家不是精英社会，而是广大人民群众当家作主的社会，广大人民群众是国家的主人翁，也是国家治理与社会治理的真正主体，国家利益反映了绝大多数人民群众的共同利益与中华民族的根本利益，而不是少数人的私利。在中国，作为中国工人阶级的先锋队和中华民族的先锋队的中国共产党，必定是国家治理体系与治理能力现代化的

① 《习近平谈治国理政》第 2 卷，外文出版社，2017，第 295—296 页。

顶层设计者，但中国共产党是从广大人民群众中走出来的先进分子，其代表的是广大人民群众的共同利益和中华民族的根本利益，因此，对于中国共产党而言，对于党中央而言，广大人民群众的共同利益和中华民族的根本利益是其顶层设计的立场和基础，也是其顶层设计的出发点与落脚点。中国共产党作为国家治理体系与治理能力现代化的设计者，在推进与实现国家治理体系与治理能力现代化的历史进程中，必定要坚定不移地贯彻群众路线，并在治理的顶层设计过程中进一步完善党员、干部联系群众制度，以及进一步创新群众工作方法，从而让顶层设计更接地气。

做好国家治理体系与治理能力现代化的顶层设计，不仅要集采广大人民群众的集体智慧，还要高度体现广大人民群众的集体智慧。科学的顶层设计不是少数人的智慧体现，而是广大人民群众的集体智慧的集中体现，是对广大人民群众的集体智慧的高度提炼与科学采纳。在国家治理与社会治理现代化中，一定要“让群众的聪明才智成为社会治理创新的不竭源泉”,① 成为国家治理体系与治理能力现代化的顶层设计的智慧源泉与智力支撑。一般来说，不同性质的顶层设计，所体现的智慧是不同的。对于社会主义国家的顶层设计而言，其所体现的智慧一定是广大人民群众的集体智慧。脱离人民群众，不是人民群众的集体智慧之体现的顶层设计，是非马克思主义的顶层设计，也是非社会主义的顶层设计。而顶层设计要体现广大人民群众的集体智慧，就需要以广大人民群众在实践中所形成的集体智慧为智慧源泉和智力支撑。人民群众的集体智慧，是时代最具活力的思维产物，是时代思想的最好思维表达，科学的顶层设计离不开广大人民群众的集体智慧，它一定要植根于广大人民群众的社会实践与集体智慧之中。人民群众的集体智慧是在其社会实践活动中不断发展与进步的，因此，建立在人民群众集体智慧之上的顶层设计也需要随着人民群众的集体智慧的发展而不断完善。在现实的顶层设计中，只有发挥广大人民群众的主体作用和首创精神，调动广大人民群众的积极性、主动性、创造性，并善于总结广大人民群众的实践创造与集体智慧，才能不断完善顶层设计，才能体现顶层设计的人民性与科学性。

① 《习近平谈治国理政》第3卷，外文出版社，2020，第353页。

在国家治理体系与治理能力现代化的过程中，顶层设计要做到科学而具有可操作性，或说顶层设计要具有客观的真理性，就必须经得起实践的检验，就必须在国家现代化治理的实践中具有现实性与革命力量。如果国家治理体系与治理能力现代化的顶层设计，只是执政者及其智囊团成员依据自身良好愿望的一种主观设计的话，听起来再好的顶层设计也是云层上的彩虹，固然美，但终究会消失在虚无缥缈的浩天中。在国家治理体系与治理能力现代化的过程中，要做好治理现代化的顶层设计，必须走进广大人民群众的现实生活，或到社会实践中去做广泛而深入的调查，必须要对广大人民群众的社会实践活动有足够的研究与分析，必须是从广大人民群众的切身利益和根本利益出发、以广大人民群众的共同利益与长远利益为中心来做的顶层设计。只有这样的顶层设计，才可能具有客观性与现实性，才会具有可操作性与可行性。简单地讲，只有从群众中来的顶层设计，才有可能回到群众中去；只有采纳了群众智慧的顶层设计，才能走入人民群众的生活。顶层设计只有一切为了群众，一切依靠群众，才具有科学性和合理性，才有坚实的群众基础。在国家治理体系与治理能力现代化的进程中，我们必须把践行党的群众路线作为国家治理现代化的核心和国家治理现代化的主要途径，依靠广大的人民群众来实现国家治理的现代化，夯实国家治理现代化的群众基础。国家治理体系与治理能力现代化的顶层设计，如果脱离了广大的人民群众，其必然是废纸式的治理蓝图。在顶层设计中密切联系群众，发挥广大人民群众的集体智慧，保持与广大人民群众的血肉联系，就是在顶层设计中发挥党的优良作风，就是在践行党的根本宗旨，就是在牢记党的初心与使命。

“人民至上”治理理念对传统民本思想的传承与超越

宋进斗*

（浙江师范大学马克思主义学院，金华）

摘　要：在实现中华民族伟大复兴关键时期，我国领导人提出了“人民至上”的治国理念，为国家治理现代化提供了理论基础与思想指导。“人民至上”即人民在社会共同体以及社会生活中处于至高无上的地位。作为一种价值观念，“人民至上”表达出的基本价值内涵是作为社会主体的人民应该且必须充分发挥主体地位，在社会中处于至高无上的地位。该治理理念是植根于中国传统文化的土壤中的，它传承了传统民本思想中的诸多优秀观念。然而，“人民至上”的治国理念对传统民本思想的传承并非简单地去糟粕、存精华，而是在科学马克思主义思想理论的指导下，在继承了传统民本思想文化基因的基础上，通过不断总结—实践—总结出来的，它实现了民本思想的现代性转变，实现了对传统民本思想的超越，是科学马克思主义基本原理、传统优秀文化以及当代国情相结合的产物，彰显了我们党在新时代背景下的治国理政思想的历史性飞跃。

关键词：“人民至上”；传统民本思想；传承与超越

党的十九届四中全会通过的《中共中央关于坚持和完善中国特色社会主义制度、推进国家治理体系和治理能力现代化若干重大问题的决定》

---

* 宋进斗，浙江师范大学马克思主义学院讲师。

（以下简称《决定》）指出，当今世界正经历百年未有之大变局，我国正处于实现中华民族伟大复兴关键时期。在这一时期里，我国不但需要面对国内的主要矛盾，不断满足人民对美好生活新期待，还需要面对来自国际上的各种挑战。面对机遇和挑战，我们必须坚持中国特色社会主义道路，不断增强社会主义制度自觉和自信。习近平总书记指出，“党的十八届三中全会提出的全面深化改革总目标，是两句话组成的一个整体，即完善和发展中国特色社会主义制度、推进国家治理体系和治理能力现代化”。[①] 想要实现这一目标，我们首先必须明确它的意义所在，即为何要实现这一目标。实际上，胡锦涛同志于21世纪初期提出的“以人为本”就清楚地回答了这个问题，即实现国家治理现代化的目的在于为人民带来更好的生活。2020年5月22日，习近平总书记在参加十三届全国人大三次会议内蒙古代表团审议时明确提出“人民至上”的价值观念。“人民至上”的价值观念作为我党百年奋斗历史经验之一，它深刻揭示了党和国家一切工作与事业的落脚点，即“人民”。人民的更好生活是我党永葆活力、永远屹立不倒的动力源泉。

一 “人民至上”价值理念的内涵及其实践必要性

一般而言，所谓“人民至上”，即人民在社会共同体以及社会生活中处于至高无上的地位。这里的“人民”不同于中国传统文化中的“人民”。在中国传统文化中，“人民”通常指被统治阶级的平民，譬如“诸侯之宝三：土地、人民、政事”、[②]“掌建邦之生地之图，舆其人民之数”[③] 等文献中的“人民”皆为此解。我们如今所说的“人民”是指以劳动群众为主体的社会基本成员。首先，“人民”是一个整体性的概念，或者说是一个集合概念，它涵盖着一个国家所有具有该国国籍的劳动主体。其次，“人民”是一个政治范畴，它是社会主权的拥有者，在社会政治、经

① 《习近平谈治国理政》第二卷，外文出版社，2017，第289页。
② 《孟子·尽心下》。
③ 《周礼·地官司徒·大司徒》。

济、文化等诸多领域中处于主体性地位。传统社会与当今社会所谓的“人民”具有两个方面的明显差异。其一，两者虽然皆为集合概念，但是传统意义上的“人民”所代表的集合中的元素明显少于现代意义上的“人民”，传统意义上的“人民”一般只包括处于社会底层的“士农工商”群体，而现代意义上的“人民”则涵盖社会所有劳动者。其二，传统意义上的“人民”通常而言是统治阶级的所属物，正如《诗经》所载“普天之下，莫非王土；率土之滨，莫非王臣”，国中的一切皆属于君王，君王对国中之民具有生杀予夺之权，是整个国家的主人；而现代意义上的“人民”则不再是某个人或某个阶级的附属，而是自己的主人，是整个社会的主人。

因此，“人民至上”即人民在国家的各个领域中都必须处于至高无上的地位，其中包括经济领域、政治领域、文化领域，等等。在经济领域，正如习近平总书记在党的十八大报告中指出的那样，任何时候都要把人民利益放在第一位，[①] 始终将人民的经济利益置于首位，一切以为人民谋福利为基本出发点。在政治领域，人民是国家权力的掌控者，因此，必须保障人民当家作主、参与国家政治的权利。在文化领域，人民是国家文化的创造者，因此，必须积极推动国家文化事业的发展，满足人民对文化的需求，为人民提供丰富的精神食粮……

作为一种价值观念，“人民至上”表达出的基本价值内涵是作为社会主体的人民应该且必须充分发挥主体作用，在社会中处于至高无上的地位。我们可以从以下几点来深入理解这一基本价值内涵：首先，人民是社会共同体的主体，因此，无论何时何地都应该且必须保障人民的主体地位；其次，应该将“人民至上”作为一种社会理想，并为之不懈奋斗；最后，应该且必须将“人民至上”作为一种价值理念和原则贯彻到一切社会行为中，国家治理必须以“人民至上”的价值理念和原则为指导。

自中国共产党成立以来，我国在党的领导下，历经百余载，日渐走向强盛，走进了世界强国之列。从这一百多年的风雨历程中，我们得出的一条经验是必须坚持不懈地将人民的利益置于首要位置，坚持“人民至上”的价值观念。这也就是说，“人民至上”的价值观念具有其实践必要性。

① 《十八大报告辅导读本》，人民出版社，2012，第51页。

从唯物史观的角度来看，人民是历史的创造者，是推动历史发展与进步的重要动力，只有确立人民至高无上的地位才能更好地推动历史的发展与进步。因此，确立“人民至上”的价值理念是历史发展的必然趋向，是符合历史发展规律的。早在多年之前，马克思就指出“人们自己创造自己的历史”，[①] 工人创造了一切。作为一切的创造者，人民群众应当成为这一切的主人。“人民至上”是马克思主义与社会主义必须坚持的基本价值理念，它是社会主义国家走向强盛的必要要素，这点从“苏联解体”以及世界上其他社会主义国家的发展历程中就可以清晰地看出来。中国共产党也正是始终以“人民至上”的价值理念为指导，奉行“全心全意为人民服务”的根本宗旨，才能成功带领中国从站起来、富起来到强起来的伟大飞跃。

从国家权力来源方面来看，国家的权力是来自人民的。根据社会契约论的观点，人生而自由平等，为了更好地保障自己的基本权利不受侵犯，于是社会共同体中的成员将自己的一部分权利委托给政府机构，并与政府机构签订契约，由政府机构来代而行权，相应地，政府机构必须公正地行使来自公民的权力，保护权利委托者的权益。这也就是说，国家权力来源于社会成员的授权，若社会成员不将自己的权利授权给政府，那么政府将没有任何权力。而且《中华人民共和国宪法》第 2 条第 1 款也明确规定：“中华人民共和国的一切权力属于人民。”既然国家权力来自人民，那么，政府在行使来源于人民的权力时必须体现人民的意志，将人民的利益置于首要地位，务必使权力回归到人民群众当中去。

从群众基础方面来看，人民群众是我们党执政的根基，是国家发展进步的力量源泉，只有紧密联系人民群众，我们党才有不竭的力量。依靠群众，我们党成功地推翻了“三座大山”，基本完成了生产资料社会主义改造，实行了改革开放，成功地建成了小康社会，在实现“中国梦”的路上迈出了自信的步伐。党的百年奋斗史充分证明了群众基础的重要性。而想要提高群众基础，我们就必须永久保持党的先进性，全面落实“人民至上”的价值理念，将人民的利益永远置于首要位置，全心全意为人民服

① 《马克思恩格斯选集》第 1 卷，人民出版社，2012，第 669 页。

务，为人民谋福祉。

总而言之，“人民至上”的价值理念应当且必须始终被落实到国家治理体系当中，只有这样，国家治理工作才不会失去方向。

二 “人民至上”价值理念对传统民本思想的传承

当谈到“人民至上”，人们总会将之与我国传统“民本”思想联系起来。实际上，二者之间确实存在紧密的联系。习近平总书记曾经深刻指出：“一个国家的治理体系和治理能力是与这个国家的历史传承和文化传统密切相关的。”① 党的十九届四中全会通过的《决定》也明确指出：“中国特色社会主义制度和国家治理体系是以马克思主义为指导、植根中国大地、具有深厚中华文化根基、深得人民拥护的制度和治理体系，是具有强大生命力和巨大优越性的制度和治理体系，是能够持续推动拥有近十四亿人口大国进步和发展、确保拥有五千多年文明史的中华民族实现‘两个一百年’奋斗目标进而实现伟大复兴的制度和治理体系。”② 这些无不说明，我国当代的“人民至上”治理理念是植根于中国传统文化的土壤中的，而对其影响最大的可能要数传统“民本”思想。

中国传统“民本”观念及思想源远流长，可追溯到上古夏、商、西周时期，甚至更为久远的时代。“民本”一词最早出现于《尚书·五子之歌》：“皇祖有训，民可近，不可下，民惟邦本，本固邦宁。”有学者根据《五子之歌》的内容认为“民本”的观念可能产生于夏朝。笔者认为这种观念不足取信，理由有二。其一，《五子之歌》为古文尚书的篇章，而古文尚书经历代学者考证为后人之伪作，因而其表达的观念为夏朝后世的观念更为可靠。其二，众所周知，夏朝是脱胎于部落联盟建立的首个国家，它的政治结构在很多方面都带有部落联盟时期的政治特点。谢维扬教授指出，在氏族部落形式的社会中，最常见的群体单位是部落。这些部落实际

---

① 《习近平在中共中央政治局第十八次集体学习时强调　牢记历史经验历史教训历史警示　为国家治理能力现代化提供有益借鉴》，《人民日报》2014 年 10 月 14 日。

② 《中国特色社会主义制度自信的理由和底气》，《经济日报》2019 年 11 月 18 日。

上都是一个个的血缘团体，在这些团体中，成员之间基本上互为亲属。而部落联盟则是有血缘关系的部落联合形成的较为稳定的部落联合体。[①] 而根据《史记·夏本纪》记载，“禹为姒姓，其后分封，用国为姓，故有夏后氏、有扈氏、有男氏、斟寻氏、彤城氏、褒氏、费氏、杞氏、缯氏、辛氏、冥氏、斟（氏）、戈氏”。这句话中列举的这些“氏”都是部落的代表，“夏后氏”代表的是夏朝王室，其他的代表的则是夏朝君王统治的与夏朝王室有血缘关系的其他部落。这表明夏朝在一定程度上保留了这种以部落为国家基本团体的社会结构。在这种社会结构中，虽然阶级分化已经较为明显，但是由于各部落之间的紧密关系，君民之间的矛盾尚未完全凸显，因此夏朝产生“民本”观念的可能性并不大。

根据文献记载，“民本”观念在商朝中期就已经初见端倪，它在《盘庚》三篇得到了体现。据史料记载，商王朝经过“九世之乱”，国家政治腐败现象已经非常严重，国家的土地几乎被贵族垄断。而且都城贵族的奢靡之风非常兴盛，这造成了社会的黑暗与动荡，民不聊生。盘庚继承王位之后，针对社会问题，想做出改变。当时正值天灾不断，因此盘庚就想借此时机迁都对国内的情况进行整改，并且将奴隶主手中的土地回收国有，然后将它们少量地分配给平民。然而国内贵族为了谋取私利，以代表神灵意志的占卜结果为借口强烈反对。在殷人看来，王朝的最高统治者是上帝在人间的代言人，他的意志代表的是上帝的意志。但是很明显，盘庚迁都的决定与第一次占卜结果显示的上帝的意志是矛盾的。按照殷人的信仰，当人的意志与神的意志发生矛盾，人应当遵从神的意志。然而问题在于，为了解决国内的问题，迁都之事又势在必行。在这种情形之下，盘庚力排众议，进行了第二次占卜活动。第二次的占卜结果显示应该迁都，于是盘庚便以此为据，要求贵族们同意迁都，并且为迁都行为做了辩护：“肆予冲人，非废厥谋，吊由灵各；非敢违卜，用宏兹贲。”[②] 大致意思是说，迁都之举是经过第二次占卜得到了上帝允诺的，自己并未违背上帝的意志。

这两次占卜的过程，表面上看是国家统治者为了获得正确“帝命”所

① 参见谢维扬《中国早期国家》，浙江人民出版社，1996，第364—365页。
② 《尚书·盘庚下》。

采取的行动，实际上体现的是人获得了初步独立与自由之后，为了更好发展而与神进行的一场交锋。在这场人与神的交锋中，盘庚利用了人文德性因素，提出了朴素的民本思想，即不再以神权作为政治的唯一根据，而且将民众的利益与支持看作国家稳定的必要条件之一。在迁都之前，面对国内的反对声音，盘庚首先以殷之先王、先公们因利民而得利的事实以及先王的权威来说服反对势力，后又以贵族们追求的“利”来劝说贵族，声称贵族们只有克制私欲，“施实德于民”，[①] 即施惠于民，努力帮助君王将国家治理好，民众才会宣扬众贵族之德，贵族们才能从中得到更大的利益与更多的幸福。盘庚提出的这种朴素的民本观念不仅顺利说服了当时的贵族迁都于殷，解决了国内的弊病，使得商朝走向中兴，还为后世的“民本”思想提供了重要的理论基础。

周朝早期的“民本”思想是建立在王权更迭的历史背景上的。殷人认为“帝命恒常”，即神灵的意志是恒常不变的，商民族是神灵“玄鸟”的后裔，是秉承神灵意志而生的，因此能国祚永存，长盛不衰。然而，周国以一小国取代了商王朝的事实无疑是对旧的“帝命恒常”信念的当头棒喝。因为如果神灵的意志是恒常的，那么商王朝就不会覆灭。为了给周王朝政权提供支撑，周朝早期的统治者在吸取了“汤武革命”的教训后，提出“天命靡常”[②] 的观念，认为天帝的意志或命令虽然是至高无上的，却不是恒常不变的。因此为了保有天命，西周统治者认为必须在敬事上天的基础上依靠人自身的努力，以此来匹配天命，即“永言配命，自求多福”。[③] 那么到底应该以何配天命呢？西周统治者认为应该“以德配命”，并从正反两个方面给出了例证。从正的方面，“丕显文武，皇天引厌劂德，配我有周，膺受大命。”[④] 意思是说，文王与武王能秉承上天赐予的德性，因此应当禀受此天命。所以周召公一再告诫“王其疾敬德”“不可不敬德”。[⑤]“自成汤至于帝乙，罔不明德恤祀，亦惟天丕建”，[⑥] 即能够维持天

① 《尚书・盘庚上》。
② 《诗经・大雅・文王》。
③ 《诗经・大雅・文王》。
④ 《毛公鼎铭文》。
⑤ 《尚书・召诰》。
⑥ 《尚书・多士》。

命的王都是有德之人，否则他的祭祀也是没有用的。[①]“德”体现在多个方面，而对于国家的王而言，最重要的德莫过于“爱民”，正如《尚书·蔡仲之命》所载：“皇天无亲，惟德是辅；民心无常，惟惠之怀。”统治者应该以“民心”为重。因为，“天佑下民，作之君、作之师”，[②]上天会永久庇佑黎民百姓，“民之所欲，天必从之”，[③]天命虽然并非一成不变，但是其变化存在一定的原则，这一原则即民意，天命根据民意的变化而变化。所以，要想禀受或保有天命，必须通过“保民”来体现自己的德性，以此配命。

由此，中国传统文化中的“民本”思想在理论上基本成型。这种民本思想被后世很多思想家继承并发扬光大。孔子从“人”的概念出发，以“仁者爱人”为核心观念，主张重教化而轻刑罚，从人道主义的角度上，对殷周和春秋重民爱民的治国理念进行了总结与升华，坚持克己复礼，秉承博施于民的圣王观，构建起以民为本的思想体系。[④]孟子则提出了“民为贵，社稷次之，君为轻”[⑤]的政治结论。他提出的“失其民者，失其心也，得天下有道，得其民，斯得天下矣”[⑥]被后世概括为“得民心者得天下，失民心者失天下”。荀子以舟与水来比喻君与民的关系：“君者，舟也；庶人者，水也。水则载舟，水则覆舟。”[⑦]荀子认为“天之生民，非为君也；天之立君，以为民也”，[⑧]黎民百姓并非因为君王才产生，相反，君王是因为黎民百姓才产生的。因此，只有爱民、富民，王权才能得以长久，国家才能富强。

从传统民本思想形成的过程中，我们不难发现，传统民本思想是围绕“天命”（神）、“君”、“民”三者之间的关系展开的，它的基本内容是：神灵（或者天）根据民意来赋予天命，因此，君王只有重视民意，“敬德保

① 陈仁仁：《试论传统民本思想的内涵与困境》，《现代哲学》2020 年第 5 期。
② 《尚书·泰誓》。
③ 《尚书·泰誓》。
④ 李军主编《传统文化与国家治理现代化》，人民出版社，2020，第 51 页。
⑤ 《孟子·尽心下》。
⑥ 《孟子·娄离上》。
⑦ 《荀子·王制》。
⑧ 《荀子·大略》。

民”，才能膺受天命，才能保障国祚的长盛不衰。也正因为如此，李德顺教授认为，中国人一直信“天”，并且在对“天”的理解和把握中，骨子里指的是“人”。[①] 这也在一定程度上点明，“民本”思想的落脚点实际上是“民”，旨在提醒君主为黎民百姓带来更好的生存与生活条件。换言之，传统民本思想讲的是如何为民众带来福祉，从而使得国祚绵长、国家强盛。这种思想虽然与当代的人民观不可同日而语，但是其蕴含的治国智慧对“人民至上”价值理念的形成起着重要的启示作用，是其重要的理论来源之一。

首先，虽然传统民本思想在很大程度上是统治者实现王道统治的工具，但是它强调的国、君与民之间的共存关系，无疑为当今的“人民至上”人民观提供了重要启示。“政之所兴，在顺民心；政之所废，在逆民心。”[②] 一个能走向兴盛的政权必然是顺应民心的政权，相反，违逆民心的政权必然无法长久。传统的民本思想告诉我们，一个国家要想长盛不衰，就必须依靠民心，往往民心可以推动天下大势。中国共产党正是意识到了这一点，将人民群众视为“我们力量的源泉”，[③] 从一开始就紧密联系民众，始终以服务人民为根本宗旨，这才逐渐发展壮大，带领中国人实现了从站起来、富起来到强起来的飞跃。党的十九大报告指出：“一个政党，一个政权，其前途命运取决于人心向背。人民群众反对什么、痛恨什么，我们就要坚决防范和纠正什么。”[④] 习近平总书记更是将人民与江山等同，强调将“人民立场”作为党的根本政治立场，并多次指出我们党要全心全意为人民服务，为各民族谋福利。这种对政权、政党以及国家与民心之间关系的正确认知与把握无疑是对传统民本思想的继承与发扬。

其次，传统民本思想提出的爱民、惠民、养民、富民等民生主张对当代的“人民至上”治国理念的践行而言具有重要的借鉴意义。中国在很早之前就有了“德惟善政，政在养民”[⑤] 的观念。孔子主张“博施于民”。[⑥]

---

① 李德顺：《论中国人的信仰》，《学术月刊》2012 年第 3 期。

② 《管子·牧民》。

③ 《邓小平文选》第 2 卷，人民出版社，1994，第 368 页。

④ 习近平：《决胜全面建成小康社会 夺取新时代中国特色社会主义伟大胜利——在中国共产党第十九次全国代表大会上的报告》，人民出版社，2017，第 61 页。

⑤ 《尚书·大禹谟》。

⑥ 《论语·雍也》。

据《论语·子路》记载，孔子游至卫国，看到卫国人口众多，其弟子冉求问他当国家拥有众多人口时需要做什么时，孔子的回答是“富之”，[①] 意思是使民众富足。孟子在与梁惠王的一次对话中明确指出了王道之基，即“养生丧死无憾”，[②] 而要做到这一点，就必须“置民之产”。孟子的民本思想受到了萧公权先生的高度赞扬，他认为孟子的养民之论深切著明，为先秦所仅见，其内容主要为裕民生、薄赋税、止征战、正经界诸项。[③] 荀子也在前人的基础上提出了“不富无以养民情”[④] 的养民、富民主张。这些民本主张虽然皆带有强烈的工具性，但是体现了他们对民生的关注，这为当今“人民至上”的治理理念的落实提供了历史经验。立足于这一历史经验，中国共产党始终将民生放在首要位置，力图切实为人民解决问题。

最后，传统民本思想中蕴含的“革新”精神是我国治理现代化的重要基因。中国早在上古夏商周时期就有了“革新”观念。相传商汤王在自己的澡盆上刻下“苟日新，日日新，又日新”[⑤] 来时刻勉励自己。西周早期统治者为了给新的政权正名，声称“周虽旧邦，其命维新”，[⑥] 周国虽然是商朝的属国，却被天帝赋予了新的使命，即取商而代之，为天下之民带来安定的生活。据《尚书·康诰》记载，周公曾告诫康叔：“乃服惟弘王应保殷民，亦惟助王宅天命，作新民。”强调不仅统治者需要时时革新，民众也需要不断更新观念。《周易·革卦·彖传》载：“天地革而四时成，汤武革命，顺乎天而应乎人。”在为“汤武革命”辩护的同时，为“革新”找到了根据，即“天命”与“民心”。也就是说，社会中的“革新”应该顺应天命，合乎人心。而根据当时的天命观，天命的根据为民意，因此，总的来说，社会“革新”最终的落脚点应该为“民”。在日新月异的今天，我们唯有发扬传统的“革新”精神，才能跟上时代的步伐，走在时代的前列，而“人民至上”的理念正是秉承着这种“革新”精神，着眼

---

① 《论语·子路》。
② 《孟子·梁惠王上》。
③ 萧公权：《中国政治思想史》，辽宁教育出版社，1998，第 77 页。
④ 《荀子·大略》。
⑤ 《礼记·中庸》。
⑥ 《诗经·大雅·文王》。

于人民群众的实际需求，不断深化改革，力图为人民带来更好生活。

习近平总书记明确指出：“文化是一个国家、一个民族的灵魂。历史和现实都表明，一个抛弃了或者背叛了自己历史文化的民族，不仅不可能发展起来，而且很可能上演一幕幕历史悲剧。”① 在近代几百年里，西方的自由主义也曾在我国产生了一定影响，但是最终也未能在我国站稳脚跟，其重要原因就在于它与中国传统文化是割裂的。而中国现代的“以民为本”“人民至上”等人民观之所以能很快为人民所接受，就是因为这些治国理念以中国传统文化为土壤，从中汲取丰富的营养，从而得以健康成长。

三 “人民至上”价值理念对传统民本思想的超越

然而，中国传统民本思想说到底是农耕文明的产物，其根本目的仍是维护统治阶级的统治，因而它难免带有阶级的狭隘性以及历史的局限性。“人民至上”的治国理念对传统民本思想的传承并非简单地去糟粕、存精华，而是在马克思主义先进思想的指导下，实现民本思想的现代性转变，从而实现对传统民本思想的超越。这主要体现于以下几个方面。

（一）在执政者与人民关系认知上的超越

由上述可知，传统民本思想主要有三个要素：天（或者神）、君、民。而由于君王被视为神在人间的代言者，天命与王命往往被等同视之，因此，传统的民本思想从根本上说有两个基点，即民本与君本。从表面上看，古代思想家们无不强调民生，认为民生才是政权稳固、国家强盛的根本，如贾谊在《过秦论》中通过分析秦朝统一六国却两世而亡的原因，得出结论：“国以为本，君以为本，吏以为本。故国以民为安危，君以民为威侮，吏以民为贵贱，此之谓民无不为本也。”但是，仔细分析，我们会发现，这所谓的民本不过是古代智者们为了稳固君王的统治，为君本编织

① 《习近平在中国文联十大、中国作协九大开幕式上的讲话》，《人民日报》2016 年 12 月 1 日。

的一件华丽外衣。

传统社会的君民对立关系主要体现在阶级上的对立。阶级分化是社会发展到一定程度的产物。根据考古学研究，中国在史前时期便出现了阶级分化现象。在山西出土的陶寺大型遗址中，从墓葬的规模大小以及随葬品中，我们可以推断出在仰韶文化时代，阶级分化就已经产生了。在一处墓地已发掘的1300多座墓葬中，近90%是仅能容身、空无一物的小墓，10%左右的墓随葬几件乃至一二十件器物，而不足1%的大墓各有随葬品一二百件，包括各种重器。[①] 根据现代的各种科学手段，诸如磁力仪、探地雷达、碳十四测年技术等，陶寺遗址被学界断定为大约公元前2300—公元前1900年的墓葬群，大致相当于尧舜禹时代晚期夏朝早期。这一考古发现证明，早在夏朝之前，中国社会的阶级分化就已经出现。实际上，自阶级分化现象出现后，它就从未在中国传统社会中消失。中国传统社会从大致上讲，可被分为统治阶级与被统治阶级。后者主要从事社会的农业生产活动，是社会财富的主要创造者；而前者由于掌握着社会的话语权以及大部分资源，因而无须从事生产活动，就可以从被统治阶级那里获得社会财富。换言之，统治阶级是寄生在被统治阶级的剩余劳动产物的剥削之上，舍去对被统治阶级（或者说是民众）的剥削，统治阶级将失去财富来源。正因为如此，商朝贵族极力反对盘庚的迁都之举，盘庚也不得已从维护贵族的利益角度来说服他们。纵观中国传统社会历朝历代，没有哪个朝代的民众没有受到统治阶级的剥削，差别在于剥削得多和少罢了。中国的农民向来以忍耐性见称，默默忍受着来自统治阶级的剥削。但是，他们的那种忍苦耐劳的强毅精神，并不是天生的，而是由宗法社会组织、伦理教义以及一再生产出来的那种同形态的统治方式，把他们教训锻炼成的。[②] 一旦农民受到的压迫和剥削超过了他们的忍耐限度，那么就会想着反抗，这也是农民起义的主要原因之一。不仅如此，统治者为了巩固自己的统治，还根据血缘关系亲疏将社会各阶级划分为不同的等级，并通过礼、法等手段将之固化，于是尊贵之人高高在上，在剥削社

---

① 许宏：《何以中国》，三联书店，2016，第9页。

② 王亚南：《中国官僚政治研究》，厦门大学出版社，2021，第99页。

会底层之人的同时还对其嗤之以鼻。这些因素不可避免地造成了执政者与人民群众的对立矛盾。为了提醒统治者取之有度，不做“杀鸡取卵”之举，思想家们提出了民本思想，以此来缓和统治阶级与民众之间的矛盾。

在“人民至上”的理论框架中，人民是社会共同体中的所有成员集合。这也就是说，无论执政者，还是群众，都是广大人民群众中的一部分。作为执政党的中国共产党是国家工人阶级的先锋队，从本质上而言，同时是中国人民和中华民族的先锋队，与人民群众是一体的。也正因为如此，“人民至上”的价值理念才有实现的基础，因为执政者成了人民群众本身。因此，执政者与人民之间再也没有阶级上的对立，实现了执政者与人民群众关系由对立向同一的转换与超越。

（二）由工具性到目的性的超越

在古代思想家看来，民本是安定民心、实现君王王道政治的重要前提。于是，问题便出现了，传统民本思想所重视的民生到底是作为目的性存在，还是仅仅作为巩固君王统治的工具性存在？答案是显而易见的，即传统的民生仅仅是工具性的，主要体现于两个方面。

从阶级对立方面来讲，传统社会中的君王与民众分属两个不同的阶级，君王属于统治阶级或者说是剥削阶级，而民众属于被统治阶级或者说是被剥削阶级。这两个阶级在本质上是决然对立的：前者靠榨取后者的劳动成果而过着锦衣玉食的生活，后者却依靠从事生产劳动过着朝不保夕的生活。通常来讲，每个阶级都只会为了本阶级争取利益，倘若某个阶级以另外一个阶级为目的，那么这个阶级必会成为另外那个阶级的附庸。很显然，中国传统社会的统治阶级意识到了这一点，他们利用种种手段为自己所在的阶级尽力争取更多的利益。与之相反，民众作为被剥削阶级由于受到统治阶级的洗脑，遵从王命的观念深入骨髓，将自己视为君王的附庸或所属物。于是，被剥削阶级理所应当地接受统治阶级的剥削与压迫，心甘情愿地充当剥削阶级的财富创造者。换言之，民众只是统治阶级获取财富、实现王图霸业的工具。荀子曾说：“民不亲不爱，而求其为己用、为己死，不可得也。民不为己用、不为己死，而求兵之劲、城之固，不可得也。”[①] 君王只有亲民爱民，才能使民为君用、为君死。这句话蕴藏的逻辑是：君王重视民生是民“为己用、为己死”的前提，重视民生只是君王求得民“为己用、为己死”的必要手段。也有学者持反对意见，认为传统社会的“民本”与“君本”是互为前提，并行不悖的。在理想状态下，这种观点倒也没错，毕竟离开了民，君则不为君，离开了君，民则无“家”。因而君与民是相互依存的，君依靠民的支持与拥戴获得以及维持自己的权力，民依靠君王的治理从而获得安稳的生活。然而，现实情况却很残酷。历朝历代的君王无论在何时都只是将民众当作工具。在开国之前，统治者们借重视民生来强化自己的力量。在统治者获得政权初期，他们重视民生以便获得民众的支持，从而达到稳固政权的目的。一旦君王站稳脚跟，政权得以稳固，民众的价值就会大大降低，其最大的价值便只是为君王创造更多的财富，凡是触犯了统治者或者有损统治者利益的“民”皆会受到严厉的惩罚，历史上因此被株连九族的例子数见不鲜。元代张养浩的诗句“兴，百姓苦；亡，百姓苦”可谓是对传统社会民众生存情况的最真实刻画。

从社会政治主体方面来讲，传统社会政治的主体是“君”，而不是“民”。在传统社会，君王被视为一国之主，是国家政治核心，具有至高无上的地位和权威。国家的一切均从属于君王，是君王的所有物。国家中的一切政策皆出自君王之口，君王之言即为金科玉律，是民众必须服从的。古人认为社会的权力并非来自人民，而是来自君王，正如孟子所言“得乎天子为诸侯，得乎诸侯为大夫”，[②] 得天子之心的才能做诸侯，得诸侯之心的才能做诸侯国之大夫。国家的君王具有对朝中官员职位的最高处置权，他们以无上的权力和地位，支配着国中所有臣民。而作为被支配者，民众没有当家作主的意识，也无法做到当家作主，遇到不公之事或者受到冤屈，第一反应是乞求“官老爷”为其做主，因此无论如何也不会成为目的性存在。

---

① 《荀子·君道》。
② 《孟子·尽心下》。

然而现代的“人民至上”治理理念则强调人民当家作主，实现了人民由工具性向目的性的转换与超越。人民不再作为附庸而存在，他们不仅是社会政治的主体，还是社会经济、文化、历史、价值等诸多领域的主体。人民不再被视为政客实现政治野心的工具，而是成为社会政治的目的。国家领导人多次着力强调要尊重人民的主体地位，全心全意为人民办实事，充分引导人民群众发挥其积极性、主动性、创造性，从而推动整个社会的发展进步。人民群众才是推动社会进步的主体与中坚力量，政府的主要职能是尽可能为人民群众搭建好舞台，为其解决后顾之忧。正如习近平总书记指出的那样，人民对美好生活的向往是执政者奋斗的目标，人民的更好生存与生活是国家治理的终极目的。

（三）行政模式上的超越

传统社会实行的是君主专制行政模式。国家的权力掌握在君王一人之手，君王拥有最高权力，王命即法律。而传统民本思想就是为了缓和君主与民众之间的矛盾，从而维护君王的统治的。因此，从这个意义上说，传统民本思想的核心在于王权的稳固，它意图提醒统治者通过重视民生实现君王政权的永久稳固。

然而，“人民至上”治理理念则要求执政者在民本位理念的指导下，在整个社会民主秩序的框架下，通过法定程序，按照人民意志为人民提供更优质的服务。这种治理模式被称为服务型政府管理模式。服务型政府管理模式主要包含以下几个方面的内涵：（1）服务型政府从本质上讲是以整个社会和人民的共同利益为出发点的，其行政需要着眼于人民的真实需求，切实符合人民的利益，要以全心全意为人民服务为根本宗旨；（2）服务型政府的行政权力来自人民群众，因此其在行使权力时必须以“依法行政”为准则，在法定的权限内行政，而且需要时刻接受人民群众的监督；（3）服务型政府的行政必须能体现人民的意志，保障人民当家作主，确保人民能真实参与到国家政治活动中来，使人民能自由选择服务内容、类别、机构及人员等；（4）服务型政府不同于一元化全能管制型模式，它需要向市场、企业、社区、家庭等社会力量或组织分权，中央政府向地方各级政府分权，以确保社会行政管理的活力；（5）服务型政府是责任政府，政府必须回应社会和民众的基本要求并积极采取行动加以满足，政府应该关注的不仅仅是市场，还应该关注法令和宪法、社区价值观、政治规范、职业标准以及公共利益，并有一套控制机制，将他律与律己相结合。由此，我们可以总结出该治理模式的几点主要特征：其一，服务行政，即要求行政主体拥有“公仆”的意识，从人民的利益出发，为人民提供优良的服务，切实为人民解决实际问题；其二，依法行政，即通过法律将行政主体的行政权力约束在一定范围内，以防止其损害人民的利益；其三，民主行政，即确保我国社会经济的进一步发展，必须树立民主、公平的行政价值观，充分发挥政府、社会组织和公民的职能，加强公众参与社会管理事业决策，形成新型有序的社会共治局面；[①] 其四，有限性行政，即政府的行政并非无所不包，它需要向其他社会力量或组织分权，共同合作管理社会；其五，责任性行政，即行政人员必须积极履行自己的职责，紧密联系群众，积极承担起政治、行政、管理以及道德等多项责任。由此可见，服务型政府治理模式既要体现政治价值的要求，又要体现管理效率的要求，更要体现服务理念的要求。[②]

总之，服务型政府行政模式的核心就在于“服务”，旨在为社会主体——人民提供更优质的服务。而这种行政模式相对于传统行政模式的超越性就在于它使得本应处于主体地位的人民的地位得以充分体现，使得人民成为社会真正的主人，将人民的劳动成果“物归原主”，将原本处于“异化”状态的人民劳动带回了正轨。

习近平指出：“不忘历史才能开辟未来，善于继承才能善于创新。优秀传统文化是一个国家、一个民族传承和发展的根本，如果丢掉了，就割断了精神命脉。”[③] 中华优秀传统文化沉淀着我国最深沉的精神追求，蕴含着中华民族最基本的文化基因，是我国屹立于世界强国之林的基础。而传统民本思想作为中华优秀传统文化的重要组成部分，蕴含着先辈们丰富

① 杨滟：《社会管理模式创新的途径——服务型政府的构建》，《云南科技管理》2012 年第 4 期。

② 周鸿雁：《新时代公务员行政伦理的意涵、构成向度及建设路径》，《湖北大学学报》（哲学社会科学版）2021 年第 2 期。

③ 杨明：《不能割断“精神命脉”》，《光明日报》2014 年 10 月 29 日。

的政治智慧。在以习近平同志为核心的党中央治国理政实践中，“人民至上”治国理念正是在科学马克思主义思想理论的指导下，在继承了传统民本思想文化基因的基础上，通过不断总结—实践—总结出来的。它是马克思主义基本原理、中华优秀传统文化与当代中国实际和时代特征相结合的产物，彰显了我们党在新时代背景下的治国理政思想的历史性飞跃。

数字利维坦*

——技术工具还是新主权学说

欧阳火亮　周思雨**

（四川大学公共管理学院，成都；
中南大学文学与新闻传播学院，长沙）

摘　要：本文试图探讨的问题是，在新到来的数字社会中，存在的人并由此引申出来的政治科学是什么样的。最主要的一种观点是将数字化看作一种技术工具，由此产生了数字利维坦的观念。本文的观点是，数字化带来的是一种新型的社会形态，这种形态具备新主权学说的两大基础：人性的假设——数字人和政治的形式——集权分工式。数字化作为一种技术性的发明，带来的改变不只是技术性的，更多的是思维性的——新的数字社会和数字思维。我们必须认知到这是一个根本性的转变，才有可能在数字化社会形态的基础上重构以人为中心的政治形态。

关键词：数字利维坦；数字思维；数字技术；数字人

---

* 本文系四川大学博士后交叉学科创新启动基金项目"'双碳'背景下国家作为数字治理的建构者与行动者机制研究"（10822041A2076）、四川大学专职博士后研发基金项目"数字化背景下国家作为治理主体在碳达峰碳中和中的角色机制研究"（skbsh2022－08）、四川大学中央高校基本科研业务费项目"霍布斯主权学说研究及其对中国现代国家理论构建的启示"（2022skzx－pt46）、湖南省研究生科研创新项目"公共卫生事件中的技术伦理风险及其规约研究"（CX20220093）的阶段性研究成果。

** 欧阳火亮，北京大学政治学博士，四川大学公共管理学院讲师；周思雨，中南大学文学与新闻传播学院博士研究生。

一　问题阐述

托克维尔说，“一个全新的社会，要有一门新的政治科学”。[①] 托克维尔在其时代面对的是人类平等社会的到来，因此呼唤新的政治科学，这就如托马斯·霍布斯（Thomas Hobbes）看到了人类现代社会的到来而阐述了新的现代主权学说一样。霍布斯也将自己的学说称为新政治科学。在我们所处的这个时代，如果是一个全新的社会的话，那就是数字社会。数字社会的定义还未能被我们这个时代的学者明确下来，但是作为一个全新的社会，数字社会已经全面到来了。然而，对于这样一个社会，我们却还缺乏基本清晰的认知和思考，即使已经有人开始关注这一转变了：“政治将被三大发展所转变：日益强大的系统、日益综合的技术和日益量化的社会。这些变化将共同带来一个崭新的、不同的集体生活——数字生活世界。”[②] 这个新的社会，必然有着与其对应的新的政治秩序，“所有与互联网有关的辩论的核心，在于这种新技术会带来的潜在社会—政治结果”；[③] 同时，也将是一个“全新的政治学课题”。[④] 也就是说，这是一个新的社会形态——数字社会，我们需要新政治科学。

数字社会是一个什么样的社会？这是一个值得深入思考的问题。然而，对于这样一个社会，我们依然处于经验观察和理论总结的进程当中，并未有系统性的实践认知和理论构建。如同早期人类学会使用石具、木具、铁具和近代人类发明了蒸汽机、有限公司等一样，人类生产工具和技术每一次发展，带来的不只是生产方式的变化，更包含着生产关系和思维方式的转变。人类的政治科学或许会落后于这些生产方式和思维方式的转变，但也必然会随着这些方式的转变而转变。我们当代人似乎还未能有意

① 〔法〕托克维尔：《论美国的民主》，董果良译，商务印书馆，2017，第 8 页。

② 〔英〕杰米·萨斯坎德：《算法的力量：人类如何共同生存?》，李大白译，北京日报出版社，2022，第 3 页。

③ 郑永年：《技术赋权：中国的互联网、国家与社会》，邱道隆译，东方出版社，2014，英文版序言第 23 页。

④ 樊鹏：《新技术革命与国家治理现代化》，中国社会科学出版社，2020，第 22 页。

识地去认知这样一种转变，“科学和技术的不懈进步将改变人类共同生活的方式，从而给政治带来同等程度的深远且骇人的影响。无论从智识上、哲学上还是道德上，人类都还没有为迎接自己正在创造的世界做好准备”，然而，我们又必须去理解这样一种全新的社会带来的转变，“我们需要一起重新想象自由和平等、拥有权力或财产意味着什么，甚至作为一种政治制度的民主意味着什么。未来的政治将与过去的政治大不相同”。[①] 也就是说，全新的数字社会，我们需要一个全新的政治科学。要思考数字社会的政治科学，首先要思考数字社会是一个什么样的社会，缔造的是什么样的人。因此，本文的意旨在于，探讨新到来的数字社会中存在的人并由此引申出来的政治科学。基于这一问题意识，本文直接关注和试图回答的问题是：数字化是一种技术工具还是可以成为新的主权学说的基础？由这一问题引申出来的，还包括数字社会的人是一种什么样的存在。

二　数字利维坦与技术工具论

未来已来，无可阻挡，“数字化不仅影响技术上最发达国家，也影响其他所有国家”，[②] 没有一个国家可以独善其身。[③] 这样一种数字化的到来，不但改变了社会形态，而且重塑了政治秩序，“新技术的发展，将从速度、深度和广度上深刻地影响政治、经济、科技和文化的方方面面，新技术的广泛应用对政府、企业、民间机构、民众等各个主体的行为方式和选择产生了深刻影响，由此带来国家治理的对象、任务和环境的崭新变化”。[④] 本文所讲的数字（包含数字技术），指的不是现代信息技术中的一种或者几种，而是以信息技术为主体的综合，“现代信息技术对各种治理

① 〔英〕杰米·萨斯坎德：《算法的力量：人类如何共同生存?》，李大白译，北京日报出版社，2022，导论第 i—ii 页。

② 〔德〕理查德·大卫·普雷希特：《我们的未来：数字乌托邦》，张冬译，商务印书馆，2022，第 212 页。

③ 张茉楠：《全球数字治理博弈与中国的应对》，《当代世界》2022 年第 3 期。

④ 樊鹏：《新技术革命与国家治理现代化》，中国社会科学出版社，2020，第 21 页。

体系的影响绝不是目前大家推崇的一个或两个现代信息技术的单力，而是一群信息技术的合力”。① 因此，本文所讲的数字（包含数字技术）社会是指由包括计算机技术、通信和网络技术、数字或数据处理技术在内的综合性数字（技术）带来的新的社会形态。一种新的社会形态，必然引发社会思维和生存方式的变革，由数字引发的就可以称为数字思维。

关于数字社会和数字思维带来的根本性转变，人们是喜忧参半的。理查德·大卫·普雷希特（Richard David Precht）就借用《共产党宣言》的开篇语形象地描述了人类对数字化的看法，“一个幽灵，一个数字化的幽灵在全球化的社会徘徊。全世界都在注视着这个幽灵，一方面满怀喜悦和希望，另一方面充满恐惧和担忧”。② 普雷希特的这种论述，代表着两种典型的对数字化到来的看法。然而，这两种看法本身都有一定的不足之处，其根本在于，对数字化的定位和由数字化带来的转变缺乏清晰的认知和思考。数字社会和数字思维的起点都是计算机（computer）。计算机这一概念，最早指的是欧洲的某个女人负责算术和制作图表的一种行为，而不是一台机器。③ 到了今天，杰米·萨斯坎德（Jamie Susskind）说，我们论证的起点，是“承认我们很快就会与拥有超凡能力的计算机相伴而生”。④ 从智能作为一种伴随生命起源的解决复杂而困难的问题的能力来说，数字技术的智能还达不到人类智能的程度。⑤ 但是，这并不能否认数字社会的到来带来的是一种根本性的转变，“近年来的机器学习革命已经表明，数字和计算技术的不断发展不仅将改变业界的面貌，而且还将改写我们对人类智能的认识”。⑥ 如果说数字技术带来的改变已经趋近人类智能的层面，那么，这是一个根本性的转变，无论我们是否愿意承认，或者说是

---

① 王谦编著《现代信息革命再认识——信息社会变革与治理体系创新》，四川大学出版社，2021，前言第2页。

② 〔德〕理查德·大卫·普雷希特：《我们的未来：数字乌托邦》，张冬译，商务印书馆，2022，第3页。

③ Erik Brynjolfssn & Andrew AcAfee, *The Second Machine Age*: *Work*, *Progress*, *and Prosperity in a Time of Brilliant Technologies* (New York: W. W. Norton & Company, 2014), p. 16.

④ 〔英〕杰米·萨斯坎德：《算法的力量：人类如何共同生存?》，李大白译，北京日报出版社，2022，第4页。

⑤ 〔韩〕李大烈：《智能简史》，张之昊译，三联书店，2020，中文版序。

⑥ 〔韩〕李大烈：《智能简史》，张之昊译，三联书店，2020，第230页。

主动认知还是被动参与。萨斯坎德认为，数字化带来的趋势有五个：更无处不在、连接性更强、更敏感、更具构成性、更具沉浸性。[①] 然而，无论是这五个还是更多，重点是这些趋势都已经难以阻挡了，除非我们彻底废弃数字化技术。这是不可能的。进而，关于数字化技术的发展和数字社会的到来对人类的生活尤其是政治生活带来了哪些转变，目前的研究虽然零散，但是已经有所探讨。就本文关注的数字时代的政治理论取向而言，如果我们非得要而且不得不做出一个分类的话，国内外对此的前沿研究可以分为三类。

第一，数字风险论。这是对数字化的到来最为典型的担忧论调，甚至发展出诸多关于数字风险的分类。[②] 比如，“数字难民”就是对于数字化风险的一种阐述，“‘数字利维坦’的兴起与扩张，使得每一个个体都有沦为数字难民的可能，即使那些熟练使用数字终端的人，也可能无法摆脱数字技术的控制”。[③] 对于数字化的负面影响，人类已经做了很多的思考，“数字化发展正在加大贫富两极分化，因为没有国家层面上的，确切地说，没有一个超越国家的管理政策和明智的政治决策。数字化把楔子任意地插进社会深层，社会学家多年前就指出，这个楔子会给社会带来弊病……当前，对未来社会的恐惧已卷起地面上的黑褐色的残渣尘土，漫天飞扬”。[④] 这种恐惧是普遍化的，即使是率先发展数字化的美国，也存在对数字风险的担忧，“世界上没有哪个国家像美国那样对数字化如此恐惧，这可以从到处充满了对世界末日的预言可见一斑”。[⑤] 这种数字风险论之所以存在，是因为新出现的数字社会中，数字技术的力量是极其强大的，而这种力量又不必然被服务于公共利益的国家所掌握，“今天的政府系统似乎丧失了大规模快速动作的能力，如果缺乏新技术巨头的支持，好的和坏的政策似

① 〔英〕杰米·萨斯坎德：《算法的力量：人类如何共同生存?》，李大白译，北京日报出版社，2022，第16—32页。

② 薛晓源、刘兴华：《数字全球化、数字风险与全球数字治理》，《东北亚论坛》2022年第3期。

③ 颜昌武、叶倩恩：《现代化视角下的数字难民：一个批判性审视》，《学术研究》2022年第2期。

④ 〔德〕理查德·大卫·普雷希特：《我们的未来：数字乌托邦》，张冬译，商务印书馆，2022，第17页。

⑤ 〔德〕理查德·大卫·普雷希特：《我们的未来：数字乌托邦》，张冬译，商务印书馆，2022，第40页。

乎都难以被高效执行，同传统的国家权力做比较，新技术力量似乎拥有更加独特的能力和优势”。[①] 更为可怕的是，个人在数字化的规则面前毫无力量，“失去隐私而赤裸裸的人类，正陷于感受不到直接痛苦的枷锁之中。这是数字信息产业不择手段取得的胜利，既不借助强迫，也不通过明显的暴力，但最终实现了对地球的控制”。[②] 第二，数字思维论。这一类的观点分为两种：一是比较看好数字化对思维带来的转变，并且积极去总结和思考这一转变的意义；二是以悲观的态度看待数字化对人类思维的冲击，认为数字化会弱化甚至代替人的思维能力。持比较看好的观点的人，主要是技术进步论者，其中很多人就是数字化技术发展大潮的冲浪者。具有悲观态度的人，则批判性地看到了数字化带来的风险，“对于大多数人来说，在大数据时代知道‘是什么’就够了，没必要知道‘为什么’……相关关系可以帮助我们捕捉现在和预测未来”。[③] 数字化给人的思维带来的转变是巨大的，“我们缺少差异化的态度。毕竟数字革命占领了人们的大部分已知世界，包括情感世界。数十年乃至数百年来的生活经验和知识不再适用了”。[④] 然而，要具备数字化的思维，还需要长期对人的数字化素养进行训练，“一方面，承认数字时代的生活、学习和工作所必需的具体技能有眼前的价值；另一方面，数字素养能促使积极的公民帮助创造和重塑对所有人而言未来更加美好的社会，因此不能忽视数字素养的这个长远目标和变革使命”。[⑤] 第三，也是最为流行的一种，即技术工具论。普雷希特在考察数字化构建的乌托邦时，就强调了数字化作为人类构建未来社会的辅助工具作用，“它的进步理念是将数字技术视为未来更美好的辅助工

---

① 樊鹏：《新技术革命与国家治理现代化》，中国社会科学出版社，2020，第 7 页。

② 〔法〕马尔克·杜甘、克里斯托夫·拉贝：《赤裸裸的人：大数据，隐私和窥视》，杜燕译，上海科学技术出版社，2017，第 5 页。

③ 〔英〕维克托·迈尔-舍恩伯格、肯尼斯·库克耶：《大数据时代——生活、工作与思维的大变革》，盛杨燕、周涛译，浙江人民出版社，2013，第 89 页。

④ 〔德〕理查德·大卫·普雷希特：《我们的未来：数字乌托邦》，张冬译，商务印书馆，2022，第 37 页。

⑤ 〔新西兰〕马克·布朗、肖俊洪：《数字素养的挑战：从有限的技能到批判性思维方式的跨越》，《中国远程教育》2018 年第 4 期。

具，而不是人类发展的终极目标”。[①] 数字化的技术工具论还有另外一种说法，即数字利维坦。在《圣经》中，利维坦是作为一个怪兽存在的。现代政治哲学的开创者托马斯·霍布斯将这一怪兽比作国家而使之成为政治学中的著名概念。数字利维坦的这一概述，即沿袭了政治思想史上的这一利维坦概念。在萨斯坎德关于数字技术和政治之间关系问题的探讨中，他主要关注的是政治学中的强力、自由、民主和正义这四个基本概念和数字技术之间的关系，从而试图探讨出一种数字技术支撑下的未来政治。[②] 然而，他的这一努力可能只是一种探索，目前数字技术的拥有者，更多的是试图将数字技术变成统治的工具，人异化了，“我们世界中的‘用户表层’打磨得越是光滑、越是完美优化，堕落为‘用户’的人就必将越是感到空虚”。[③] 也就是说，如果数字化变成了数字利维坦，“数字化革命来势凶猛，全面覆盖现代社会，是跨越文化的、对个人自由的最大冲击。在这个不受限制的可操控的时代，我们如何以及是否还能保护我们的人民?”[④]

数字化是一种新的技术——相对于人类发展的历史和人类的技术发展史来说。由这种新技术引申出来的，最基本的思考方式之一就是以技术工具论的方式，将数字化这种新技术看作数字利维坦——由数字化技术引申出来的权力利维坦。数字利维坦的这种思考方式，占据了目前学术界和技术界研究的主流。萨斯坎德曾总结技术和政治之间的三种关系：一是新技术的社会意义，“新技术使以前不能做的事情可以做了，也让我们早就能做的事情变得更加简单了”，即可以说是促进了人类的自由；二是新技术不一定自带政治含义，政治性是随着历史语境的变化而出现的，即可以说技术和政治之间存在张力；三是“一种在技术和政治之间更微妙的联系是，人类的发明总有办法挤进人类的政治和智识生活”，即技术最终都会

① 〔德〕理查德·大卫·普雷希特：《我们的未来：数字乌托邦》，张冬译，商务印书馆，2022，第132页。

② 参见〔英〕杰米·萨斯坎德《算法的力量：人类如何共同生存?》，李大白译，北京日报出版社，2022。

③ 〔德〕理查德·大卫·普雷希特：《我们的未来：数字乌托邦》，张冬译，商务印书馆，2022，第9页。

④ 〔德〕理查德·大卫·普雷希特：《我们的未来：数字乌托邦》，张冬译，商务印书馆，2022，第26页。

和政治关联起来，进而改变人类的生活。[①] 由此，引发了数字化的技术工具论的观点——数字利维坦。

何谓技术工具论？数字化的技术工具论就是将数字化看作一种技术工具，是用来辅助人类的生活和发展的工具。然而，数字利维坦的技术工具论存在三点根本性的问题。其一，只将数字化看作工具，缺乏对数字化思维的认知。将科学和技术的发展看作一种工具，看作特定群体的工具，有着较为广泛的支持度。[②] 实际上，由技术工具论发展出来的技术治理，都已经开始分类化。[③] 然而，数字技术对人类生活方方面面的渗透是非常深入的，而且直接决定着人类的行为。其二，将数字化看作一种机器，缺乏对数字化本身的认知。数字化技术的发明，是一种新的行动规则的发明，因此，数字化不止是机器。其三，将人工具化——看作数字。此类最典型的观点是将工业化时代的思维代入数字化思维中，将人看作数字机器。这一危险在于，数字化不是服务于人，而是利用人，“第四次工业革命的效益思维是全新的，它不仅要求生产程序的优化，而且还让人类保持自我优化的渴望和需求……所有这些并不是数字化革命所要优化的，它要的是最大利益的优化！而人的‘优化’意味着把人变得更像机器——不是变得更加人道，相反，而是更加非人道”。[④] 因此，数字化的这种技术工具论乃至数字利维坦的思维，是将数字技术看作一种权力的工具。这种看法似乎并非没有根据，任何技术性的发明，都可能带来技术工具的进步，这是一种非常普遍的看法。就数字技术这样一种工具来说，其发明和改进本身就带有权力设计和集中的色彩，“有充分的理由说明：在太多情况下，数字技术是按掌权者和特权者的立场设计的”。[⑤] 萨斯坎德甚至分析了权力的三

① 〔英〕杰米·萨斯坎德：《算法的力量：人类如何共同生存?》，李大白译，北京日报出版社，2022，导论第 xi—xiii 页。

② Gili S. Drori，John W. Meyer，Francisco O. Ramirez & Evan Schofer，*Science in the Modern World Polity*：*Institutionalization and Globalization*（Stanford：Stanford University Press，2003）.

③ 施生旭、陈浩：《技术治理的反思：内涵、逻辑及困境》，《天津行政学院学报》2022 年第 2 期。

④ 〔德〕理查德·大卫·普雷希特：《我们的未来：数字乌托邦》，张冬译，商务印书馆，2022，第 8 页。

⑤ 〔英〕杰米·萨斯坎德：《算法的力量：人类如何共同生存?》，李大白译，北京日报出版社，2022，导论第 vii 页。

种形式——武力、审查和知觉控制在数字社会中的表现，并且认为数字技术将促进这一政治权力对社会的控制。[①] 由此，数字利维坦的论点大行其道。

然而，信息和通信是人类政治生活的两大基本要素，数字化在这两大要素上都带来了根本性的转变，由此，必然引发政治的根本性转变，“我们如何收集、存储、分析并交流信息，本质上就是如何组织它们——这与我们组织政治的方式密切相关。因此，当一个社会开发出新奇的信息技术和通信技术时，我们便可以预见，政治上的变革也将到来”。[②] 数字化对人的影响确实是非常大的，然而，真正影响我们的社会生活的，不是技术，而是文化，“我们看待技术的正确态度以及利用技术的正确方法可以预防和制约它给人类社会带来的危险。总而言之，不是技术决定我们的生活——虽然已经出现了智能手机和人工智能，有谁还没用过它们？——而是文化”。[③] 技术只是作为文化的一个要素，影响了我们思考和解构世界的方式，我们需要认知和思考的是数字化带来的是一个怎样的世界，从而在我们既有文化的基础上构建起数字社会的秩序和未来。也就是说，“更重要的问题应该是，数字化改变一切，那么谁改变数字化呢？”[④]

三　数字人
——新主权学说的基础

追问一种新主权学说，必然追问新主权学说的基础和形式。也就是说，如果数字化带来的转变确实是根本性的，我们就需要去思考这个转变到底是什么，“如果我们认为技术能够对人类处境发挥根本性的作用，那

① 参见〔英〕杰米·萨斯坎德《算法的力量：人类如何共同生存?》，李大白译，北京日报出版社，2022，第5—9章。

② 〔英〕杰米·萨斯坎德：《算法的力量：人类如何共同生存?》，李大白译，北京日报出版社，2022，导论第 xvii 页。

③ 〔德〕理查德·大卫·普雷希特，《我们的未来：数字乌托邦》，张冬译，商务印书馆，2022，前言第 v 页。

④ 〔德〕理查德·大卫·普雷希特：《我们的未来：数字乌托邦》，张冬译，商务印书馆，2022，第 27 页。

么我们对这种作用的分析也应该是根本性的”。[1] 因此，我们必须思考，数字化带来的新的政治秩序是什么？这涉及的必然是一种新的政治科学，一种与现代政治学说相沿袭又有很大不同的政治学说。现代政治学说的基础，以主权学说而言，其基础大多涉及对人的重新定义。建立在新型的人的概念基础上，才可能构建新的主权学说，霍布斯、让·博丹（Jean Bodin）乃至于约翰·洛克（John Locke）和联邦党人均是如此。同样，新的主权学说也意味着新的政治形式的提出。因此，本节我们需要思考的问题有两个。其一，数字社会中人是一种什么样的存在？其二，数字社会中建立在新型的人的存在基础上的政治形式是一种什么样的存在？

学者萨斯坎德深入思考和回答过一个关于数字社会的政治学问题：“我们的生活在多大程度上受功能强大的数字系统的指引和控制，或者说是在哪方面被指引和控制。”[2] 也就是说，“数字化将改变我们的社会，这是确定的；但是如何改变，是不确定的”。[3] 萨斯坎德对这一问题的思考与回答基于他对数字社会的基本观察，“越来越多的关于人类的信息——我们做什么事、去哪里、想什么、说什么、感受如何——会作为数据被捕捉和记录，然后被分类、存储并进行数据处理。长期来看，人类与机器、线上与线下、虚拟与真实等方面的区别，都会逐渐消失”。[4] 在这样的观察基础上，萨斯坎德的阐述虽然带有一定的技术工具论观点的色彩，但是已经在力图引申出一个关于数字社会思维和存在方式的思考，“仅仅是意识到我们正在被监视这件事，就足以使我们更不可能去做那些被认为是羞耻、有罪或是错误的事情。而且，其他技术还会过滤我们眼中的世界，为我们所能感知的东西划定范围，形塑我们的思维方式，影响我们如何感

① 〔英〕杰米·萨斯坎德：《算法的力量：人类如何共同生存?》，李大白译，北京日报出版社，2022，导论第ix页。

② 〔英〕杰米·萨斯坎德：《算法的力量：人类如何共同生存?》，李大白译，北京日报出版社，2022，导论第ii页。

③ 〔德〕理查德·大卫·普雷希特：《我们的未来：数字乌托邦》，张冬译，商务印书馆，2022，第28页。

④ 〔英〕杰米·萨斯坎德：《算法的力量：人类如何共同生存?》，李大白译，北京日报出版社，2022，导论第ii页。

知，从而决定我们如何行动”。[①] 当然，萨斯坎德虽然如此描述这一观察和思考，但是并未能深入阐述数字社会中的人是一个什么样的存在。他所做的，依然是认为数字技术作为一种技术，将成为权力的工具。值得关注的是，他同时也看到了这样一种技术给人的存在带来的改变，因此，他才将数字社会对人的存在的转变看作一个重大的转变，正如同约翰·S. 密尔（John Stuart Mill）所说的那样，“在人类思维方式发生根本性的变化之前，一切巨大的进步是不可能发生的”。[②] 数字时代，人需要去认知到数字社会的到来带来的根本性变化。这个重大的变化，萨斯坎德称为堪比农业革命、工业革命乃至语言的发明。这一对数字技术的定位，是极高的。霍布斯曾在其著名的现代政治哲学奠基性著作《利维坦》（*Leviathan*）中阐述了语言的发明给人类社会带来的巨大的转变，“印刷术虽然是很具天才的发明，但和文字的发明比起来则相形见绌……最高贵和最有益处的发明却是语言，它是由名词或名称以及其连接所构成的。人类运用语言把自己的思想记录下来，当思想已成过去时便用语言来加以回忆；并用语言来互相宣布自己的思想，以便互相为用并互相交谈。没有语言，人类之中就不会有国家、社会、契约或和平存在，就像狮子、熊和狼之中没有这一切一样”。[③] 然而，就语言的四种功能来说，霍布斯依然将语言看作人类发明的一种工具。因此，霍布斯才将关于人的论述放在了“论语言”（“On Speech”）一章之前。也就是说，相比于工具，人在哲学和政治学中是更为基础的前提。我们要探讨何为数字社会中的哲学乃至政治科学，就必须要追问在数字社会中，人是一种什么样的存在。

因此，就新主权学说的第一个问题——数字社会中人的存在而言，本文拟提出数字人的概念。这个数字人，很明显不是指目前科技定义的“数字人”——一种拟人化的机器。因此，关于数字人的简单的定义就是，数

① 〔英〕杰米·萨斯坎德：《算法的力量：人类如何共同生存?》，李大白译，北京日报出版社，2022，导论第 iii 页。

② John Stuart Mill, *The Autobiography of John Mill* (US: Seven Treasures Publications, 2009), p. 93.

③ Thomas Hobbes, *Leviathan*, edited by Richard Tuck (Cambridge: Cambridge University Press, 2017), p. 24. 中译本参见〔英〕霍布斯《利维坦》，黎思复、黎廷弼译，商务印书馆，2019，第 18 页。

字人是指受到数字化思维的影响而自足地、自主地生活于数字社会中的人。按照这个定义，本文所指的数字人，是指数字思维意义上的人，与哲学传统中的“理性人”“经济人”“社会人”等一脉相承。数字人不同于“理性人”“社会人”等哲学意义上的人性假设之处在于，数字人兼具了人性的所有特征，但是加入了最初是作为一种工具的数字化技术的影响，从而与数字化相融合，成为新的存在。如此来看，数字人作为一种存在，和数字化的影响密不可分，从而具备了三个基本的特征。

第一，人的数字化，即人变成了数字世界里的一堆数字，由机器所运算和控制。这种人的数字化，萨斯坎德有一个精彩的描述：日益量化的社会——“在数字生活世界中，越来越多的社交活动将作为数据被捕捉和记录，随后由数字系统进行分类、存储和处理。人类的动作、话语、行为、关系、情感和信念将越来越多地留下永久或是半永久的数字标记。除了记载人类生活的数据，自然界、机器行为和建筑环境等方面的有关数据也会被逐渐收集起来。反过来，所有这些数据将用于商业目的，训练机器学习人工智能系统，预测和控制人类行为。这是一个日益量化的社会”。[①] 这样的数字社会中，最先引发的担忧确实是技术工具论的数字利维坦。当权力由代码和算法来生成的时候，人对数字化的反抗是没有空间的，“个体不再被视为意志自由，也不再被心理评估，而是被计算用数字作标记”。[②] 萨斯坎德阐述了在这种情况下作为政治构成的武力的三大转变：武力数字化、武力私有化和武力自动化。在这一趋势下，个人的反抗能力直接就丧失了。为了理解这一点，我们可以做一个简单的对比。一方面，我们现行的法律尤其是以实证主义法律体系为主的成文法法律体系，其内涵在于，法律实际上并没有禁止人任何的行为和事物，法律只是借助国家的力量来对人的某些行为和事物进行惩罚。也就是说，我们生活在这样一种法律体系中：我们依然拥有充分自主地进行选择和行动的自由，我们畏惧的只是可能施加的惩罚。另一方面，与之形成对比的是，在数字化的时代，人的

① 〔英〕杰米·萨斯坎德：《算法的力量：人类如何共同生存?》，李大白译，北京日报出版社，2022，第 33 页。

② 〔德〕理查德·大卫·普雷希特：《我们的未来：数字乌托邦》，张冬译，商务印书馆，2022，第 50 页。

数字化导致的是，在算法和代码的规则体系中，人不再具备充分自主地进行选择和行动的自由。一行代码和一个算法直接决定了我们能够得到的结果，我们不再拥有可能的选择，虽然也不再具备被惩罚的可能。例如，我们如果要使用智能手机，我们只有那么几种选择，不可能有如自己制作手机和选择自创使用模式那样的自由。如此的情况下，很难再区分我们是被数字技术当作了工具，还是数字技术把我们变成了执行数字命令的工具。因此，数字的人化，意味着数字技术以最直接的方式切入了人的选择和行动之中。如本段列举的法律案例所说的那样，我们从恐惧国家的惩罚而不违反法律变成了我们根本不再存在违反法律的可能——数字程序把人可能的行为都已经确定好了，因而也就不再存在恐惧国家的可能。那么，在数字社会的到来成为必然的情况下，数字化对人的改变将是彻底性的。几乎人所有的选择和行动的规则都会被重塑，人也在这种重塑中发生了新的转变，“在这个意义上，量化代替了思维，剩下的就是维护判断能力和判断喜悦，维护价值观、思想意识和行为态度”。[①] 人的数字化，是数字人的技术前提。

第二，数字的人化，即我们再也难以区分虚拟和现实。感觉和现实的分离，是霍布斯缔造现代政治科学理论中暗含的主线，而虚拟和现实的分离则是数字社会的新的存在。在现代哲学中，世界的确定性来源于我们对现实的感知和构建，而数字化则使得我们唯一拥有的这种感知和构建变得模糊了起来。以元宇宙为例，“虚拟现实技术会让人感觉非常真实。用户经过最初的调整或是抗拒后，就能开始慢慢适应他们周围的‘新宇宙’。随着时间的流逝，人最初那种难以置信的感觉会逐渐消失，同时开启对这个‘真实’世界的感性记忆，就好像有些东西正在分离，开始褪色似的”。[②] 你感知到的是虚拟世界，结果你却当成真实的现实世界，这就是数字的人化。这种情况下，人就变成了数字算法的产物，从而使得算法和代码具备了巨大的权力，以至可以控制一个人生活的方方面面。加诸个体

① 〔德〕理查德·大卫·普雷希特：《我们的未来：数字乌托邦》，张冬译，商务印书馆，2022，第35页。

② 〔英〕杰米·萨斯坎德：《算法的力量：人类如何共同生存?》，李大白译，北京日报出版社，2022，第31页。

身上的这种绝对的影响，只有极权主义的权力可以与之媲美。也就是说，数字展开了对人的统治，“整体上看来，消费者为了方便似乎必须忍受一些极权主义”。[①] 如果我们接纳的信息都是经过数字的代码和算法过滤的，那么我们认知到的世界就是数字构建的，数字成了我们的主人，决定了我们感知的方式、内容，从而决定了我们的思维方式。如此之后，我们就变成了被数字统治的工具人，一切生活和思维都由数字决定，“人们以自律换取便利，以自由换取舒适，以思考换取幸运。启蒙主义的人类形象在布满监控传感器的美丽数字新世界和数字云里失去了立足之地。如果算法和掌握算法的人，对‘我’的认识比‘我’还更清楚，判断力还有什么用呢？生活成为了一种时间消遣。‘成熟的’不是‘我’的理智、‘我’的意志和‘我’对自己的认识，‘成熟的’或者说因‘成熟’而更‘有经验的’，是算法里所记录的‘我’的全部行为，记录不仅告诉我做了什么，我是谁，它还告诉我接下来我会做什么”。[②] 因为代码和算法的确定性，我们接收到的信息确实是被选择之后的，信息的过滤是数字技术的基本内容。信息的“过滤是一种无比强大的感知控制手段。如果你控制了一个社会的信息流动，你就可以影响这个社会对是非、公不公平、干不干净、得体不得体、真实还是虚假、已知还是未知的共同观念。你可以告诉人们世界是什么样，什么是重要的，以及他们应该如何去思考和感受。你可以说明人们应该如何判断别人的行为。你可以唤起热情和恐惧、沮丧和绝望。你可以塑造规范和习俗，定义什么可以做，什么不能做，哪些礼仪是可以接受的，什么行为是适当的或不适当的，以及共享的社会仪式，如问候、求爱、仪式、谈话和抗议应该如何执行；什么可以说，什么被认为是不能说的；公认的政治和社会行为的界限是什么”。[③] 那么，可以确认的是，数字化和政治形成了密不可分的关系，“互联网不仅仅是一种传播社会不

① Tim Wu, *The Master Switch: The Rise and Fall of Information Empires* (London: Atlantic, 2010), p. 292.

② 〔德〕理查德·大卫·普雷希特：《我们的未来：数字乌托邦》，张冬译，商务印书馆，2022，第51页。

③ 〔英〕杰米·萨斯坎德：《算法的力量：人类如何共同生存?》，李大白译，北京日报出版社，2022，第107页。

满的沟通手段：它也有助于新的社会组织的形成。互联网是一个新的领域，国家和社会在这个新领域中互动，追逐着它们的利益”。[①] 数字的人化，是数字人发展的必然过程。

因此，一种新型的政治社会出现了，“现实是，我们将越来越受制于来自各个新方向的力量。不管对这种权力的规范是应该事关集体控制，还是应由市场来规范，再或者是由其他形式的问责制来约束，它都将成为数字生活世界具有决定性的政治议题”。[②] 也就是说，数字本身将具备人所具备的权力，变成了上一节所说的利维坦，能够直接产生对人的管控和监督。数字化将对人的一切进行记录、存储、整理和计算，并根据人的行为进行新的自主演绎和进化，“其结果是，没过多久，我们受到的审查将急剧增加。我们去哪里、做什么、买什么、写什么、吃什么、阅读什么、何时何处睡觉、说什么、知道什么、喜欢什么和如何工作以及我们的计划和野心，都将成为审查的主题，被机器捕获并处理。这不是社会第一次从根本上变得更易于解读，因而也更容易受到控制，但是，这一次的变化在规模上是前所未有的”。[③] 也就是说，当300多年前，霍布斯将利维坦形容为一台机器的时候，这个利维坦还需要主权者来代表和充当其灵魂，而在数字化中，数字技术直接成为利维坦，能够自动对人进行管理和控制，并且不需要人来充当其灵魂和指挥其行为。正如约翰·切尼－李波尔德（John Cheney-Lippold）所说的，数字的算法已经能够对我们人进行解构、编译和分析，从而重新定义我们人。[④] 很明显，当代人很少能够接受这一点，但是这一点已经成为我们生活的现实。比如，即使我们很难获得比较满意的服务，但是我们已经习惯商家24小时在线的机器人服务，已经习惯政府24小时在线的平台服务。在数字政府和电子商务有所发展的地方，我

① 郑永年：《技术赋权：中国的互联网、国家与社会》，邱道隆译，东方出版社，2014，第66页。

② 〔英〕杰米·萨斯坎德：《算法的力量：人类如何共同生存?》，李大白译，北京日报出版社，2022，第85页。

③ 〔英〕杰米·萨斯坎德：《算法的力量：人类如何共同生存?》，李大白译，北京日报出版社，2022，第95页。

④ John Cheney-Lippold, *We Are Data: Algorthms and the Making of Our Digital Selves* (New York: New York University Press, 2017), p. 19.

们都需要先通过数字技术的服务才可能进入与提供服务的人打交道的地方。如此，可以明确的是，正如人的数字化特征中所表明的，我们被设定的数字程序框定了充分自主地选择和行动的可能，但是我们并未如想象中的那么愤怒，反而觉得数字机器可以提供的 24 小时服务比之前的只能在工作的时间里的工作人员的服务要好得多。也就是说，我们大概率会觉得这是一种进步，是一种改善生活的方式，自动就接纳了这样的一种生活，而且感觉良好。数字嵌入人类社会逐渐成为主人，自我感觉良好的人类却觉得自己才是主人，满心愉快地接纳了这一变化，还认为是一种进步，即使其代价是自由。

第三，以人为中心。人的数字化和数字的人化是一种交缠发展的新型人类社会形态，但是其出路不应该是人变成了数字或者数字统治人，而应该以人为中心，在数字化的支撑下，发展出一个更为自由、平等、繁荣的新的形态和时代。代码和算法都是人发明的，人有能力和机会掌握自己的发明，而且，能够变革这些发明的也是人。因此，我们没有理由陷入技术工具论的数字化思维，“数字化的未来不可以使用算法计算，只有数字化的机器使用算法”。[①] 也就是说，是人类决定了机器，而不是机器统治了人类，“人类历史的进步不由充满了数字和表格的烦冗经济论文决定，而是思想、人类形象和梦想决定的——无论技术的还是社会的”。[②] 这就是普雷希特一直强调的，“让人类成为自己人生的自由塑造者，这正是人类数字社会乌托邦的中心主题”。[③] 人不是机器，而是人控制机器。可能的问题在于，人若是缺乏自主思考和使用机器的能力，就可能被机器化，“社会变革最大的危险不是变革本身，而是仍然用上个社会的治理逻辑做事”。[④] 比如，在工业社会的时代发展出来的消费主义，就是与数字人相

---

① 〔德〕理查德·大卫·普雷希特：《我们的未来：数字乌托邦》，张冬译，商务印书馆，2022，前言第 vi 页。

② 〔德〕理查德·大卫·普雷希特：《我们的未来：数字乌托邦》，张冬译，商务印书馆，2022，第 87 页。

③ 〔德〕理查德·大卫·普雷希特：《我们的未来：数字乌托邦》，张冬译，商务印书馆，2022，第 98 页。

④ 王谦编著《现代信息革命再认识——信息社会变革与治理体系创新》，四川大学出版社，2021，前言第 5 页。

对的，即数字化的技术工具论试图塑造的人格，姑且称之为“消费人”。本文所称的“消费人”是一种数字化时代的人格，与消费主义有着一定的关联，指的是这样的人们：“他们首先不是人类或公民，他们是客户、用户、消费者，他们自私、急躁和懒惰。”① 数字化的发展，强化了“消费人”。这种“消费人”不同于欧盟在推动数字化发展时所说的“消费者主权”，而是异化了的数字人。② 萨斯坎德直接指出了数字化的技术工具论引申出来的消费人，“当面对一个新的插件或是应用程序时，我们一般都不会去考虑它对政治制度产生的意义。相反，我们想知道的是：它能做什么？使用它要花多少钱？我在哪儿能下载到它？这种想法并不奇怪。总体上说，当面对技术时，我们总会把自己当成一个消费者”。然而，更值得我们注意的是，萨斯坎德同样提出了数字化带来的数字人的转变，“但我们现在需要改变这种过于狭隘的观点了。我们必须把通常用来审视和怀疑有权势的政治家的眼光，投射在新技术的力量上。技术并不仅仅是在消费者的意义上影响着我们，其影响更体现在公民层面。在 21 世纪，数字技术就是政治本身”。③ 杰伦·拉尼尔（Jaron Lanier）很认同数字人这一观点，并认为数字技术具备改变世界的惊人能力。④

因此，以人为中心，是数字人的归属。技术是归属于人的，由此，隐藏在数字权力背后的，依然是人的权力，虽然这种权力可能会变成少数人的权力。目前流行的说法是，正如技术工具论视角所言，权力属于拥有技术的人。然而，这其中依然会有细微却值得政治哲学关注的区别：技术是归属于人的，这一观点没有问题，但是，权力属于拥有技术的人，却不一定准确。这一区别对未来政治秩序的构建是极其重要的。下文我们会探讨技术带有的天然集中权力的趋势，在此我们想表明的是，数字技术属于能够控制其发展的人，而不属于数字技术的发明者或者拥有者，“在数字生

① 〔德〕理查德·大卫·普雷希特：《我们的未来：数字乌托邦》，张冬译，商务印书馆，2022，第 57 页。

② 薛岩、赵柯：《欧盟数字治理：理念、实践与影响》，《和平与发展》2022 年第 1 期。

③ 〔英〕杰米·萨斯坎德：《算法的力量：人类如何共同生存?》，李大白译，北京日报出版社，2022，导论第 v 页。

④ Jaron Lanier, *Who Owns the Future*?（London: Allen Lane, 2014）, p. 17.

活世界里，占主导地位的物品将是数字技术，因为对控制它的人来说，它不仅会带来便利、娱乐甚至财富，它还会带来权力。请注意，权力将属于那些控制技术的人，而不一定是拥有技术的人”。[①] 数字技术与之前的那些技术发明最典型的不同之处在于，权力更加隐蔽地隐藏在其背后了。因此，当前这个阶段引发的第一个担忧是，数字技术及其发展，并不是如同现代利维坦的出现一样，天然带有公共性，大多数数字技术都是私人的发明，拥有者也是个人或者市场化的公司，从而产生了数字技术的公共权力和私人权力之间的冲突。更令人担忧的是，私人拥有了能够带来巨大转变的数字技术，是否会挑战国家的公共权力。这将促成一个数字社会中个人和国家的互动过程，最后，数字技术因其天然的集权性而被少数人控制。由此引发的最后一个担忧是，数字技术会不会如自由主义的中立国家理论一样，将利维坦变成谋取私利的工具？这个担忧不是空穴来风。数字技术再如何影响和改变人类世界，也都只是可能作为权力的一种工具。然而，权力是人对人的统治，数字化会加深这一统治，而不是必然带来更多的自由和平等。因此，必须明确以人为中心的数字化发展，“坚持以人为本的价值取向，积极发挥数字化技术的人类自由全面发展价值，从而保证数字化生存的高质量发展”。[②] 这种以人为本，也展现出数字化发展对人的基本尊重。[③] 因此，人必须在数字化的过程中保留其具有的创造性，学会驯化数字技术。数字化作为人类的发明，其本质是为了促进更高形态的人类社会的出现。因此，数字化不应反客为主，“技术不应试图让人去适应它，而应该将它的发展定位于人的需求。人们为了能够在较少有偿劳动的世界里幸福生活，必须投入大量时间和精力提高自身的文化修养，尤其因为数字技术要求人们恰如其分地对待它们，正确地使用它们”。[④]

---

① 〔英〕杰米·萨斯坎德：《算法的力量：人类如何共同生存?》，李大白译，北京日报出版社，2022，第290页。

② 刘璐璐、张峰：《后疫情时代数字化生存的技术哲学思考》，《东北大学学报》(社会科学版) 2021年第5期。

③ 苏明、陈·巴特尔：《数字人权的挑战与治理》，《电子政务》2022年第3期。

④ 〔德〕理查德·大卫·普雷希特：《我们的未来：数字乌托邦》，张冬译，商务印书馆，2022，第139页。

建基在数字人概念上的新的主权学说，必然带来政治形式乃至政治实践的不断转变。数字化的发展带来了思维的转变，也带来了新的政治风险，因此，“我们都需要搭建一种智识上的框架，来帮助我们清晰且批判性地思考数字创新的政治后果”。[①] 这样一种新的主权学说，必然能够将数字技术纳入其思想体系当中，“新技术革命和新型新技术机构在介入政治过程之后，国家主权者需要重新审视自身，其中最重要的是主权者需要以变革者的思维审视传统权力的运行，革新政治理念和社会合作协同的机制”。[②]

由此，就新主权学说的第二个问题而言，建立在数字社会中新型人的存在基础上的政治形式，本文拟提出集权分工式的概念。在数字化的技术工具论视角中，我们已经看到数字技术本身带有的集权色彩。在技术的发明中，人们很不愿意承认和接受的是，技术的使用往往会和技术的发明背道而驰，比如人们熟知的机枪的发明和使用。数字技术也是如此。然而，很多人依然试图利用数字化的技术去改变政治日趋集权这一趋势，区块链等数字技术就被赋予了巨大的期待。然而，本文的观点是，这样一种期待收获的必然是失望。在数字社会以前，我们的政治有很多未能所及的地方，我们所熟知的如法无禁止即自由的常识，以及“皇权不下县”的认知就是明证。数字社会的政治是全新的，将会改变此前那种也许可以称为“模糊自由”的状态，因为“在此之前，我们从未与拥有强大力量和自主权的非人类系统共存过，从来没有在一个技术已无缝融入社交网络的世界生活过……我们不了解生活中的大部分内容是如何被记录、跟踪和处理的”，然而，我们并没有做好准备迎接这一数字社会的到来，“当我们在数字生活世界中继续前进时，面临的主要风险即失去自己的政治和道德直觉，不愿意或没准备好对我们已经习以为常的变化进行批判性思考”。[③] 随着政治的发展，我们的国家权力和政府治理实际上一直都在下沉和推

---

① 〔英〕杰米·萨斯坎德：《算法的力量：人类如何共同生存？》，李大白译，北京日报出版社，2022，导论第 viii 页。

② 樊鹏：《新技术革命与国家治理现代化》，中国社会科学出版社，2020，第 57 页。

③ 〔英〕杰米·萨斯坎德：《算法的力量：人类如何共同生存？》，李大白译，北京日报出版社，2022，第 41 页。

进。甚至可以说，“第四次工业革命和新技术的发展，正在重新定义‘国家’这样一个事物”。[①] 数字技术并不能改变这一趋势，“想想互联网：因为它的网络结构在本质上非常适合去中心化和非等级化的组织，许多人便自信地预测，线上生活将会与线下世界中的情况大不相同。这种想法显然被后来的事实打了脸。主要是由于互联网生来具有的商业和政治属性，它的发展路径逐渐受到大型企业和政治实体的引导与控制，而正是以上两者过滤和形塑了我们的线上体验”。[②]

基于此，本文认为，数字社会的政治权力模式应该可以试着用集权分工式来形容。集权是指，新技术的发展会使得权力能够渗透的深度和广度得到延伸和提升；分工则是指，随着现代社会的发展而来的分工合作模式。由此，数字社会的集权分工式是指，新技术的发展使得权力能够渗透的深度和广度得到延伸和提升，而其技术性则会继续沿袭现代社会的分工模式，最后达致一种分工越来越明确但是权力越来越集中的政治形态。数字社会的权力集中将会加深，这可能会让很多人失望甚至难以相信。之所以如此，有两个因素的影响。其一，现代社会不断趋向分工的趋势，让人们习惯了承担生产方式和生产关系中的一部分，从而缺乏政治上的整体感。其二，对数字社会和数字技术缺乏足够清晰的认知。实际上，数字化带来的政治权力的转变会影响人们生活的方方面面，“一方面，新发明使我们能够以全新的方式行动和思考，产生令人兴奋的新的创造模式、新的自我表达和自我实现的方式。另一方面，我们也应预见政治当局执法能力的急剧提升，这将相应地导致我们摆脱政府控制的能力急剧下降”。[③] 由此，数字社会形态中的政治权力，其集权的能力、广度和深度都将是史无前例的——数字化带来的权力可以直接加诸个人的身上，并将个人纳入现代社会的分工体系当中。因此，如果不将数字化的目标确定为以人为中心的话，个人充分自主的选择和行动的自由将不再有

① 樊鹏：《新技术革命与国家治理现代化》，中国社会科学出版社，2020，第4页。

② 〔英〕杰米·萨斯坎德：《算法的力量：人类如何共同生存?》，李大白译，北京日报出版社，2022，导论第xviii页。

③ 〔英〕杰米·萨斯坎德：《算法的力量：人类如何共同生存?》，李大白译，北京日报出版社，2022，导论第xxi页。

存续的可能。

四　结语

数字社会最需要关注的标语，应该是萨斯坎德喊出的口号："数字的即政治的。"① 本文试图阐述的逻辑关系是，数字化最早是作为一种技术工具而被发明出来的，随着数字化的发展，数字化工具逐步对其使用的主体——人产生了深刻的影响并与人的思维习惯进行了融合，人被重新塑造成有能力使用并且存在某种程度的依赖数字化技术工具的新型人，这种新型的人能够自主性、批判性地思考和使用数字技术，从而成为"数字人"。数字化必然是一个新的时代，这样的时代必然需要一种新的思维——"数字人"。这样的转变，是人依然可以认知和主动参与的，"在数字生活世界里，等待我们的诸多政治问题将于平凡如你我的人们的想法和选择，在政治消失或面目全非之前，自由、民主和社会正义的命运仍掌握在我们手中"。② 然而，人充分自主地选择和行动的这种自由，是很难获得的。就算是获得了，也是很难保持的："试问，谁能抵制安全和舒适呢？谁来唤醒时刻准备售卖自己自由的人呢？"③ 因此，面对数字化的到来，人类更加需要提升自己拥有和保持自由的能力。

因此，建立在数字人基础上的新的思维方式，必然呼唤新的政治科学。技术应该是隶属于人的，但是技术也会不断地改变人。由此，我们需要进一步思考的问题就变成了两个：（1）技术隶属于具体的哪个人？（2）技术是怎样改变人的？就第一个问题而言，如果我们只是笼统地说技术属于人类，并没有太大的意义。因为，如果技术只是一种工具，那么，就需要追问：这样一种工具是掌握在谁的手里？在生产方式决定生产关系的时代，

① 〔英〕杰米·萨斯坎德：《算法的力量：人类如何共同生存？》，李大白译，北京日报出版社，2022，第43页。

② 〔英〕杰米·萨斯坎德：《算法的力量：人类如何共同生存？》，李大白译，北京日报出版社，2022，第308页。

③ 〔德〕理查德·大卫·普雷希特：《我们的未来：数字乌托邦》，中国社会科学出版社，2020，第178页。

握有技术工具的人掌握了权力。就第二个问题而言，技术的发展意味着技术的进步，但是并不意味着带来的就一定是社会和政治上的进步。因此，关注数字化给人带来的改变就显得尤为重要。很明显，这一改变是根本性的，而不仅仅是技术性的。

博士生论坛

论尊严作为法核心范畴的理由*

黄鑫政**

（苏州大学王健法学院，苏州）

摘　要：当今社会问题丛生，权利本位无法回应，国际法及各国的尊严法学较为成熟，这些因素都逼迫我们对尊严进行重视，呼吁法变革。法变革的重要方面就是法核心范畴的更新。一个途径就是将尊严作为核心研究对象、法核心范畴。法核心范畴从权利到尊严的转变是基本规律，即“权利本位”向“尊严本位”的转变是趋势。核心范畴的地位来自尊严本身的内涵，通过尊严与权利、法的关系可见其地位。尊严可有多种分类方式与理解方式，它既是权利，也是权利的基础，具备多阶层的性质，是法律中不可避免的概念。

关键词：尊严；权利；法律；法变革

近年来有许多社会问题，归结起来都与权力、法治、权利相关，如同绝大多数事件可以归纳为对权利的侵犯一样，这里面绝大多数问题都可以归纳、抽象为“不尊重他人尊严”“尊严不被尊重”。尊严本应是每个人都必须拥有的，但现实生活中的人并非都有足够的体面、尊严。因此，强调和树立人的尊严是必要的。法学作为一门涉及人际关系规则的学问，也有义务回应社会问题、人的问题。要对社会问题和人的境况予以改进，其

---

* 本文以《论可作为法学核心范畴的“人的尊严”》为题，首发于《深圳社会科学》2023年第1期。

** 黄鑫政，苏州大学王健法学院法学理论博士研究生。

前提就是对社会尤其是人的生存予以关注，其中特别重要的则是尊严问题。然而，在当今的法学话语中，更多的是权利言说，即便尊严的研究也有不少，但尊严问题的重要性及脆弱性，必定要求有更多的关注度、研究、立法等，特别是在立法上完善有关尊严的规定。有鉴于此，笔者强烈呼吁尊严范畴及话语的崛起，以此作为法律、法学革新、进步的重要内容。

一　核心范畴的基础来自尊严的内涵

（一）尊严的本质

人文、社会科学的目的，就是认识世界与改造世界，说到底就是对社会的本质及其发展规律的揭示。[①] 通过对人的尊严的强调，能够为尊严被忽视、被践踏等问题的避免、解决提供理论思路。在人类历史的长河中，大部分时间段内人都只是作为国家和君主的附庸，没有独立的人格，尊严自然也无从谈起；而即便在第二次世界大战之后，人的尊严受到重视，尊严成为通行的国际话语，也在《联合国宪章》及重要的国际人权公约中屡屡被提及，但这也不能忽略在许多国家人的尊严还是缺位的现实。从现代法律上而言，尊重人的尊严是法制的核心内容之一，而落实尊重人的尊严的使命，最好的途径自然也是将它与法制相关联，换句话说，通过法制的手段保障人的尊严的实现，是最有效也是最可取的方式。固然，将尊严与法制联系起来也是学者常常言及的问题，但人的尊严如何通过立法确立为法律上的规范，仍然是一个有待深入探讨的话题。而对人的尊严加以怎样的理解，就是其中一个前提性的问题。

尊严是一个跨学科的概念、范畴，是伦理学、哲学、法学等多个学科领域共同推崇的理论范畴。若说哲学是人文社科的王冠学科，尊严则是人文社科乃至科学科技领域核心的“王中王”概念、元概念。我国将马克思主义视为立国之本，而马克思主义理论中的“人学”“以人为本”都内含

---

① 王乾都：《学术研究与论文写作》，军事科学出版社，2002，第11—12页。

着对人及其尊严、权利的观照、重视，推崇“社会全体成员的平等的、合乎人的尊严的发展”。[①] 人的尊严，又称“人类尊严”“人性尊严”，[②] 代表着哲学、伦理学上一种将个人视为主体和目的的理论学说。按照这一观念，人的尊严不仅表征着人在自然万物中的尊崇地位，同时也意味着每一个生活于世间的个人，均有神圣而不可侵犯的人性尊严。

《剑桥哲学辞典》“尊严”词条中写道：尊严，通过归属给人的一种道德价值或道德地位。一般认为，人不但享有尊严，而且也感受到尊严。人被认为具有（1）“人类尊严”（human dignity，一种内在的道德价值、基本的道德地位或两者兼具，人人平等），而且具有（2）“尊严之感”（sense of dignity，意识到自己的尊严，会倾向表明自己的尊严和拒绝受到羞辱）。[③] 在这里，辞书将“尊严”以一种内在价值和个人感受的方式表达了出来，这意味着“尊严”既是一种人的道德地位的昭示，也是个人与他人交往时的一种行为尺度。在前一种意义上，人的尊严意味着个人在社会和国家生活中必须被承认为有和他人同等的价值和地位；就后一种意义而言，人的尊严意味着每个人有被别人尊重、平等对待的权利。

人的尊严在历史、哲学、宗教、政治以及法律上都有很深的思想和制度渊源，其本身也是一个可从多层次加以审视的概念。[④] 以英语为例，dignity 在《英汉大词典》里有“尊贵、高贵、高尚、端庄、庄严、尊称、高位”等多个含义，甚至于人性尊严、人的尊严、人格[⑤]尊严等都被学者等而视之，不加区别地使用。上述情况说明，人的尊严是一个较难给出

---

① 《马克思恩格斯选集》第 2 卷，人民出版社，2012，第 77 页。

② 本文将人格权、人格尊严都视为“人的尊严”，不做苛刻的区分，认为它们只是表达上的差别。有学者也持有类似观点：不管是从人格尊严的英文翻译来看，还是从我国人格尊严的立宪原意来看，我国宪法上的“人格尊严”就是指“人的尊严”，只是我国习惯称之为“人格尊严”。这样的说明既避免了很多的理论误区和包袱，也统一了学术研究的成果。参见上官丕亮《论宪法上的人格尊严》，《江苏社会科学》2008 年第 2 期；上官丕亮《宪法与生命：生命权的宪法保障研究》，法律出版社，2010，第 47 页。

③ 〔英〕罗伯特·奥迪主编《剑桥哲学辞典》，王思迅主编译，猫头鹰出版社，2002，第 321—322 页。

④ Catherine Dupre, "Constructing the Meaning of Human Dignity: Four Questions," Christopher McCrudden (ed.), *Understanding Human Dignity* (Oxford: Oxford University Press, 2013), p. 113.

⑤ 当然，人格更侧重人格的主体自身的修为、品行，来自自身，他人无法给予其“人格”。

确切定义的概念，一定程度上只能在多面向的角度上加以描述，包括用对其外延进行分类的方法进行理解。正因如此，对人的尊严的概念和范围予以厘定，是一个基础性的学理工作，且尊严的内涵需要随着人的主体性的增加而不断扩充。在法律、法学的场合，学者仍须做努力的探索，包括重视它作为核心范畴的地位，以及尊严在法律实践中的落实。

当然，如果一个法学概念或者法学范畴内涵过于空泛，那它本身就无作为法学概念或者范畴的资格。正是源于人的尊严的重要性以及人的尊严的可感知，学者从尊严的本质入手，试着提炼和分析人的尊严的内涵，强调“尊严是人类经验的开创性表达，通过世界各地人们的需求聚合而获得权威”,[①] 为此，需要在总结人类经验的基础上加强对尊严的理解、定义，这也有助于其作为法律的理论基础。但同时，正如法律上的概念可以区分为“抽象的概念”与“类型的概念”（typusbegriffe）那样,[②] 尊严的“概念”[③] 更多是类型的概念而非精准的抽象概念、定义，这也许可以解答尊严概念难以定义的问题：它本身很难被精准地定义，只适合被尽可能地描述、类型化。

尊严还与“善”有关。[④] 善也可以理解为一种“恕”——宽恕。宽恕是一种爱、善良，仁爱是我国古代儒家一直倡导的，其本质就是“爱人”。这类观念在西方也同样存在，如保罗二世就指出：“在人的尊严的光辉里，理性才能把握住特定的道德价值，这些价值具有确定的善，人自然地要倾向于它。而这个尊严，一定要在为了它自身得到确定。而且，既然人不能被提炼成一种自我设计出的自由，而是具体展现成一种特定的精神和肉体的结构，成为一种主要的道德要求，去爱、去尊重作为目的的人，而永远不会仅仅把他们当作手段。按照它的天性，尊重基本的善，如果没有这个善，那么人人就会堕入相对主义和随意性。”[⑤] 从社会的角度而言，善是尊严得以实

① David J. Mattson，Susan G. Clark，“Human Dignity in Concept and Practice Policy，” *SCI* 44，2011，p. 303.

② 陈清秀：《法理学》，台北：元照出版公司，2018，第 325 页。

③ 黄鑫政：《法学视角下的“尊严”的内涵》，《人民法院报》2021 年 12 月 3 日。

④ 王旭：《宪法实施原理：解释与商谈》，法律出版社，2016，第 72 页。

⑤ 天主教会约翰·保罗二世：《真理的宏伟》，转引自〔美〕迈克尔·罗森《尊严：历史和意义》，石可译，法律出版社，2015，第 81 页。

现的基础，也是自我尊严不被破坏的一种基础。不善或者好攻，容易遭到惩罚、报复，惩罚、报复的结果就是自我人格的贬损。人性中的报复心理，来自内心的衡量、判断，是为宽恕他人就是宽恕自己，“害人则害己”。

（二）尊严及其保护的类别

在学者的心目中，人的尊严是有类别的。一种“人的尊严”是与个人努力、个人道德修养有关系的威望、尊严、人格好坏，也是通常所说的“有身份”“有人格”，这也被称为人格差异说。[①] 按此观点，个人越努力、成就越多，人格就越健全，由此“真正的人格尊严，是要随内在德性的伸长而伸长的”。[②] 个人自身德性好，则人格好，即德高人格重。这种人的尊严观实质上是一种外在人的尊严观，即把人的尊严与其成就、功绩、德行联系起来，但这种尊严观并不适合作为法律上人的尊严的理论基础。我们现在强调的是另一种“人的尊严”观，即与个体主观努力无关，而是人人都拥有的尊严，也就是底线的人格尊严或曰作为一个人必须拥有的尊严、绝对的尊严，比如不被刑讯逼供的尊严、不被侮辱的尊严、不被随意拘禁的尊严等。这种类型的人的尊严的外延，和基本权利多有重合之处。对于这一类型的尊严，有私人之间的尊重与国家的尊重之差异。必须注意的是，在这种尊严的解说中，已经假定了人是一个完善的道德主体，它可以自律地规划自己的生活和行为，以有德性、负责任的形象表征着其与其他生物的差异。就此而言，尊严实来自“道德完整性”（moral integrity），[③] 尊重他人也因之成为人们生活中一种必要的道德。对于私人而言，尊重他人的尊严是一种文明、宽容品质的展现，如果一个人置他人的名誉、隐私于不顾而肆意侵犯，不仅难以为社会所容忍，甚至可能会招致法律的制裁。国家对私人的尊重则表现为国家采行以人为本的基本国策，将

---

① “每个人的人格自身都是平等的，并无任何差别；但是人格所表现或承载的品格或品性，则会随着每个人人格的具体发展而有所不同。”江玉林：《人格尊严与徐复观的民主政治思想》，（台湾）《法制史研究》第31期，2017年。

② 徐复观：《中国思想史论集》，第169页。转引自江玉林《人格尊严与徐复观的民主政治思想》，（台湾）《法制史研究》第31期，2017年。

③ Peter Bieri, *Human Dignity: A Way of Living*, translated by Diana Siclovan (Cambridge: Polity Press, 2016), p. 166.

所有人均视为目的而非手段，因而这种尊严基本上是“无条件的”、绝对的尊重。尊严还可以分为“应有的尊严”“法定的尊严”“实际上的尊严”。遵循这个分类思路，可以探讨实际上的尊严情况、法律规定上的尊严情况以及人们应有的尊严情况。当然，无论对人的尊严做何种类型的划分，都可以找到其本质的内涵，即尊严是人生而为人即所具有的内在价值，每一个人，无论其长相、外貌如何，也不论其贡献、成就多大，都平等而无例外地和他人一样，普遍地拥有作为人所拥有的尊严。对于国家和法律来说，维系和保障人的尊严，既是其职责所在，也是其德性使然。换句话说，当国家不能确保人的尊严的实现，或者说国家无视人的尊严被践踏的现状，那么，国家就不是法治的国家，也不是有德性的国家。

对于尊严，从正面来做出界定较为困难，但如从反面做出定义，将那些属于侵犯人的尊严的行为予以类型化，不失为一种较为可取的人的尊严的定义方法。例如德国学者迪里希（Günter Dürig）在论及人性尊严时，经常与精神、意识、自决等概念一并加以探讨，并从“反面”来对人性尊严做出界定：“当一具体的个人，被贬抑为物体、仅是手段或可替代之数值时，人性尊严已受伤害。”① 简言之，人的尊严强调人是目的，人是主体，而一旦将人视为“物体”“手段”时，则人的尊严荡然无存。所以，人的尊严的反面也就是将人视为被人决断、被人奴役的对象。我国台湾学者周志宏也认为，强调人的尊严就不允许对人的尊严加以贬损。在他看来，所谓“对人性尊严之贬损”主要是指以下几点。（1）对人类的侮辱与贬低，将人视为单纯的客体而非主体。例如，将人作为实验之对象，作为科技的工具或控制的对象。（2）对个人内心之“个体性”的剥夺。例如，以人工生殖或基因复制等技术，塑造大量具有同一特征的“人造人”，去除个人存在之独特性，或以监视、监听或其他科学的探知技术，来侵入每一个人的“个人领域”，剥夺个人的隐私。（3）未能提供或保障“适合于人类的生存基础”，这是指破坏现在及将来人类适于生存的精神或物质

① 李震山：《论资讯自决权》，《李鸿禧教授六秩华诞祝寿论文集》，台北：月旦出版社股份有限公司，1997，第719—720页。

环境，以致未能提供或保障“符合人性尊严之最基本的生存条件”。[1]

英国学者史蒂文·卢克斯（Steven Lukes）将“人的尊严”视为“个人主义”的应有之义，他同样以“反面定义”的方式，对人的尊严进行了阐述。卢克斯认为，如果存在下列三种情况，即可以毫无疑义地断定这是对人的尊严的侵犯。第一，对于社会生活中的人，“如果我们不是把他看作一个行为者和选择者，一个产生了行为和选择的自我；如果我们不把他作为一个人来看待，从而也不把他作为一个人来对待，而仅仅作为一个头衔的佩带者或一个角色的扮演者，或者仅仅作为达到某种目的的手段，最糟的是甚至仅仅作为一种客体，那么我们就不再尊重他了”。换句话说，如果我们仅仅因为对方是领导、富翁、学术权威等而尊重他，那显然我们尊重的就是这些人的外在因素，而不是把他们当作一个人来予以尊重。总之，当我们不将人视为具有自主性的个体时，我们实际上就隐含了对他人的蔑视。在卢克斯看来，这往往包括两种方式：一种是“完全控制或支配他的意志”；另一种是“不合理地限制他能够选择的目标范围”。当然，其中还有一个“最阴险、最关键的方式”，就是“消除或限制能够增强他对自己的处境和活动之自觉意识的机会”。第二，“如果没有正当理由而侵犯某人的私人空间和利益，干预他的应受尊重的活动（尤其是干预他内在的自我），那这很明显是对他的不尊重”。比如涉入他的隐私空间，阻碍当事人人生计划的安排等，就属于这类情况。第三，“如果有人减少或限制某人实现他自我发展能力的机会，这也是对他的极端不尊重”。[2] 例如通过规定苛刻的受教育条件，使许多贫穷家庭的子女无法接受应有的教育，这就是在发展的机会上断绝了当事人形塑自我的可能。当然，这方面更多地涉及保障人的尊严实现的制度问题，未必就是人的尊严本身的内容。无论是反面的还是正面的、描述的还是抽象的、经验的还是理性的定义，都只能逐步接近尊严这一范畴应有的内核，而难以穷尽其所有的内涵与外延。或许，只有康德人是目的的尊严观念，最能体现人的尊严的伦理和法

---

① 周志宏：《学术自由与科技研究应用之法律规范》，《李鸿禧教授六秩华诞祝寿论文集》，台北：月旦出版社股份有限公司，1997，第544页。

② 〔英〕史蒂文·卢克斯：《个人主义》，阎克文译，江苏人民出版社，2001，第121—122页。

律内涵："每个有理性的东西都须服从这样的规律，不论是谁在任何时候都不应该把自己和他人仅仅当作工具，而应该永远看作自身就是目的。"[①]人在确立了"自在的目的"之下，正确运用理性，并且以"尊重"作为与他人交往的准则，这样的人就有了绝对的尊严。

尊严的保护有多种途径，为此我们也可以从尊严的保护方式来认识尊严。鉴于尊严的重要性，在保护方式上其中一种为"保轻以明重"，即通过对看似"轻"的事情进行保护以显明其重要，宣示尊严保护的理念、价值、重要性。例如，"法国行政法院作出的抛掷侏儒的行为与'公共秩序'不相容的裁定。在一些娱乐和马戏团表演中，侏儒为了谋生，自愿作为体格健壮的人投掷的对象。法国行政法院认为把别人当成纯粹的物品使用这一行为本身就侵犯了人的尊严，应该予以禁止"。[②] 法国行政法院的做法可能引起一些争议，为一些人所不能理解，甚至"侏儒"自己都可能有意见，但法国行政法院的做法为尊严保护铸就根基做出了贡献或者提供了一种范例。"允许别人把自己当成纯粹的物品使用以及自暴隐私 、自损自虐、自轻自贱的行为是一种侵害人的基本尊严的行为，是被社会主流道德观念所排斥、所谴责，甚至为法律所禁止的行为。"[③]人的尊严有时候也意味着人作为群体、人类的尊严，不允许个人自贱，因为个人的自贱等于损害了人类作为群体、物种的尊严，星星之火会成燎原之势，个人的自贱容易导致尊严损害的逐渐渗透，因而需要扼住起火点、防微杜渐。

二　尊严与法、权利的关系奠定核心范畴地位

为了理解一个事物的概念，除了对它本身进行定义之外，还可以从它的邻近"属"出发，找出二者区别和共同点来进行定义。因此，为了更好地了解和定义尊严，就可以研究它和权利、人权的关系。如前所

① 〔德〕康德：《道德形而上学原理》，苗力田译，上海人民出版社，2002，第 52 页。
② 韩德强：《论义务本位和权力本位的尊严观》，《文史哲》2006 年第 1 期。
③ 韩德强：《论义务本位和权力本位的尊严观》，《文史哲》2006 年第 1 期。

述，人的尊严不是一个能够轻易定义的“概念”，它至多是作为一个“类型”而存在。[①] 粗略地讲，人的尊严就是“学者说的‘渊源权’（Muttergrundrecht、Quellrecht），是一种权利的渊源”。[②] 为此，人的尊严的落实与保护，以法律的形式规定为义务或权利是必要的一种方式。然而，尊严与法律、权利究竟有何关联呢？这就是下文所要探讨的问题。

（一）法律中的尊严概念不可避免

为了更好地了解尊严，不得不面对尊严与法律的关系。尊严的法律概念、含义也是无法回避的。[③] 例如有学者认为，由于没有一个国家的宪法对尊严概念有定义，因此人的尊严没有实质的规范。[④] 可见，在法律上如何确定尊严的内涵，实在是一个极为紧迫的理论和现实论题。我们需要通过挖掘尊严的内涵及其在法体系中的规定情况，思考它在法体系中的位置。

凯瑟琳·杜普雷（Catherine Dupre）在《构建人的尊严的意义：四个问题》[⑤] 一文中，提出了四个“尊严与法的关系”的问题并给予解答。四个问题分别为：首先，作为法概念的人的尊严是什么？其次，谁创造了人的尊严？再者，什么时候人的尊严成为法概念？最后，为何人的尊严被用做法概念？这四个问题是法与尊严关系非常重要的问题，几乎命中了全部尊严与法的关系的核心问题。斯蒂芬·瑞雷（Stephen Riley）则认为，人的尊严和法律之间存在一种特权关系。法律必须被理解为受制于人的尊严所提出的要求。人的尊严要被恰当地理解的话，需要澄清它与法制度、法实践的

---

① 吴从周：《债法修正溯及适用与法官阐明时效抗辩》，台北：元照出版公司，2007，第25页。

② 吴从周：《债法修正溯及适用与法官阐明时效抗辩》，台北：元照出版公司，2007，第5页。

③ Stephanie Hennette-Vauchez，“A Human Dignitas? Remnants of the Ancient Legal Concept in Contemporary Dignity Jurisprudence，” *International Journal of Constitutional Law*，Vol. 9，No. 1，2011，p. 33.

④ Catherine Dupre，*The Age of Dignity*：*Human Rights and Constitutionalism in Europe*（Oxford：Hart Publishing/Bloomsbury，2015），p. 74.

⑤ Catherine Dupre，“Constructing the Meaning of Human Dignity：Four Questions，” Christopher McCrudden（ed.），*Understanding Human Dignity*（Oxford：Oxford University Press，2013），pp. 113 – 121.

关系。此处提出了对人的尊严原创性的修正理解：尊严没有先于或者依赖于法而存在。应该将尊严看作一个处于道德、法与政治的交叉地带的价值进行研究。这个有价值的方法挑战了传统且确立了法律作为价值维持制度的重要性。2011 年，斯蒂法妮·亨内特－瓦切丝发表《人的尊严？当代尊严法学中古代法律概念的剩余物》，认为人的尊严的法概念已经不可避免。①

换句话说，由于社会发展，“所有的事情都变的与尊严有关了”，② 在法律上认可尊严是不可避免且无法逆转的趋势，③ 当然，尊严受法律保护的程度还远远不够，在法没有规定尊严的情况下尊严不能受到绝对的保护，因此需要思考尊严法学，思考通过法制保障尊严的落实。在美国，自 1940 年起，尊严就被引入多个法律领域，包括刑法、民权法、残疾法和老年法以及最近的公共生物伦理学领域。④ 可见，无论在国际层面还是国家层面，也不论是在理论层面还是法律实践层面，人的尊严都已成为基本范畴，成为言说权利话语的核心因素。⑤

那么，法与尊严的具体关系究竟如何呢？学者斯蒂芬·瑞雷在《人的尊严与法：法与哲学上的研究》的前言里说，法必须被理解为受尊严的要求所限制。相反地，如果没有澄清人的尊严与法制度、法实践的相互作用的话，人的尊严无法被正确地理解。法能够防止尊严被工具化、破坏、贬低，由此他将尊严的含义置于义务的概念中并通过“法”这个概念进行延伸，并呼吁我们进行思考：如果我们将社会致力于人的尊严，一切将会如何？⑥

---

① Stephanie Hennette-Vauchez, “A Human Dignitas? Remnants of the Ancient Legal Concept in Contemporary Dignity Jurisprudence,” *International Journal of Constitutional Law*, Vol. 9, No. 1, 2011, p. 33.

② Bertrand Pauvert：《尊严原则宪法化的审视》，赵智勇译，〔法〕Bénédicte Bévière-Boyer、许耀明编《人性尊严与健康法》，王若寒等译，台北：元照出版公司，2018，第 287 页。

③ 〔法〕Pierre de Montalivet：《欧盟法视角下的人的尊严》，赵静静等译，〔法〕Bénédicte Bévière-Boyer、许耀明编《人性尊严与健康法》，王若寒等译，台北：元照出版公司，2018，第 43 页。

④ Carter Snead, “Human Dignity in US Law,” *The Cambridge Handbook of Human Dignity Interdisciplinary Perspectives*, edited by Marcus Duwell, Jens Braarvig, Roger Brownsword and Dietmar Mieth (Cambridge: Cambridge University Press, 2014), p. 388.

⑤ Aharon Barak, *Human Dignity: The Constitutional Value and the Constitutional Right*, translated by Daniel Kayros from Hebrew (Cambridge: Cambridge University Press, 2015), p. 34.

⑥ Stephen Riley, *Human Dignity and Law: Legal and Philosophical Investigations* (London: Routledge, 2019), Preface.

实际上，如果说20世纪主要是人权的世纪，21世纪则是“人的尊严”“尊严本位”的世纪。国别法之上的国际法规范对于人的尊严的大力弘扬就是明证。凯瑟琳·杜普雷认为，不能低估《世界人权宣言》第1条对之后人的尊严的传播的影响，[①] 同时他引用卡普斯的看法说，《世界人权宣言》第1条不是尊严在立宪主义与人权领域中得以存在的唯一的原因，也可能不是主要的原因。“尊严作为法概念不是突然出现的。尊严的历史包括了哲学，这是为人广泛认同的，康德的作品也被频繁引用。历史事件是尊严作为法概念发展的一部分，第二次世界大战、犹太人大屠杀也一直被理解为对法中尊严的使用起到重要促进作用。”[②] 因此，尊严在法律中的出现，是顺应历史规律、社会规律的。

（二）尊严与权利的关系

在西方世界，人的尊严与人的权利的关系问题一直是个经典话题，二者的关系对理解人的尊严及其落实具有根本性的意义。并且，由于权利在法律中的基础地位，人的尊严与人的权利的关系问题也就成了人的尊严与法律的关系、人的尊严在法律中的地位等问题的基础问题和理论前提。学者多瑞斯·斯科罗德（Doris Schroeder）就曾写文章，试图区分这对孪生兄弟，[③] 学者查尔斯·R. 倍特兹（Charles R. Beitz）则将人的尊严放在权利理论中进行分析。[④] 胡玉鸿教授也支持通过法定权利来确保尊严，认为“尊严不单是一种学者的理论和民众的理想，它还必须外化为人权和法定权利，成为通过国家法律来保障其得以实现的实践性权能”。[⑤]

在宪法法理学上，包括巴拉克（Aharon Barak）在内，都将人的尊

---

① Catherine Dupre, *The Age of Dignity: Human Rights and Constitutionalism in Europe* (Oxford: Hart Publishing/Bloomsbury, 2015), Introduction.

② Catherine Dupre, “Constructing the Meaning of Human Dignity: Four Questions,” Christopher McCrudden (ed.), *Understanding Human Dignity* (Oxford: Oxford University Press, 2013), p. 117.

③ Doris Schroeder, “Human Rights and Human Dignity: An Appeal to Separate the Conjoined Twins,” *Ethical Theory and Moral Practice* 15 (3), 2012, pp. 323 – 335.

④ Charles R. Beitz, “Human Dignity in the Theory of Human Rights: Nothing but a Phrase?” *Philosophy & Public Affairs* 41, No. 3.

⑤ 胡玉鸿：《个人的独特性与人的尊严之证成》，《法学评论》2021年第2期。

严视为母权利，学者凯瑟琳·杜普雷也称呼人的尊严为“宪法权利保护所持续需要的母权（mother right）或母体本原（基体本原，Matrix Principle）”。[①] 德国波恩大学的公法教授诺德海因－韦斯特法伦州宪法法院的法官博尔哈尔德·斯克林（Bernhard Schlink）在《“人的尊严”的概念：当今用法与未来话语》[②] 一文中，也论及人的尊严相对于人的权利是母权与子权的问题。当然也有学者将人的尊严直接作为一种权利对待，如罗纳德·德沃金（Ronald Dworkin）于1993年就提及尊严权（the right to dignity），并区分了积极尊严与消极尊严。[③] 当然，围绕人权和人的尊严展开的法律辩论，充满了曲折和难以解决的困难。[④]《经济、社会和政治权利公约》和《公民权利和政治权利国际公约》都宣布人的权利来自尊严，这种承认无疑强化了尊严相对于权利的优越地位，但为何人的权利来自人的固有（inherent）尊严，仍有必要进一步加以阐释？

有学者认为，尊严是权利的渊源，也是权利的目的。[⑤] 人的尊严的特殊性决定了其在权利位阶上是“多栖”的。克里斯托弗·麦克鲁登（Christopher McCrudden）认为，“人的尊严”的概念对人的权利的司法判决的发展起着重要的作用，它贡献了人的权利的解释与判决的特殊方法。[⑥] 同时，尊严与权利没有绝对地分开，尊严也是权利，艾琳·戴利（Erin Daly）就经常这么称呼尊严。[⑦] 也有外国学者认为，尊严的使用是对权利

---

① Catherine Dupre, *The Age of Dignity*: *Human Rights and Constitutionalism in Europe* （Oxford：Hart Publishing/Bloomsbury，2015），p. 71. 这里的Principle根据《英汉大词典》（第2版）该词条第5种含义取“本原，起源”最为合适，而不是一概认为Principle等于“原则”的译法。

② Christopher McCrudden（ed.），*Understanding Human Dignity*（Oxford：Oxford University Press，2013），p. 632.

③ Mary Neal，“Respect for Human Dignity as Substantive Basic Norm，” *International Journal of Law in Context*，Vol. 10，No. 1，March 2014：15.

④ Roger Brownsword，“Human Dignity from a Legal Perspective，” *The Cambridge Handbook of Human Dignity Interdisciplinary Perspectives*，edited by Marcus Duwell，Jens Braarvig，Roger Brownsword and Dietmar Mieth（Cambridge：Cambridge University Press，2014），p. 20.

⑤ Erin Daly，*Dignity Rights*：*Courts*，*Constitutions*，*and the Worth of the Human Person*（PA：Pennsylvania University Press，2013），p. 131.

⑥ Christopher McCrudden（Ed.），*Understanding Human Dignity*（Oxford：Oxford University Press，2013），Xi.

⑦ Erin Daly，*Dignity Rights*：*Courts*，*Constitutions*，*and the Worth of the Human Person*（PA：Pennsylvania University Press，2013），Introduction.

语言的有益的补充或者至少是修饰（ornament）。

人们将人的权利（human right）简称为“人权”，因此人权与“人的权利”本没有实质性的区别，人权只是习惯上的表达而被承继下来，如“行政诉权是一种人权”这样的表达与“行政诉权是一种‘人的权利’或‘权利’”其实是一样的。[①] 人权当然也不同于基本权利，据邓衍森教授分析，人权先于基本权利而存在，基本权利是宪法专章的内容，由于宪法比较宏观，因此其只规定最为基本的权利，难以一一列举。[②] 换句话说，基本权利的范围肯定窄于“人权”，且人权是人生来就该有的，不是宪法的划定、创设。总之，“人权”等于“人的权利”，不同于基本权利。只是中国的语境，人们几乎约定俗成将人权等同于基本权利，这是表述不够精确乃至人云亦云的结果，该明确区分开来：[③] 人权即人的权利，基本权利则是它们中的一个子集，即最关键、为人所必需的权利，如生命权、人身自由权、言论自由权等。

尊严与人的权利内在的深层次关系值得探索。据学者维克多·奥西亚廷斯基（Wiktor Osiatynski）在《人的权利及其限制》所说，学者雅克·马里坦（Jacques Maritain）是第一个检验人的权利与尊严的关系的人，[④] 他说，对人的尊严的保护是所有权利的一个最重要的功能。[⑤] 杰瑞米·瓦尔德伦（Jeremy Waldron）则说，尊严既是权利的基础，也是权利的内容，此乃尊严的二元性（duality）。[⑥] 权利为尊严的实现提供了一部分机制（mechanisms）、媒介。[⑦] 尊严与人权有许多共通的地方、交集，正如它与权利一样。以冤案受害者人格尊严来说，冤案受害者受损的尊严也就是其

---

① 刘志强：《人权研究在当代中国的变迁》，社会科学文献出版社，2019，第206页。

② 邓衍森：《国际人权法理论与实务》，台北：元照出版公司，2018，第217页。

③ 此文涉及“人权”的表达，一样遵照现有约定俗成的含义：基本权利。

④ Wiktor Osiatynski, *Human Rights and Their Limits* (Cambridge: Cambridge University Press, 2009), p. 190.

⑤ Wiktor Osiatynski, *Human Rights and Their Limits* (Cambridge: Cambridge University Press, 2009), p. 189.

⑥ Jeremy Waldron, *Dignity, Rank, & Rights* (Oxford: Oxford University Press, 2009), p. 17.

⑦ Jack Donnelly, "How dose Dignity Ground Human Rights?," Hoda Mahmoudi, Michael L. penn., *Interdisciplinary Perspectives on Human Dignity and Human Rights* (Bradford: Emerald Pubilishing, 2020), p. 6.

人权、权利的受损。尊严、人权指向的对象的名称有不少是相同的。尽管有学者从尊严不是人权来阐发两者之间的关系，如莫尔特曼、唐纳利等学者的论点，① 但为了突出尊严的价值及促进其在我国应有的作用，还必须加强尊严与人权关系的论述。人权研究及其话语如何逐渐兴起，对于尊严研究及其话语的提升具有相当的模范作用。《国际人权公约》里面说人权源于人身的固有尊严，在中国，人权话语业已普及，“国家尊重和保障人权”也正式写入宪法，但尊严话语远不如人权话语被人重视，这是远远不够的。“人权话语是随着时代的发展而发展的，有一个不断进步的历史过程。”② 任何话语都是如此，尊严亦是。在中国，尊严话语萌芽是否晚于人权，值得进一步考证，但人权包括尊严，讲人权也应该讲尊严，而不是一味只说人权，忽略尊严话语。同样地，研究人权的学者也应该兼顾尊严范畴、尊严话语，正如研究尊严的学者也应该有意识地与研究人权的学者对话那样。尊严研究也只有更多与权利、人权挂钩，才会有更多的对话对象，才能够被更多的学人听取、接受。与人权、权利类似，尊严也既是法律的概念，又是道德、哲学甚至是政治的概念。人权、权利与尊严三者间的关系是值得研究的，它们外延不同，对象有别，但毋庸置疑，尊严至少会是和权利、“人权”一样重要的法学范畴。

总之，尊严既是一种权利，也是权利的人性基础。③ 因此，中国当代法律学者在有关法学范畴的建构中，若忽略尊严范畴，必定会在理论上欠缺，在实践中有害。一定程度上说，尊严与权利都是以以人为本的原则设计的思考。若权利是法学的基本范畴，作为最高价值的尊严当然更应具备核心范畴的地位。④ “权利本位”若有真理性，则“尊严本位”亦有基础，也应当被关注、研究。实际上，尊严还应该成为解释权利的指引（guide）。⑤ 迪里希

---

① 胡玉鸿：《“个人”的法哲学叙述》，山东人民出版社，2008，第225页。

② 鲁锦宇：《当代中国人权话语的构建维度与价值取向》，《人权》2020年第4期。

③ 刘学敏：《欧洲人权体制下的公正审判权制度研究——以〈欧洲人权公约〉第6条为对象》，法律出版社，2014，第55页。

④ 胡玉鸿：《我国现行法中关于人的尊严之规定的完善》，《法商研究》2007年第1期。

⑤ Henk Botha, “Human Dignity in Comparative Perspective,” *Stellenbosch Law Review* 20 (2), 2009, p. 171.

还认为尊严能够在各种基本权利具体适用过程中得到实践。[①]

综上所述，法与尊严无法分离，法的本质是权利和尊严，法的目的是保护权利、尊严，在这个时代，尊严话语的出现频率已经越来越高，尤其在与法问题相关的情形下。尊严是法的存在目的、核心价值。“对法的本质的认识，决定了法学发展的趋向。”[②] 未来的法，将是以维系人的尊严为指向的、“尊严本位”的法，尊严在法中的位置将会越来越突出，比重会越来越明显，二者关系将会更加紧密。“‘人的尊严’现在在法律范围内被使用，它被设定在政治和法律声明中……人的尊严是人权的基础，从形式上来讲，这个概念就像人权的规定那样，是普遍的、平等的、个体的和绝对的。这就是：每个人都单独地并以相同的方式被赋予人的尊严，仅仅是因为他或她是一个人。”[③] 尊严的内涵决定了它在法律上至高无上的地位，奠定了它是法学核心范畴的基础。由此，作为权利基础的尊严，成为人们普遍关注的对象，是应有之义。当然，权利和尊严亦有重叠的部分，权利的缺失也是尊严的缺失，有些权利，如言论自由，就是最基本的、根本的、人之所以为人的权利，这样的权利或自由一旦被限制、限缩，那就不仅是对个人权利自由的损害，也是对人的尊严的亵渎和冒犯。

三　法变革中的范畴演进：从权利到尊严

（一）法变革之范畴演进规律

“法学变革是法学发展过程中的质变和飞跃，是旧理论、旧学说的衰亡，新理论、新学说的创生，它既要反思过去，又要反映现在，还要展示将来。”[④] 新范畴的发现和确立，是法学理论创造的一种形式和前提，是学科知识增长和发现的重要来源，是法变革的重要组成部分。

① 黄舒芃：《什么是法释义学？以二次战后德国宪法释义学的发展为借镜》，台北：台大出版中心，2020，第97页。

② 文正邦、程燎原、王人博、鲁天文：《法学变革论》，重庆出版社，1989，第92页。

③ 〔德〕格奥尔格·罗曼：《论人权》，李宏昀、周爱民译，上海人民出版社，2018，第60—61页。

④ 文正邦、程燎原、王人博、鲁天文：《法学变革论》，重庆出版社，1989，第49页。

按照历史唯物主义的观点，社会总是处于变化发展的过程之中，法、法学也会由此而相应不断地发展。特别是当代中国，处于百年未有之大变局的时代，社会基本矛盾也发生了深刻变化。在此背景下，思考如何通过新型法学范畴的引入，来为中国法治建设增添理论血脉，是中国法学研究者的崇高使命。正如有学者所言："法学发展的新起点，应着眼于因社会主要矛盾的转移而引起的法学重心的转移这一基点上，而且一定要从法学理论的深层结构上寻找突破口，还要有整体和全局的观点和战略选择的眼光。法学发展的新起点，不能不集中在对法的概念的重新确定、对法的本质的再认识、对法的功能的新探究上。"① 笔者遵循、暗合这样的思路做研究，并认为"尊严"恰是能够担当这一转型期法学、法律重构的核心范畴。

一定程度上说，"法学发展，即法学知识、理论、方法等的增长与进步"。② 有了新的概念、范畴，就有了新的研究对象和研究范围，必定能拓展原有的研究视域，从而使法律、法学建立在更为坚定的基础之上。同样，对某概念、范畴的重视、研究、推崇，是对理论、方法、知识的创新、重视。大体而言，法学发展有两种方式，一种是积累式发展，另一种是变革式发展。③ 重要概念范畴的提出与强调、甚至新范式的出现，都是法学发展进步的一种表现形式。"变革式发展，是对某种法学范式的重大调整或根本变革。法学范式，保证了法学的稳定发展，但随着社会、科学和法制的发展，当法学范式延伸到一定限度，这种稳定性就成了阻碍法学进步的保守性……在大学变革过程中，法学家们不仅反省和查验传统的法学范式，而且变革传统的法学范式和理论体系：基本命题的转换与拓展、原理的修正与更新、理论模式或思维框架的调整与改革、概念范畴的引进与重新界定等等。"④ 笔者认为，权利本位、权利范式⑤在当代中国法学界已深入人心，法律以权利为本构建制度内容，也成为当代中国立法的典型

---

① 文正邦、程燎原、王人博、鲁天文：《法学变革论》，重庆出版社，1989，第69页。
② 文正邦、程燎原、王人博、鲁天文：《法学变革论》，重庆出版社，1989，第2页。
③ 文正邦、程燎原、王人博、鲁天文：《法学变革论》，重庆出版社，1989，第2—3页。
④ 文正邦、程燎原、王人博、鲁天文：《法学变革论》，重庆出版社，1989，第3页。
⑤ 范式较难理解，这里没有对此进行考证、研究，暂且借用。

样态。然而，法学也好，法律也罢，都不能单单固守原有的范畴，在人的尊严业已成为世界性话语的时候，我们如果对此范畴不加重视，就可能落后于人甚至授人以柄。如习近平总书记所言："坚持从我国实际出发，不等于关起门来搞法治。法治是人类文明的重要成果之一，法治的精髓和要旨对于各国国家治理和社会治理具有普遍意义，我们要学习借鉴世界上优秀的法治文明成果。"[①] 在我们看来，尊严、尊重本位范式"提供了法本体论的理解系统、融贯法律运作和操作的全部过程、提供基石范畴、提供了全景式的法哲学视窗"，[②] 为正在形成的"尊严法学"提供了理论背景和理论框架。

从学术发展的经验来看，"任何一门学科，其基本理论不但支撑着该学科存在的根基，也支配着该学科在一定时期内的话语言路；一旦这些因素出现根本性的松动或变化，这个学科的自明性就会受到撼动，即使短期内该学科不发生范式革命，但该学科从业者的研究信念和精神信仰产生动摇这是一定的"。[③] 范畴的发展不是突如其来的"飞来峰"，而是社会变革、社会转载的时代产物。尊严就是如此。正是在第二次世界大战结束之后，人们反思导致世界生灵涂炭的残酷现实，认识到只有尊重人的尊严，才是社会与人类发展的根本之道，由此从《联合国宪章》开始，将尊严的内容置于国际公约之中。同样，在当代中国，由部分人对人的尊严的漠视导致一系列恶性事件的发生，所以，提出尊严作为法律的核心范畴，本身就是对社会现实的回应。不仅如此，我们将尊严作为法律上的核心范畴看待，并不是说要否定权利范畴，相反，是要通过尊严的言说，精细化、具体化权利范畴，让权利话语更有活力、新意、多元，也更能贴近中国现实。不仅如此，事物是变化发展的，"核心范畴"中的核心也是运动着的，因此"核心范畴"也是有时代性的。尽管权利的确是一个法学、法律上的重要概念。但在法学界或者在社会、政治生活话语中，尊严的地位、重要性都亚于权利的分量，这恰恰说明我

① 《加快建设社会主义法治国家》（2014 年 10 月 23 日），《习近平谈治国理政》第 2 卷，外文出版社，2017，第 118 页。

② 文正邦、程燎原、王人博、鲁天文：《法学变革论》，重庆出版社，1989，第 285—284 页。

③ 张清民：《学术研究方法与规范》，中华书局，2013，第 82 页。

们对尊严的认可还不足够。

任何一个定义必然是暂时的,[①] 权利本位如此，尊严本位如此，事物都是变化发展的，“本位”“核心”都是相对的概念，具有阶段性。如同边沁的伟大在于他将他的哲学思想、道德伦理思想与他的法学的思想以及社会、法律改革联系起来，边沁优秀于其他人的原因在于他所持有的“法概念是相对的”且从属于最终目的观点。[②] 尊严本位的提出，亦是模仿这样的观点：核心范畴具有阶段性，必须根据社会现状选择核心范畴进行研究。

（二）从“权利本位”到“尊严本位”

法的核心范畴就是法学中最普遍、最抽象、内涵最丰富的概念，“全部的法律和法学问题都以胚芽的形态包含于法学核心范畴之中，都是由法学的核心范畴中逐渐发展出来的”。[③]“尊严”这一范畴恰好符合这些基本要求、标准。

但如前所述，推崇尊严范畴并不意味着彻底放弃权利范畴，而是在人的尊严作为法核心范畴确定之后，将之作为统率权利、义务、责任的基础话语，为现代法律注入人文、人性的伦理基质。实际上，权利范畴的话语地位和积极意义仍在，重视权利更是我们日常话语的必需,[④] 绝不会因尊严范畴的崛起而终结。如同部分学者所言：“对过去并不是否定一切，否定的是其已丧失生命力的部分，继承和发展有生命力、具有真理性的部分，即扬弃。”[⑤] 此文言及尊严的法发展、法变革、范畴递进，不是对权

---

① 〔英〕约翰·斯图亚特·穆勒：《逻辑体系》（一），郭武军、杨航译，上海交通大学出版社，2014，引言。

② Friedmann, “W. Bentham's Limits of Jurisprudence Defined,” *L. Q. Rev.* 64 (3), 1948, p. 342.

③ 刘旺洪、张智灵：《论法理学的核心范畴和基本范畴——兼与童之伟教授商榷》，《南京大学法律评论》2000年春季号，第150页。

④ 如习近平总书记所言，“推进全面依法治国，根本目的是依法保障人民权益。要积极回应人民群众新要求新期待，系统研究谋划和解决法治领域人民群众反映强烈的突出问题，不断增强人民群众获得感、幸福感、安全感，用法治保障人民安居乐业”。习近平：《以科学理论指导全面依法治国各项工作》（2020年11月16日），《论坚持全面依法治国》，中央文献出版社，2020，第2页。

⑤ 文正邦、程燎原、王人博、鲁天文：《法学变革论》，重庆出版社，1989，第49页。

利的彻底废弃，而是要突出尊严的时代地位和时代意义。同样，法的核心范畴不必是唯一的，也就是说，尊严作为法核心范畴不代表权利就必须不是法核心范畴，且尊严的落实方式本来就必须通过权利的方式来进行规定。类似于“权利本位”与“义务本位”的争论，“权利本位”不是彻底否定义务范畴的意义。“人类理解各种事物时，总需要坐标，以为比对，好坏、善恶都是比较的结果。”① 同样地，在我们倡导尊严这一范畴时，由于权利与尊严的特殊而紧密的关系，呼吁“尊严本位”，就必然需要面对“权利本位”，并有必要对二者进行比较，同时结合现实生活中的问题，对“权利本位”进行反思。毕竟事物的特征来自比较，也只有这样，“尊严本位”的呼吁才会有可靠的理论根基、对话对象，以此融入法律学说之中，成为新时期法学研究的主题词。当然，权利与尊严不是对立的范畴，而是共生的概念。当然，尊严在社会生活中，其使用程度会有权利那样的重要性，甚至是超过权利的话语潜力，因为它的内涵和渊源是厚实、悠久的。

证诸法学的发展历史，观念的革新是极度重要的，学术观念的革新是国家政策革新、法律制度重塑的基础。社会问题发生的本质迫使我们重思法律的使命与本质，并由此通过新的范畴的引入，来为革新后的法律制度提供理论支撑。对尊严的保护、尊重人的尊严是法的使命，但由于在当代中国，这个使命被强调、重视得还不够，因此有必要加以重视、强调，以使法学、法理学更好地面对社会问题、解决社会问题。正因如此，中国当代的法学观念来到了从权利到尊严转换的时候，也可以说是新中国法律、法学上的第二次范畴、范式革命。

借用张文显教授的说法，新中国法学范式的变化，是从“阶级斗争为中心”过渡到“权利本位”，② 但就现代法律的发展趋势而言，应该有第二次范式转换，即从“权利本位”到“尊严本位”。“盖法律既为人类生活之规范，其本身固须随人类生活之推进而演进。”③ 法学范畴及其演变

① 郭恒钰：《德意志帝国史话》，周惠民“序”，三民书局，2019，第1页。

② 张文显、于宁：《当代中国法哲学研究范式的转换——从阶级斗争范式到权利本位范式中国法学》，《中国法学》2001年第1期。

③ 李肇伟：《法理学》，东亚照相制版厂，1979，第45页。

是法律、法学发展的缩影。社会在不断发展之中，其对理论的需求也在不断变化。法理学作为法学的重要组成部分，其基本范畴亦需要根据时代需要、社会问题而转向。法学上特别是法理学上对核心范畴的呼吁、需要也是逐渐变化发展的。在当下，可以说，我们已经来到了一个需要尊严范畴的时期。这一点，党和国家的领导人也对之有清醒的认识。如习近平总书记就明确指出："我们要将承诺变为行动，共同营造人人免于匮乏、获得发展、享有尊严的光明前景。"① 不仅如此，核心范畴、基本范畴轮替也是时代发展的需要，契合法理学发展的规律，就像岗位人员轮换、轮流坐庄一样，能够带来较为健康的繁荣和发展，也有利于法治的发展以及社会问题分析范式、解决方案的探索。固然，以尊严作为法的核心范畴，会给人抽象、玄妙的外观，但这样的问题在权利本位方面也同样存在。权利同样很抽象，需要被具体化，以解决现实生活中所发生的各种社会问题，它只是因为被提及、研究较多而变得"具体"，同样，尊严一旦被关注、重视，一样会具体化、实在化。可见，一个范畴"具体"与否，与人们对之是否足够了解有关。不仅如此，"具体"一定意义上也是"主观的"，因为只有通过主观的努力方能达到"客观的"效果。尊严虽以抽象著称，却也因为国际公约的存在、各国法律文本的规定以及司法裁判经验的积累，而能够拥有确切的含义。

当然，如我们一再重申的那样，倡导"尊严本位""尊严范式"，不是说要彻底否定"权利本位""权利范式"，而是说以更为基础的范畴来统括法学研究和法律体系。相较于权利来说，尊严是其上位概念，由尊严的要求可以派生出相关的权利，而权利一定意义上就是为了维护人的尊严所设置的。如学者所言："人权是众多的，而人的尊严则只能是独一的。因此，人的尊严优于与人的存在密切关联的众多的人权与责任。人的尊严是人类一种不可分割、不能让渡、不可剥夺的人类特性。不同的人权表达的都是这样一个整体，因为人在其尊严上具有不可分割的统一性。人权条目的整全性并不等同于这个整体性。这种源自人的尊

① 《携手构建合作共赢新伙伴，同心打造人类命运共同体》（2015 年 9 月 28 日），《习近平谈治国理政》第 2 卷，外文出版社，2017，第 524 页。

严的整体之光照耀着人权的每一个具体部分。”① 可见，在法律的层面，以尊严作为法的核心范畴，更为合理也更为坚实。尊严源于人成为独立自主的价值主体的内在渴求，尊严范畴的提出，恰是遵循“事物本质”“人性规律”的结果，是对社会问题与法律规律的提炼、抽象。如我们后文所要论述的那样，人的尊严的普遍不被尊重导致一系列社会问题，相较而言，对人的尊严的重视与实践可以解决许多发生的社会问题。由此可见，尊严的重要性不言而喻，提出尊严作为基本范畴很有必要，我们需要迎来从“权利热”到“尊严热”的范畴转移。张文显教授就建议要“重视提炼新范畴、扬弃旧范畴”。② 尊严范畴的提出，正是法律学科发展的必然。“学术研究的成就不仅仅取决于天赋（个人智力的程度）与勤奋（对智力的一定运用），它更多地取决于第三种因素，那就是方法，即智力的运用方向。每个人都有其方法，但很少有人在这方面能够达到直觉与体系化的程度。”③ 方法的意义也在于此，方法包括研究角度和用力方向，提倡尊严本位，就是对我们法学家、法律人的智力运用方向的提醒、号召。

（三）尊严作为法核心范畴的优势

“核心范畴是一门科学赖以建立的基石，它的确立是该科学成熟的主要标志，这个核心范畴蕴含着该科学的全部内容，是全部内容的浓缩，它的展开可派生出该科学其他的基本范畴和一般范畴，可以派生出该科学的基本原理，它的完全而充分的展开就是该科学的全部内容。”④ 这段话很精准，将尊严范畴放置于法学科学中，符合这段话的基本内涵。

尊严是核心范畴、尊严本位、尊严法学，即对尊严的绝对地位的推崇。都是为了作为思想的先声，带来法制及法治的进步，促进现实社会

① 〔德〕莫尔特曼：《基督信仰与人权》，刘小枫编《当代政治神学文选》，蒋庆等译，吉林人民出版社，2002，第142页。

② 张文显：《论法学的范畴意识、范畴体系与基石范畴》，《法学研究》1991年第3期。

③ 〔德〕萨维尼：《萨维尼法学方法论讲义与格林笔记》，胡晓静译，法律出版社，2014，第67页。

④ 李新祥：《出版学核心——基于学科范式的范畴、方法与体系研究》，中国书籍出版社，2010，第99页。

的进步、人的完善。思想是行动的先导，也是法文本产生或修改的起因。尊严本位，来自尊严的性质、地位。

另外，尊严本来来自学理判断，有着深厚的根源。尊严本位的提出不是空穴来风，判断力来自理论基础与实践观察。“如果达到知识的极致，直觉与理论自然臻于一致。”① 对尊严作为基本范畴、核心范畴的判断，是对理论不足与实践缺失的直觉，胡玉鸿教授对尊严是基本范畴的直觉判断来自其长久的尊严研究及学术积累，此文受此启发、影响与指导的“尊严是核心范畴”的直觉与判断同样如此。“经验在任何地方都包含着判断。”② 基本范畴、核心范畴、尊严本位的判断也是经验与观察的积累。“要使法学称为一种科学，重要的工作，是确定它的内容。”③ 尊严本位、以尊严为核心等于为法学“立心”“立中心”，框定当下和今后法学的核心任务、议题、问题。

郭栋博士批判权利本位，坦言权利本位的局限、“危机浮现”：“作为研究范式的权利本位，在纷繁复杂的法治实践中也遭遇了一些难以解释的法律问题。单单以权利研究为例，典型的例证是，权利本位范式无力解释更遑论解决权利冲突问题、权利话语问题、权利泛化问题。”④ 可以说，尊严范畴、尊严本位的生命力，除了与权利范畴的合作关系外，也来自权利范畴的“退位”及其生命力的下降、式微，这是客观规律的结果，包括社会的发展、概念的内涵、学术研究的饱和等诸多因素。“理论通常有两个功能，即解释特定的研究对象（解释功能），预测并解决该研究对象范围内的问题（预测功能）。理论的这两个功能是不可分割的。”⑤ 尊严法学、尊严本位理论，就是二者兼具，其功能包括解释许多社会问题的本质是尊严缺失、不受重视和保护的问题，问题的解决需要从尊严的重视与保护入手，且预测这是未来法治的核心，也是未来法学

① 杨仁寿：《法学方法论之探索》（第1版），台北：三民书局，2007，第7页。

② 〔英〕迈克尔·奥克肖特：《经验及其模式》，吴玉君译，文津出版社，2004，第9页。

③ 端木恺：《中国新分析派法学简述》，吴经熊等编《法学文选》，中国政法大学出版社，2003，第231页。

④ 郭栋：《从权利本位到法理中心：中国法理学的变革之路（1978—2018）》，《法治现代化研究》2019年第5期。

⑤ 〔德〕魏德士：《法理学》，丁晓春、吴越译，法律出版社，2013，第12页。

的核心。包括执法、司法、立法，需要增加“尊重人的尊严”的原则，私人间的交往亦是。

总体而言，人的尊严应作为价值、原则而贯彻于法治的整个过程之中。作为价值，人的尊严是自然法的范畴；作为权利，人的尊严又有实证主义的品性。尊严的历史及其法制史的探究，能够加深我们对人的尊严的了解。据学者考证，尊严最初在魏玛共和国宪法（1919）、波兰宪法（1933）、爱尔兰宪法（1937）中被提及，[①] 而人的尊严概念至少有2500年的历史。[②] 根据以色列学者巴拉克（Aharon Barak）的看法，“当今的宪法价值（value）与宪法权利的讨论依赖于人的尊严的悠久的神学历史、哲学历史”。且作为宪法价值与权利的人的尊严是比较新的：它与当代宪法同样“年长”。[③] 第二次世界大战对人类成员的摧残，尤其是德国法西斯对犹太人的大屠杀，将人的尊严概念推向法律话语的前沿。由此，宪法与国际法律文本开始接受这个概念，人的尊严作为国际人权公约的重要范畴以及国别宪法中的基础规范而进入法律生活之中。之后，法学者又被召来确定人的尊严作为宪法价值与宪法权利的理论基础，法官被要求解决人的尊严作为价值或权利的宪法化的问题。[④] 人的尊严的研究与讨论，由此成为法学的热门话题。正如美国学者迈克尔·罗森所言：“在现代人权的言说里，尊严是一个中心概念，是政治生活的标准规范，是国际上最被广泛接受的框架，埋藏在无数的宪章、国际法和宣言里。”[⑤] 由此也可知晓人的尊严在现代法律和法学上的核心地位。

---

① *Interdisciplinary Perspectives on Human Dignity and Human Rights*, edited by Hoda Mahmoudi and Michael L. , Penn（Bradford: Emerald Publishing Limited, 2020）, p. 2.

② 转引自 Aharon Barak, *Human Dignity: The Constitutional Value and the Constitutional Right*, translated by Daniel Kayros from Hebrew（Cambridge: Cambridge University Press, 2015）, xvii 。

③ Aharon Barak, *Human Dignity: The Constitutional Value and the Constitutional Right*, translated by Daniel Kayros from Hebrew（Cambridge: Cambridge University Press, 2015）, p. 4.

④ Aharon Barak, *Human Dignity: The Constitutional Value and the Constitutional Right*, translated by Daniel Kayros from Hebrew（Cambridge: Cambridge University Press, 2015）, xvii.

⑤ 〔美〕迈克尔·罗森：《尊严：历史和意义》，石可译，法律出版社，2015，第1—2页。

结语：尊严法学之未来

尊严是人作为人的标志，又是现代法律所追求的最高价值。尊严在当代中国，并未如同权利一样，被各个部门法所广泛讨论。而尊严作为需要普及的话语，同时鉴于尊严在世界法学和法制史上的崇高地位，又要求必须被广泛细化研究和重视，因此笔者有意推广和论证它是法核心范畴。在笔者看来，20 世纪是权利（话语）的世纪，21 世纪则是“人的尊严的世纪”,[①] 中国学界的尊严研究，依旧大有可为。范式、范例（Paradigm）一词，如果说它的一种含义是共同认知、承认的东西，研究方法的共识的话，那么可以说，以“人的尊严是否受损、如何增进与弥补人的尊严”是一种分析社会问题及其出路的思维方法、范式。以人为本是人类必然的价值追求，以人为本自然就包括以人的尊严为本。许多表述随着时间推移、社会发展，可能已经完成使命或者“空壳化”，有必要更新、替换，而使用新的表述、提法，以发挥新表述的价值功能。尊重人的尊严、以人的尊严为本，就是类似的创新、改变。集体主义压过个人主义，违背了国家的构建原理，值得纠正。建立在充分的个人主义基础上的适度必要的集体主义，才是正常的、合理的。人权话语在不知不觉中已经兴起，人权研究的经验、成就有理由为人的尊严研究所借鉴。

有学者几年前就预言，人的尊严将继续成为未来法论争（argument）中的核心因素。[②] 尊严作为一个跨学科的方向、议题，可以进行总论分论式的“教材”编写。目前尚未有学人有勇气、想法将尊严、尊严法学作为一本教材进行创作，或者提出尊严、尊严法学作为一门课程。在现代社会中，人的尊严已经作为一种尺度、标准，用它来解释和解答许多问题，尽管范式的含义依旧需要厘清、定义。生物伦理、医学伦理等方面议题，是尊严理论的分论、实践领域。此文甘愿、也希望能够成为尊严法学研究中

① Catherine Dupre, *The Age of Dignity*: *Human Rights and Constitutionalism in Europe* (Oxford: Hart Publishing/Bloomsbury, 2015), Introduction.

② Christopher McCrudden (ed.), *Understanding Human Dignity* (Oxford: Oxford University Press, 2013), p. 1.

一个“无知无畏”的尝试。当然必须承认的是，“某某是法核心范畴”的说法，也带有一定的主观性，不是极致严密、具备浓烈科学性的命题，但当人的尊严往往因国家、社会和他人的侵害而变得支离破碎时，对人的尊严推崇绝不会有错，这也是永恒的话题。并且，人文社科本身或多或少会带有主观见解，呼吁本身就是一种贡献，我们尤其希望这一呼吁能引起学界更多人的响应、参与，以真正推动中国在人的尊严方面的学术进展与法律实践。

人类命运共同体思想的三重“共同体”向度

——基于马克思主义与中华优秀传统文化的结合

杨毅然*

（中国人民大学哲学院，北京）

摘　要： 马克思主义和中华优秀传统文化作为人类优秀文明成果，在社会治理的立场、观点和方法上内在统一。人类命运共同体思想将马克思主义和中华优秀传统文化融会贯通，坚持以人民为中心的根本立场、人类和谐的重要观点、总体性的实践方法，体现了多重“共同体”向度。人类命运共同体是向着实现马克思主义“真正的共同体”迈出的坚定步伐，为全球治理问题的解决提供了切实可行的方案。人类命运共同体思想实现了马克思主义中国化新的飞跃，其对马克思主义和中华优秀传统文化共同立场、观点、方法的融贯为推动二者进一步融合创新提供了阐释路径。

关键词： 人类命运共同体；马克思主义中国化；中华优秀传统文化；共同体

当今时代是和平与发展的时代，但是人类整体面临新的时代问题和挑战。随着科技飞速发展和经济全球化进程加速，人类社会面临诸多风险、挑战，世界处于百年未有之大变局。而现行的国际治理体系仍然充斥着霸

* 杨毅然，中国人民大学哲学院博士研究生。

权主义、强权政治等因素，在实践中暴露出全球治理赤字。面对全球治理危机这一时代课题，人类命运共同体思想是着眼于人类命运和世界前途的切实回应，是吸收、借鉴人类文明优秀成果的创见性理论，实现了马克思主义与中华优秀传统文化在中国具体实际中的融合创新。马克思主义奠基于历史唯物主义理论之上，是认识和改造世界的强大思想武器。习近平总书记强调，“要立足时代特点，推进马克思主义时代化，更好运用马克思主义观察时代、解读时代、引领时代，真正搞懂面临的时代课题，深刻把握世界历史的脉络和走向”。[①] 中华优秀传统文化是中华民族永续发展的不竭动力，蕴含着丰富的人类生存观念和社会治理思想。习近平总书记指出，全球治理规则的建设要“积极发掘中华文化中积极的处世之道和治理理念同当今时代的共鸣点”,[②] 在回应时代问题中实现对中华优秀传统文化的创造性转化和创新性发展。

马克思主义“共同体”理论以超越“虚假的共同体”，实现“真正的共同体”为旨归，期望实现所有人的自由全面发展。“真正的共同体”是“自由人的联合体”，未来的共产主义社会即自由人联合体的实现阶段。马克思主义的共同体理论具有高度的科学性和真理性，但同时也应当认识到，向“真正的共同体”的过渡将是一个漫长的历史过程，是需要经过革命斗争才能实现的遥远目标。而目前人类面临普遍的生存危机，全球局势已经对建立一种新型世界秩序提出迫切要求。人类命运共同体思想是以马克思主义共同体理论为基础，吸收中华优秀传统文化的文明底蕴，出于关怀天下的责任担当而创生的治理思想，是对时代之问的自觉解答。

马克思主义关于“真正的共同体”的设想是人类命运共同体的根本遵循，人类命运共同体以此为理想社会的构建绘制具体的蓝图。当前的人类命运共同体研究普遍关注对理论来源和理论内涵的分析，而缺乏对其现实践行路径的研究。[③] 中华优秀传统文化的丰富内涵将为人类命运共同体的

① 《习近平谈治国理政》第二卷，外文出版社，2017，第66页。

② 《推动全球治理体制更加公正更加合理 为我国发展和世界和平创造有利条件》,《人民日报》2015年10月14日。

③ 谭汪洋:《以中华优秀传统文化推动构建人类命运共同体》,《黑龙江社会科学》2019年第2期。

实践提供可靠路径，为马克思主义“真正的共同体”提供落地生根的基础。人类命运共同体思想奠基于马克思主义和中国传统文化共同的价值立场、理论观点和实践方法，凝结出意蕴丰富的“共同体”内涵。

一　“共同体”的根本立场：以人民为中心

马克思主义始终深切关注“人”的问题，致力于实现人的个性全面自由发展，人民立场是马克思主义的根本立场。人类命运共同体思想即以人民为中心，关注人民对和平发展、清洁美丽、交融互通的世界环境的需求。人类命运共同体思想以马克思主义的人民立场为基础，坚持以人民为中心，着手解决人民最关心的安全问题、发展问题、环境问题等，在稳步推进国内高质量与可持续发展的同时，致力于全球现代化治理难题的解决，在世界范围内构建和谐美好的共同家园。

马克思同样站在社会历史的高度分析人的存在本质，以“现实的人”为起点，阐明“人的本质不是单个人所固有的抽象物，在其现实性上，它是一切社会关系的总和”，① 人在与社会共同体的交互活动中确证并实现自身的本质。马克思主义的人民立场要求人的本质的自由全面发展，而“只有在共同体中，个人才能获得全面发展其才能的手段，也就是说，只有在共同体中才可能有个人自由”。② 因此，马克思主义要求建设一个“真正的共同体”，一个“对人的本质的真正占有”的理想社会。马克思指出，共产主义“作为完成了的自然主义，等于人道主义，而作为完成了的人道主义，等于自然主义，它是人和自然界之间、人和人之间的矛盾的真正解决，是存在和本质、对象化和自我确证、自然和必然、个体和类之间的斗争的真正解决”。③ 共产主义社会将是“真正的共同体”，是对人的本质的真正复归。

中国传统思想同样认识到人的社会属性，注重对人伦关系和道德秩序

① 《马克思恩格斯文集》第1卷，人民出版社，2009，第501页。
② 《马克思恩格斯文集》第1卷，人民出版社，2009，第571页。
③ 《马克思恩格斯文集》第1卷，人民出版社，2009，第185页。

的强调，主张个人的美好生活有赖于社会共同体的发展和完善，要求实现个人与共同体的统一，彰显了对“共同体”的价值认同。中国古代对理想社会的描述总是在共同体语境下进行的，陶渊明《桃花源记》展现了人与人和谐相处的场景，“芳草鲜美，落英缤纷”，“阡陌交通，鸡犬相闻”，“黄发垂髫，并怡然自乐”，美好环境与和谐人际关系相互促进。“大同社会”是对理想社会的高度凝练，《礼记·礼运》有言“大道之行也，天下为公，选贤与能，讲信修睦。故人不独亲其亲，不独子其子，使老有所终，壮有所用，幼有所长，矜、寡、孤、独、废、疾者，皆有所养”，“是谓大同”。而只有共享社会福祉的共同体才能实现人民的互利互助，实现世界万民共趋文明和谐，实现天下大仁，“天有时，地有财，能与人共之者仁也。仁之所在，天下归之”。[①] 中国传统思想重视人类与自然、个人与社会的有机联系，并以此为出发点构建“大同”社会，将政治国家视为天地宇宙的现实版本，理想共同体将是天下万物和谐共处的整体。

中华优秀传统文化和马克思主义同样诉诸共同体中实现人的自由全面发展，具有共同的价值导向，但是两者所产生的历史阶段不同，在对“共同体”的历史定位和实现方式上存在差异。不同于中国古代先贤所处的自然经济时代，在马克思所处的 19 世纪，资本主义获得巨大发展，其内含的现代性弊端已经初露端倪，这是以马克思主义补充发展中国传统文化的重要体现。马克思敏锐地揭示出，资本主义生产方式导致了人的本质的异化。自从资本主义大工业时代以来，利润至上成为生产、生活的唯一考量，这一方面决定了人对自然的利用必然趋于无限占有和掠夺，另一方面资本家占有工人的劳动产品和劳动，导致工人与自己的劳动产品和自身的类本质均相异化。生存在资本主义生产逻辑下的人无处遁逃，每个人都按照自身异化了的存在状况来认识和对待自然和他人，人与自然的极端对立、一切人对一切人的冲突成为资本主义制度中的普遍生存状况。资本主义生产的确将世界连成一个整体，各个国家和地区无不处在资本主义规则统摄的世界体系中，但是这样的整体“不仅是完全虚幻的共同体，而且是

① 《六韬·文韬·文师》。

新的桎梏”。①

针对资本主义社会作为共同体的“虚假性”，马克思强调共产主义理想社会形态的革命意义。共产主义社会将彻底废除私有制，全面超越资本主义生产逻辑，带来人的全面自由解放，共产主义社会将是“自由人的联合体”。人在其中将实现对自身存在方式的重塑，重新获得本质力量的确证和对全面本质的持有。此时的人得以“以一种全面的方式”，“作为一个完整的人，占有自己的全面的本质”。② 当人自身的完整的存在状态显现于社会，社会也成为生成了的社会，“创造着具有人的本质的这种全部丰富性的人，创造着具有丰富的、全面而深刻的感觉的人作为这个社会的恒久的现实”。③ 此时，个人与真正的共同体将达到协调统一，共同体为个人提供展现本质力量的条件，每个人也将在对原初本质的复归中建设未来理想社会。确立了新的存在状态的人，便能够实现恩格斯提出的“两个和解”，即“人类与自然的和解以及人类本身的和解”。④ 人与自然的和解，即人与自身的和解；人与自然的对立状态的消除，即人与人的原初存在状态的复归。彻底的自然主义和彻底的人道主义就是人在实践活动中使其实现的未来。

二　“共同体”的重要观点：实现人类和谐共处

马克思主义强调人的共同体本质，阐明人的社会关系性，又基于资本主义工业的全球发展，建立了基于普遍交往活动的世界历史理论。人类命运共同体在马克思主义世界历史思想的基础上，吸收借鉴中华优秀传统文化的关系哲学和“天下”观念，以期达到人与人、国与国的和平相处，实现全人类和谐共处。全人类和谐共处是人类命运共同体思想的重要理论观点。

随着资本主义工业化进程在世界范围内展开，“它（大工业——引者

---

① 《马克思恩格斯文集》第1卷，人民出版社，2009，第571页。
② 《马克思恩格斯文集》第1卷，人民出版社，2009，第189页。
③ 《马克思恩格斯文集》第1卷，人民出版社，2009，第192页。
④ 《马克思恩格斯全集》第1卷，人民出版社，2009，第63页。

注）首次开创了世界历史，因为它使每个文明国家以及这些国家中的每一个人的需要的满足都依赖于整个世界，因为它消灭了各国以往自然形成的闭关自守的状态”。[①] “各个相互影响的活动范围在这个发展进程中越是扩大，各民族的原始封闭状态由于日益完善的生产方式、交往以及因交往而自然形成的不同民族之间的分工消灭得越是彻底，历史也就越是成为世界历史。”[②] 在世界历史的形成过程中，民族史向世界史转变，地域性的个人向世界性的个人转变。人与人的社会交往关系拓展至世界范围，“各国相互联系、相互依存的程度空前加深，人类生活在同一个地球村里，生活在历史和现实交汇的同一个时空里，越来越成为你中有我、我中有你的命运共同体”。[③] 各国人民业已成为同一个地球村的“村民”，世界人民和谐共处是马克思主义共同体理论的重要彰显。

中国传统文化中的关系哲学主要建立在儒家思想的基础上，并由此蕴含着“天下”观念，是对全人类和谐的本土解读。儒家思想从个体与社会的关系出发，“仁”之思想在社会关系中的具体展开，就是推己及人、推己及类、推己及自然的，[④] 每个个体将由此与其他个体相联结，形成家国一体的“天下”格局。借此，儒家伦理也规范着个人的内在修养和外在行动，以“修身、齐家、治国、平天下”为理想追求，以期达到“内圣外王”的现实境界。费孝通先生曾在《乡土中国》中详细阐述建立在儒家传统上的中国社会差序格局，差序格局强调社会关系中由近及远的原则，规定了从个人到家庭到社会的道德规范，是中国传统关系哲学的重要体现。在社会治理中，传统文化同样强调由近及远、远近兼备，追求协和万邦、天下一家。《尚书·尧典》有言“克明俊德，以亲九族。九族既睦，平章百姓。百姓昭明，协和万邦”，强调统治者要先管理好自己的宗族，再治理好国家，最后达到“协和万邦”，即天下和睦。在处理与外邦他国的关系时，则要求“怀柔远人”“亲信善邻”“修文德以来之”，即反对战

---

① 《马克思恩格斯文集》第1卷，人民出版社，2009，第566页。

② 《马克思恩格斯文集》第1卷，人民出版社，2009，第540—541页。

③ 习近平：《论坚持推动构建人类命运共同体》，中央文献出版社，2018，第5页。

④ 陆卫明、孙喜红：《论“构建人类命运共同体”中的优秀传统智慧》，《西安交通大学学报》（社会科学版）2019年第4期。

争，用仁德感化他人。赵汀阳教授提出，中国传统伦理学意义上的“天下”指向的就是一种世界一家的理想，关于“天下”的概念是古代中国关于世界秩序的构想，也是当代中国观察世界的视角。[①]

借助于儒家传统关系哲学的伦理根基和文化氛围，马克思主义社会历史理论的根本指导得以在中国大地落地生根，体现为人类命运共同体“协和万邦”的国际观。人类命运共同体理念结合两者的“共同体”内涵，不仅解决国内各民族关系，并延伸至不同国家和地区间的交往活动中。“中国始终将周边置于外交全局的首要位置，视促进周边和平、稳定、发展为己任”,[②] 在周边外交工作中“坚持与邻为善、以邻为伴，坚持睦邻、安邻、富邻，突出体现亲、诚、惠、容的理念”,[③] 并在全球发展伙伴关系中“坚持和平发展、合作共赢，要和平不要战争，要合作不要对抗”。[④]“凡交，近则必相靡以信，远则必忠之以言”，这是热爱和平、崇尚和谐的传统中国精神在现代外交事务中的表现。人类命运共同体实际上就是由人与自身、人与社会的关系，推广至国家与国家、民族与民族、文明与文明之间的交往方式，是包括了以上各种关系在内的总和，正确认识和处理以上关系是全人类和谐共处的前提条件。

人类文明发展经历了原始文明、农业文明，经过工业革命进入工业文明时代，在极大地提高社会生产力的同时，也给人类社会带来空前的现代性危机。利益至上的价值原则必定导致人类中心主义、西方中心主义等资本主义主导的现代世界秩序，霸权主义、强权政治和新干涉主义有所抬头，不同世界主体之间陷入以邻为壑、零和博弈的治理困局，引发以生态危机、治理危机等为典型代表的全球性危机。全球性危机体现了人与自然的极端对立，反映了人与人、国与国的关系陷入普遍冲突，不仅与“真正的共同体”渐行渐远，人类社会也将最终走向分崩离析。全人类和谐是谋求世界发展的前提，“人民友好是促进世界和平与发展的基础力量，是实现合作共赢的基本前提，相互信任、平等相待是开展合作、实现互利互惠

---

① 赵汀阳：《天下的当代性》，中信出版社，2016，第46页。

② 习近平：《论坚持推动构建人类命运共同体》，中央文献出版社，2018，第276页。

③ 习近平：《论坚持推动构建人类命运共同体》，中央文献出版社，2018，第65页。

④ 习近平：《论坚持推动构建人类命运共同体》，中央文献出版社，2018，第23页。

的先决条件”。[①] 人类命运共同体思想将是新时代对马克思主义“共同体”理论内涵的继承创新，以人类整体利益为出发点，深刻认识到地球作为人类生存家园的唯一性，要求在世界范围内建设共建共享发展成果的命运共同体，谋求全人类共同的自由发展。在共同体本位的指导下，人类命运共同体将是人类文明的新发展阶段，建立在工业文明成就的基础上超越其资本逻辑，将是人与人和睦共处的关系共同体，是达到地球整体和谐共在的文明形态。

三　“共同体”的实践方法：推进总体性治理体系

全球治理事业是一项总体性工程，世界是一个整体，世界人民息息相关，但同时各个国家和地区又是具有差异性的个体，具有各自独特的发展特征和要求。马克思历史唯物主义是总体性的方法，强调整体性与差异性的辩证统一。“人是特殊的个体，并且正是人的特殊性使人成为个体，成为现实的、单个的社会存在物，同样，人也是总体，是观念的总体”，[②] 从个人到国家都是特殊与普遍的统一。中国传统文化也强调整体性与差异性的统一，“理一分殊”“月印万川”等均体现了一与多、整体与部分的辩证关系，传统“和合”思想更是强调和而不同、求同存异。在处理复杂多变的全球性问题时，要始终坚持整体性和差异性相统一的方法论，推进总体性治理体系的建设和落实。人类命运共同体采取历史唯物主义和中华优秀传统文化的总体性思维方法，推动经济、政治、文化、生态等各领域的共同体建设，尤其注重各国、各地区的差异性特征，旨在“把世界多样性和各国差异性转化为发展活力和动力”。[③]

（一）“共同体”的整体性：经济、政治、文化、生态“四位一体”

在历史唯物主义视域内，所谓的政治、经济、文化等社会领域的划分不

① 习近平：《论坚持推动构建人类命运共同体》，中央文献出版社，2018，第105页。

② 《马克思恩格斯文集》第1卷，人民出版社，2009，第188页。

③ 习近平：《论坚持推动构建人类命运共同体》，中央文献出版社，2018，第31页。

过是人用以认识社会历史的思维工具。启蒙运动以来，神义论和自然中心主义被人类中心主义破除，人们自觉运用理性能力认识世界，发展科学技术。在科学被划分为特定研究领域的同时，社会生活也被人为分裂为政治、经济、文化、技术等不同领域。而在当今社会，各个领域呈现出交互贯通、相互渗透影响的局面，现代性的困局也不仅仅是某一领域的单方面失衡，而是霸权主义、贫富分化、道德滑坡、生态破坏等并存的整体性危局。全球治理实践应当渗透到社会的各个领域之中，全方位发挥积极引领的建构性作用。

人类命运共同体理念涵盖经济、政治、文化、生态等领域，要求构建经济共同体、政治共同体、文化共同体、生态共同体的多维命运共同体。习近平总书记强调，在经济方面，“要谋求开放创新、包容互惠的发展前景”，“秉持开放精神，推进互帮互助、互惠互利”，“共同营造人人免于匮乏、获得发展、享有尊严的光明前景”，构建合作共赢的经济共同体；在政治方面，要“走出一条‘对话而不对抗，结伴而不结盟’的国与国交往新路”，要“摒弃一切形式的冷战思维”，“统筹应对传统和非传统安全威胁”，构建和平共处的政治共同体；在文化方面，“要尊重各种文明，平等相待，互学互鉴，兼收并蓄，推动人类文明实现创造性发展”，构建繁荣活跃的文化共同体；在生态方面，要“解决好工业文明带来的矛盾，以人与自然和谐相处为目标，实现世界的可持续发展和人的全面发展”，构建美丽和谐的生态共同体。[①] 人类命运共同体的“四位一体”内涵丰富和发扬了马克思主义共同体思想的总体性理论品格，[②] 体现了全球命运一体的整体性向度。

人类命运共同体“四位一体”共同体的建设，是马克思历史唯物主义和中国传统文化在整体论方法上的契合。作为马克思主义分析社会历史的指导原则，历史唯物主义强调要将社会历史视为整体，用全面的、联系的、发展的眼光分析和认识问题，深刻认识到社会进步和历史发展的复杂性和渐进性。与此相统一的是，中国传统思想向来主张用普遍联系、相互制约的观点看问题，注重整体性思维方式的运用。中国传统思想秉持天人

① 习近平：《论坚持推动构建人类命运共同体》，中央文献出版社，2018，第254—256页。

② 刘荣军、张镭宇：《人类命运共同体思想对马克思共同体思想的传承与创新》，《东南学术》2022年第2期。

合一的世界观，将天地世界视为一个统一的整体，天人感应、天人相生等观念彰显了整体性的思维方式。中国古老的本体论思想强调，万物基于共同的本原，自然万物普遍关联并相互影响，“同声相应，同气相求……本乎天者亲上，本乎地者亲下，则各从其类也”。[①] 由此，对于社会出现的“病症”，既要对症下药，“头痛医头，脚痛医脚”，又要注意到“心为五脏六腑之大主，而总统魂，兼赅意志”，[②] 关注整体调养，“头脚并治”。面对诸多全球性危机，基于马克思历史唯物主义和传统文化天人合一的整体论方法，全球治理事业要求“算好整体账”，在社会全领域内统筹推进人类命运共同体的构建，打造经济共赢、政治合作、文化交流、生态共建的多维共同体。

（二）“共同体”的差异性：和而不同，求同存异

在全球化浪潮席卷的今天，对全球问题的认识和应对被提高到“人类命运共同体”的高度，治理危机不是某一个国家或地区的个别事务，而是人类整体的普遍生存危局。当今世界畸形发展问题是在漫长的历史过程中，由人类整体实践活动造成的，对人类整体生存形成威胁，因而也只有通过人类整体才能得到解决。构建人类命运共同体必将是一项被赋予所有国家和地区的共同任务。但同时也应当注意到，全球治理问题呈现出复杂性和多样性的特征：一方面，世界各国经历不同的发展阶段，对于全球危机的形成承担不同的历史责任；另一方面，不同国家面临不同的基本国情，具有不同的发展诉求，应对全球治理的能力也不同。从而，对于治理问题的解决不能诉诸“一刀切”式的方案。

马克思主义的出发点永远是“现实的人”，是一切从实际出发的理论，强调差异性和多元性，拒绝抽象同一的思维方式。资本主义国家正是将所有人规定为阶级关系中的角色，以看似划分社会不同群体的方式，掩盖了抽象同一的社会本质。扬弃了此类共同体的虚幻性的共产主义社会阶段，将是充分发扬人的差异性和个体性的历史阶段，无产阶级的自治能力将在

① 《易传·乾文言》。

② 《类经·疾病篇》。

社会事务中得到充分发挥。这同时也是中国传统文化“和合”思想对于社会治理的内在要求。“和合”即“自然、社会、人际、心灵、文明中诸多形相和无形相的相互冲突、融合，与在冲突、融合的动态变易过程中诸多形相和无形相和合为新结构方式、新事物、新生命的总和”,[①] 强调和合共生、和而不同。在社会生产中，西周思想家史伯曾言：“和实生物，同则不继。以他平他谓之和，故能丰长而物归之。”[②] 只有异质事物之间相互调和，才能实现繁荣发展。在社会交往中，孔子有言：“君子和而不同，小人同而不和。”[③] 人与人在交往中应保持和谐关系，但是不必追求事事苟同。和而不同、求同存异体现了中国传统文化和马克思主义在共同体观念上的交融互通，强调排除异己的简单同一不能带来可持续发展。“和合”精神体现在全球治理事业中着重强调求同存异：“异”之所在，是不同国家的不同发展阶段和发展要求；“和”之所在，是共同地为了本国人民和世界人民的美好生活。

习近平总书记在关于构建人类命运共同体的诸多论述中，反复强调共同体的差异性和整体性。在经济共同体中，强调“一把钥匙开一把锁”，各国处于不同的发展阶段，具有不同的发展需求和发展重点，“履不必同，期于适足；治不必同，期于利民”，应当支持各国走符合自身国情的发展道路。在政治共同体中，应当尊重各国主权和领土完整，不干涉他国内政，尊重各国自主选择社会制度的权利，主张根据各国实力大小划定维护国际安全的责任。在文化共同体中，强调“海纳百川，有容乃大”，“五色交辉，相得益彰；八音合奏，终和且平”，应当充分认识和尊重文化多样性，促进文化交融互通。在生态共同体中，应当遵循“共同但有差别的责任原则”，倡导发达国家与发展中国家根据本国国情提出应对生态危机的自主贡献。发达国家应当履行承诺，为发展中国家提供资金和技术支持，增强其应对气候变化和综合环境治理的能力；发展中国家也并非不需要做出贡献，而是根据自身能力和发展要求，为实现生态治理公约目标做

---

① 张立文：《和合学》，中国人民大学出版社，2006，第58页。

② 《国语·郑语》。

③ 《论语·子路》。

出最大努力。王义桅教授曾论述中国哲学文化传统中的“一多不分观”在全球秩序建设中的启示，全球秩序“始终是一切秩序都在变化的、充满活力的、不加虚构抽象的浑然一体”，从而“没有任何某一秩序享有特权、居于上位主宰”。[①] 正是在主权独立、国情差异的认识前提下，总体性全球治理体系的建设才指日可待。

习近平总书记曾提出倡议——“一国的事情由本国人民做主，国际上的事情由各国商量着办”，[②] 在经济、政治、文化、生态等各方面，实现差异性与整体性的统一。各国在根据本国国情促进国家发展的同时，也应当为全球治理事业做出应有承诺和自主贡献。“一花独放不是春，百花齐放春满园”，只有遵循己他一体、我你同一的总体性原则，才能共同建设经济发展、政治平等、文化繁荣、生态美丽的地球家园。

四　结语

马克思所描绘的“真正的共同体”只有在共产主义社会才能实现，从虚假的共同体向真正的共同体的转变将是一个漫长的历史过程，“这会持续很长时间，直到这些个人能够联合起来”“只有经过长期的斗争，才能战胜……有组织的势力”。[③]“人类命运共同体”是从虚假的共同体走向真正的共同体的“逻辑和历史中介”，[④] 是中国为实现“自由人的联合体”而不断创造现实条件的关键一着。在推动本国发展以及促进世界共同发展时，要尤其注重历史思维，“只有了解一个国家从哪里来，才能弄懂这个国家今天怎么会是这样而不是那样，也才能搞清楚这个国家未来会往哪里去和不会往哪里去”。[⑤] 中国在5000年的历史中形成了自己独特的价值体系，孕育了自身丰富而悠久的精神世界，这将是中国形成适合本国国情的

① 王义桅：《时代之问，中国之答：构建人类命运共同体》，湖南人民出版社，2021，第70页。

② 习近平：《论坚持推动构建人类命运共同体》，中央文献出版社，2018，第23页。

③ 《马克思恩格斯文集》第1卷，人民出版社，2009，第568页。

④ 田鹏颖：《历史唯物主义与“人类命运共同体”》，《马克思主义研究》2018年第1期。

⑤ 习近平：《论坚持推动构建人类命运共同体》，中央文献出版社，2018，第97—98页。

发展道路的重要前提和文化根基，也是中国为全球治理事业贡献中国智慧和中国方案的宝贵财富。

在为着全人类共同利益奋斗的目标指引下，人类命运共同体是马克思主义与中华优秀传统文化的结晶，是马克思主义基本原理在中国持续落地生花的重要成果。人类命运共同体思想坚持以人民为中心，以人类共同前途命运为己任，体现了价值面向的“共同体”立场；致力于实现各个国家和地区和谐共处局面，体现了目标导向的“共同体”观点；按照总体性的思路落实国际治理现代化，体现了实践指向的“共同体”方法。在马克思主义与中华优秀传统文化的立场、观点、方法的协调统一下，人类命运共同体思想不仅为全球治理体系提供了新的视野和思路，及时回答“世界向何处去、人类向何处去”的时代之问，实现“各美其美，美人之美，美美与共，天下大同”，也为马克思主义和中国传统文化的融合方式提供了新的阐释路径。深刻认识人类命运共同体思想的“共同体”内涵，将进一步有效激活中国传统文化的生命力，使马克思主义在中国大地焕发出新的勃勃生机，进一步为全球治理提供中国智慧和中国方案。

新发展理念下构建生态共同体的伦理路径

汪佳璇[*]

（湖北大学哲学学院，武汉）

摘　要： 党的十九届五中全会强调，当前和今后一个时期，我国发展仍然处于重要战略机遇期，但机遇和挑战都有新的发展和变化。在这样的背景下，党和国家要贯彻落实“创新、协调、绿色、开放、共享”的新发展理念。在生态领域，具体规定了“推动绿色发展，促进人与自然和谐共处”的生态文明建设要求。从伦理学的维度看，绿色发展的生态理念具有内在的道德驱动力。生态公民作为生态伦理的主体，不仅蕴含着个人对生态好人格的内在追求，也蕴含着全体公民对美好生活的外在追求。而共同体作为公民追求生态目标的伦理载体，可以以新发展理念为指导，通过法治、政治、经济、德性等四个方面对生态伦理体系进行构建。只有通过法治路径、政治路径、经济路径、德性路径等四个路径的协同构建，才能最终建成美丽中国的生态伦理共同体。

关键词： 绿色发展；生态公民；生态共同体；伦理路径

《中华人民共和国国民经济和社会发展第十四个五年规划和2035年远景目标纲要》明确指出，我国进入全面建设社会主义现代化国家、向第二个百年奋斗目标进军的新发展阶段，要坚定不移地贯彻创新、协调、绿

* 汪佳璇，湖北大学哲学学院博士研究生。

色、开放、共享的新发展理念，加快构建以国内大循环为主体、国内国际双循环相互促进的新发展格局。面对世界百年未有之大变局和错综复杂的国际环境，我国所遇到的机遇和挑战正在经历新的变化。直面新变化、贯彻新发展理念，是把握新发展阶段、构建新发展格局的行动指南。①

在新发展理念下，“推动绿色发展，促进人与自然和谐共处”的生态文明理念是总体布局重要的一部分。其具体内容包括：“坚持绿水青山就是金山银山理念，坚持尊重自然、顺应自然、保护自然，坚持节约优先、保护优先、自然恢复为主，实施可持续发展战略，完善生态文明领域统筹协调机制，构建生态文明体系，推动经济社会发展全面绿色转型，建设美丽中国。”② 以绿色发展的生态文明理念作为指南，构建美丽中国的生态共同体，不仅是国家经济永续发展的必要条件，而且是人民对美好生活追求的重要体现。在伦理学视域下，首先，人与自然的共生性关系要求人类与自然和谐相处，践行生态优先的文明价值观。其次，生态价值观既是公民作为人类的道德自觉，又是公民作为生态共同体的主体，是依据公共利益而行动的普遍价值追求。最后，美丽中国的生态共同体，不仅是好公民践行内在生态要求的伦理前提，而且是好社会所追求的完美共同体的实体形态。

一　主体：生态公民

公民身份作为一个古老的话题，历久弥新。在现代国家的政治实践中，公民身份首先由法律来界定，法律规定了公民的国籍属性、政治身份以及行动准则等内容。但是法律意义上的界定，实质上是通过一些外在手段对公民身份的消极处理。在此基础上形成的社会规范是一种他律性的道德规范，而不是一种积极的内在性的规范养成。这是因为，单纯地从法律

① 《中华人民共和国国民经济和社会发展第十四个五年规划和 2035 年远景目标纲要》，共产党员网，https://www.12371.cn/special/ssw2035/，最后访问日期：2022 年 11 月 29 日。

② 《中华人民共和国国民经济和社会发展第十四个五年规划和 2035 年远景目标纲要》，共产党员网，https://www.12371.cn/2021/03/13/ARTI1615598751923816.shtml#d11，最后访问日期：2022 年 11 月 29 日。

意义上来界定公民身份，忽视了公民身份本身的伦理意涵。公民作为一个政治概念，同时也是一个伦理概念，公民身份本身蕴含伦理价值,[①] 这样一种特征可以追溯到古希腊时期。在古希腊城邦中，公民身份只有在参与城邦公共生活中才能成立，公民的公共生活就是他们的政治生活，也是他们的伦理生活。公民参与城邦公共事务不是为了某种外在的目的，而是为了实现城邦的“共同善”——幸福生活。在共同的价值追求的指引下，公民走出个人、家庭的伦理范畴，具有了共同体意义上的伦理普遍性。现代背景下，公民被还原为原子式的个体，政治身份、法律身份等遮蔽了公民本身蕴含的伦理身份。这不仅导致公民缺乏身份归属感难以自发地产生公民德性，而且导致共同体缺乏伦理性的公共美德，只能依靠法律、制度等外在手段约束公民行为。

在新发展理念下，国家对全体公民提出了“绿色发展，促进人与自然和谐相处”的生态要求。从生态伦理学的角度解释，这一要求正是公民的伦理身份在生态领域所面临的挑战。生态公民，作为生态共同体的伦理主体，不仅是生态文明理念的自觉者，而且是生态价值观的践行者。当我们考察生态公民时，正如城邦公民必须放在城邦中讨论，我们也要把生态公民放在整个生态共同体中讨论。这是因为，生态公民的本质是“公共的”，而不是单独的、分离的个体。其特质在于“从生态共同体这一实体出发，在追寻整个生态共同体的和谐中探寻人类共有之善”。[②] 生态公民关心和参与生态共同体的各类公共事务，追求伦理意义上的普遍的共有之善，这正是他存在的意义，也是目的。另外，生态公民的伦理动力不依靠外在的规范性约束，而是一种内在型的驱动力，即生态需求和生态自觉。[③] 换句话说，生态公民之所以会产生生态思维或是理念，源于公民本身对生态的关怀和需求。这样的伦理动力，为生态共同体内部的普遍性伦理价值诉求提供了可能性。反过来，也正是由于生态共同体的存在，生态公民才会产生归属感和伦理感。公民自愿、自觉地践行共同体的生态价值观，一方面

---

① 窦立春：《公民身份的伦理认同》，《东南大学学报》（哲学社会科学版）2018 年第 5 期。

② 窦立春：《论生态公民的伦理精神》，《生态经济》2014 年第 12 期。

③ 窦立春：《生态公民身份的伦理认同》，《生态经济》2014 年第 11 期。

由于这是生态公民好人格的内在追求，另一方面由于这是生态公民过好生活的最终目的。

新发展理念生态观是生态公民好人格的内在追求。当我们思考这样一个问题——我们应该成为什么样的人时，会得到一个普遍的答案：我们应该成为具有“好人格”的人。根据江畅教授对“好人格”的定义：“好人格就是人通过人性实现使自己的生存发展需要不断获得好的满足的完善人格。”① 在生态问题上，生态公民的好人格涉及三个方面的问题。首先，在处理人与自然的伦理关系时，人性表现出向善的倾向，同样表现出向恶的倾向。只有正确认识到人与自然之间的和谐共生关系，在此基础上谋求生存得更好，人性才能顺应其向善的方向现实化为生态公民的好人格。相反，如果偏离了这一基本认识，人性中恶的一面便会占据上风，使人性现实化为坏人格。传统的人类中心主义就是割裂地处理人与自然关系的一个极端，它认为人类优越于自然万物，自然服从、服务于人类。在这样的价值观导向下，人类为了满足人谋求生存得更好的利益需求，肆意地侵略和破坏自然，造成了严重的生态危机。其次，生态需求作为公民内在的、自觉的生存发展需求，需要不断获得好的满足。只有能够真正满足公民的生态需求，才称得上是生态公民的好人格。通过掠夺自然，人的一些基本生存需求尽管得到了即时的、短暂的满足，但这样的满足并不是持续的、永久的、好的满足。相反，新发展理念的生态需求，作为人的高级层次的发展、享受需求，能够得到好人格持续的、不断的满足。最后，生态公民的好人格必然是道德的、完善的人格。新发展理念生态观，具有正确的价值取向，不仅能够服务人更好地生活，而且能够妥善处理人与自然的关系，实现两者和谐发展。这恰好符合生态公民的好人格的道德要求，以此做出的行为选择必然是正当的。

绿色生态的生活是公民追求的好生活。当我们思考这样一个问题——我们应该过什么样的生活时，同样会得到一个普遍的答案：我们应该过“好生活”。根据江畅教授对“好生活”的定义：“好生活就是基于人性谋求生存得更好的要求，使个人的生存、发展、享受的需要获得更好满足的

① 江畅：《好人格与好生活》，《求索》2021 年第 5 期。

生活。"[①] 在生态领域，首先，公民具有过一种生态文明的好生活的欲望。人人都想生活在山清水秀、绿色环保的良好环境里，而不是寸草不生、乌烟瘴气的破败环境中。绿色生态的生活首先是一种"值得欲望的"生态好生活。其次，它是一种"值得赞赏的"、有道德的好生活。这样一种生活建立在人与自然和谐共生的关系之上，具有正确的价值导向。

从好生活的内涵来看，绿色生态的生活是人追求其生存、发展、享受的需要不断得到好的满足的好生活。从生存的层次来讲，优良的自然环境是人满足其基本生存需求的前提条件。人为的自然破坏、天然的自然灾害等不良的自然条件会给人类的生存带来巨大的威胁。例如，雪灾、旱灾等灾害的发生直接威胁人类的生命安全和物质需求的满足。相反，安全、健康的自然环境才能保障人的生存需求得到好的满足。从发展的层次来讲，当人的基本生存需求得到满足，就会产生更高层次的人格方面的发展需求，即人格完善。过一种绿色生态的生活，满足了人在生态方面对于人格完善、道德高尚的发展需求。简单地说，只有追求人格完善的人，才会产生生态关怀，自觉地过一种绿色生态的好生活。过一种绿色生态的好生活，是人在环境问题上，生存、发展、享受的需要得到满足的一种体现。

对于生态公民而言，无论是好人格还是好生活的实现，都必须在生态共同体中完成。这是由生态公民的伦理身份特质决定的，其自身的"公共性"要求作为共同体的成员，要在共同体中寻找。生态共同体作为伦理载体，为生态公民的身份认同提供了一种伦理感。在新发展生态理念下，共同体公民的生态生活必然是一种好生活。只有清楚生态公民和生态共同体的关系，才能克服生态公民作为个体的个人主观性并且克服共同体抽象的普遍性。

二　手段：构建生态共同体的伦理路径

当我们考察共同体的生态伦理时，首先要讨论"什么是生态共同体的

① 江畅：《好生活的含义与意义》，《道德与文明》2022 年第 1 期。

善”这一核心问题。

善，作为价值论的基本范畴，既是人们追求的一般价值对象，又是判断事物是否具有道德价值的一般标准。生态共同体的善，首先是生态公民所追求的整体意义上的共善。它着眼于共同体的整体利益，而不是共同体中的单一个体或是部分整体。这样一种“共善”不是个人的善的集合，它的存在本身就富含普遍性，是生态公民共同追求的价值对象。其次生态共同体作为伦理之善，关注公民的生存、发展的生态需求，并使其得到不断的、好的满足。绿色、健康、安全的生态需求不仅符合全人类的福祉，而且是人与自然和谐共生关系的要求。生态共同体保障了其成员生态需求能够得到好的、持续的满足。亚里士多德说过：“一切社会团体的建立，其目的总是为了完成某些善业——所有人类的每一种行为，在他们自己看来，其本意总是在求取某一善果。”① 生态公民追求共善之目的，只能通过构建生态共同体来完成。

我们要思考在生态共同体中，“应当怎样做”的基本伦理问题。第一，我们“应当”做的，必然是有价值的。绿色发展新理念在人与自然和谐共生的基础上，为我们提供了一套可以在行动的过程中遵循的价值观念，并且通过价值目标引导行为的方向。第二，行为主体“应当”做的是符合其利益诉求的，个人、企业、政府等行为主体在生态问题上诉求各不相同。符合并满足各行为主体的利益诉求，才能为主体提供行动的理由。反之，要实现美丽中国的最终目标，需要充分发挥政治系统、经济系统、生态系统等的交互作用。在生态价值观的导向下，构建一个包含法治、政治、经济、德性等多维度的多元生态伦理系统。

（一）生态共同体的法治伦理路径

法治和伦理作为治国理政的两大利器，在维护社会稳定上发挥着不同的作用。法治作为社会的规范性工具，依靠的是强制性手段和惩罚措施，而伦理作为指引人们追求善的价值向导，依靠的是目的性的指引。在价值优先性上，伦理显然优先于法治。但也正由于两者的差异性，伦理与法治

① 〔古希腊〕亚里士多德：《政治学》，吴寿彭译，商务印书馆，1995，第3页。

的协同与合作成为必然。[①] 在生态问题上，治理生态共同体要充分发挥伦理和法治的协同作用。目前，我国的生态法治建设面临诸多困难和挑战，生态治理政策不够完善、立法不足、执法不严等问题仍然突出。新发展阶段，绿色发展的价值理念为生态法治系统的建设提供了价值上的向导。

第一，生态法治建设需要以生态公民为主体。建设生态法治，要始终坚持生态公民的主体地位，始终以全体人民的幸福美好生活作为生态建设的出发点和最终落脚点。只有坚持了这一原则，生态法治建设才能在正确的轨道上发展。否则，生态法治建设只会沦为一种外在型管制措施，缺失内在的伦理价值。反过来，作为生态共同体的主体，生态公民要主动承担生态环保的法律义务和社会责任。在日常生活中，坚持绿色发展的生活方式，从我做起，从小事做起。通过全体生态公民的努力，打造全民守法的良好生态氛围，使生态保护成为一种公民自觉。

第二，生态法治建设需要以绿色发展的价值观为向导。绿色发展的新理念以其独特的价值理念、价值目的，为生态法治建设提供了发展方向上的指引。立足于生态发展的实践要求，绿色发展把生态保护和经济发展以一种有机的、可持续的方式关联了起来。刚性的法律制度如果没有价值上的引导，很难在伦理实践中把握生态的治理方向。相关法律制度和法律体系的构建、规范和标准的制定都要始终围绕、贯彻落实绿色发展的价值观念。

第三，生态法治建设需要完善生态立法、加强生态执法、维护生态司法保障体系。首先，我国的生态立法目前仍不够完善，现有立法主要围绕《中华人民共和国环境保护法》及其衍生的法典展开。建设生态强国的目标要求更加完备的法律法规体系来支撑。党的十八大以来，党和国家把生态文明建设作为关系中华民族永续发展的根本大计，相继出台了《生态文明体制改革总体方案》等一系列改革方案，大力推进了生态文明建设。其次，在生态产业发展的过程中，从生产到经营的多个环节的活动中存在大量的违法乱纪现象，需要更加完备的执法监管体系来保障生态产业健康、安全、长远的发展。执法部门在执法过程中要加强自身的生态意识和生态

① 戴茂堂、李若瑶：《法治德治协同的逻辑根据与价值取向》，《湖北大学学报》（哲学社会科学版）2020 年第 2 期。

执法能力。以一种“常态化、系统化和彻底化”的执法力度，对生态保护机制进行常态化监管，促进生态模式的绿色化转变。最后，在生态犯罪案件的审理过程中，需要专业的司法机关及司法人员加以保障。这要求我们建立生态犯罪案件集中管辖制度，建立生态犯罪专业法庭，招收专业的生态犯罪相关的司法人员，加大对现有司法人员生态保护意识、生态司法适用的培训力度。

（二）生态共同体的政治伦理路径

生态伦理学在为人们提供道德理由和道德依据的同时，却不足以支撑其解决现实层面的种种困难。生态作为共同体的公共议题，“还需要一种更具权威性的政治力量来为这些道德依据的付诸实施扫清障碍”。① 政治同样也需要生态伦理的向导。不同的国家、团体和个人对利益的诉求不尽相同，如果缺乏伦理上的共识一味追求合乎法律的现实利益，可能会造成严重的生态破坏。因此，生态伦理建设过程，要依靠以政府为主体的政治力量的帮助。

第一，加强生态政府建设。政府作为政治系统的核心主体，掌握着生态资源的分配和生态关系的调整等诸多事宜。政府的行政能力和行政伦理直接关系到生态伦理建设的发展状况。首先，在社会共同目标的塑造上，政府维护公共利益的过程，要遵循绿色发展的生态目标和价值导向。通过主动承担生态文明建设的重要职责，不断提高自身的生态化水平，为人民做好生态模范的角色引领和行为指导。其次，基于这样的目标，政府有责任统筹社会各方面的利益诉求，制定符合各方诉求的可持续发展的生态政策。政府应“对生态战略目标和生态发展要求进行系统性传播和确立，从而将共同的生态目标内化于各方利益主体之中，进而产生广泛的社会共识和统一的行为模式”。② 最后，政府通过强大的组织系统、行政资源和管制能力，为生态发展提供强力的保障。全面提升环境基础设施水平，构

① 李义天：《生态伦理学的使命与宿命》，《天津社会科学》2009 年第 3 期。

② 殷峰、胡冰冰：《政府的生态伦理建构责任：生成依据、逻辑内涵和实践路径》，《唐都学刊》2021 年第 6 期。

建集污水、垃圾、固废等的处理和监测监管于一体的环境基础设施体系，预防和打击一切生态破坏行为，对于严重的破坏生态的后果进行及时的补救和整治。

第二，完善生态伦理制度。从制度的伦理层面来看，符合生态伦理发展的制度才是完善的制度，生态伦理建设需要完备的制度提供保障。政府制定生态制度必须体现生态伦理要义，尤其是针对水污染、土壤污染、森林破坏等行为要提前制定禁止性生态保护政策，预防和遏制生态危机的出现。加强生态保护制度和管理政策工作的推进，从生态保护奖励制度、生态文化宣传制度等多方面入手，实现生态伦理价值观在群众中内化于心、外化于行的知行统一。和生态利益分配相关的政策，首先要坚持生态资源可持续发展这一原则，其次对于利益各方，要实行公平公正的市场分配原则，实现生态效益的高效分配。另外，需要“完善中央生态环境保护督察制度”，通过垂直管理制度实现从上到下的监测监察，不断完善生态环境公益诉讼制度、公众监督和举报反馈机制，保证生态制度的透明性、公开性和公正性。

第三，深化生态管理能力。一方面，政府作为管理国家的主要力量，对生态伦理建设具有全局的掌控能力和管理能力。政府要积极地承担管理职责和管理伦理，维护生态伦理的健康发展。这样的一种强制性管理伦理，既是法律赋予的权利，又是生态伦理的要求。另一方面，政府应当积极地与社会各界的力量合作，共同治理生态问题。通过增权赋能，让生态环保组织、各类生态团体乃至个人参与到生态问题治理中。通过减税赋税、经济扶持等手段减轻各类企业的环境成本，激发各类企业保护生态的主动性和能动性，提升社会各界保护生态的素质和能力。

（三）生态共同体的经济伦理路径

经济与伦理的碰撞、交锋与融合，产生了实践伦理领域备受关注的经济伦理学。伴随现代经济伦理学的发展，生态问题不断突出，在经济伦理学的基础上又形成了生态经济伦理学的伦理分支。“传统伦理学研究应时而变，创新性地将生态伦理、经济伦理、生态经济有机融合，形成了生态经济伦理研究的理论增长点。”[①] 生态经济伦理学起源于人们对生态问题的反思和对美好生活的向往。在学界的关注下，目前，我国生态经济伦理学的理论发展已经取得很大的进展，可是在经济发展的各个实践环节，依然存在大量的尚未解决的生态问题。基于这样的状况，我们要遵循绿色发展的生态理念，把生态伦理建设落实到生态经济的实践活动中去。针对生产、消费与销售等经济活动的不同实践环节，及其主体生产者、消费者与销售者提出不同的生态要求，“促进经济社会发展全面绿色转型，建设人与自然和谐共生的现代化”。[②]

首先，生态经济伦理要求生产者在生产的过程中坚持“生态优先、绿色发展”的伦理原则。自然资源作为一种重要的生产材料，在经济活动中被广泛地开发和利用，以满足人类的各种需求。市场经济条件下，企业在追逐利益的过程中，存在对自然资源的过度开发和破坏式开发的现象。从认识的根源上解释，如果没有充分认识到人与自然的共生性以及自然资源的有限性，很容易发生此类行为。因此，生态经济伦理要求生产者在生产环节就要贯彻落实“生态优先，绿色发展”的核心理念。在该理念的引导下，坚持可持续发展的经济模式，杜绝毁林造地、填海造田等破坏环境求发展的行为。另外，企业可以通过科技转型、提高生产力的方式，提高对环境资源的利用率，减轻对环境造成的压力。

其次，生态经济伦理要求消费者在消费的过程中坚持节约、适度、环保的伦理原则。消费行为作为消费主体的自由选择，无法从法律意义上来规定和惩戒，但是从伦理意义上来讲存在价值上的好坏之分。一种节约、适度、环保的消费行为一定是一种价值上好的、合理的消费行为，反之，一种铺张、浪费、毫无节制的消费行为必然是一种价值上坏的消费行为。现代经济水平的提高大大促进了人民生活水平的提升，勤劳节俭、循环利用等行为已经被看作生活水平低下的外在表现。消费活动过于强调主体欲望的满足，忽略了消费行为本身具有的道德性。人们的物质需求已经远远

① 张尹：《新时代中国生态经济伦理的问题、误区与应对》，《云南社会科学》2022 年第 1 期。

② 《中共十九届五中全会在京举行》，《人民日报》2020 年 10 月 30 日。

超过了其所需要的水平，造成其消费观呈现出一种扩张式、膨胀式的特点。基于此，很多企业以牟利为目的过度利用和开发自然资源，给环境带来了很大的压力，影响了生态和经济的可持续发展。因此，重新倡导一种节约、适度、环保的消费伦理，成为当下生态经济伦理对个人的迫切要求。从个人的角度来讲，物质水平的提高不代表无止境的物质需要的满足，在基本生存需求得到满足以后，尽可能地满足精神世界的高水平的需求才是个人应该永无止境追求的目标。

最后，生态经济伦理要求销售者在销售的过程中贯彻适度、适量、绿色的销售理念。现代媒体和广告大量渲染和鼓吹一种超前消费、超额消费的不健康消费理念，销售者在销售过程中过分夸大产品的功能、功效来刺激消费者的购买欲望，以谋取最大的利益，特别是网络直播的流行，更加放大了这一欲望。这些行为直接或间接地增加了生态环境的供给压力，也给环境带来了更多的生态垃圾，严重违背了绿色发展、绿色生活的准则。因此，在国家和市场的监管下，企业作为销售方应当贯彻一种适度、适量、绿色的销售理念，从生态经济的销售环节做好生态建设工作，积极主动承担社会道德责任，在销售环节要引导消费者建立生态环保的消费取向和消费理念。

（四）生态共同体的德性伦理路径

生态共同体本身是一种德性共同体。生态共同体基于生态公民对于共同的人类至善的追求而产生，它本身富含价值导向。从个人层面来讲，生态作为一种好人格的内在追求，也指向德性。可以说，德性既是人的内在修养，又是社会的普遍规范。在生态问题上，它不仅表现为人与自然和谐共生的内在力量，而且表现为生态共同体的规范力量。当前，人与自然关系的紧张、道德认知上的错位、社会公德的缺失等一系列生态问题的治理，仅仅依靠法治、政治、经济等手段是不够的，还必须借助德性路径。

借助德性教育，培养公民生态伦理意识。从过程的角度看，“德性的培养并不仅仅表现为外在强加，而是有其内在的根据，但这种根据最初主要以向善的潜能等形式存在，唯有通过教育、学习及道德实践的过程，内在的潜能才能不断获得现实的内容，并成为真正的德性”。[①] 尽管，德性源于人们对善的追求，其本身具有内在驱动力。但是，在实践过程中，主体践行符合生态伦理要求的行为，面临着如何将这种内在的道德驱动力转化成一种行为自觉的问题。这时候，需要借助教育等外在手段的力量，把人的内在潜能培养成一种外在的行为习惯。首先，在实施路径上，要加强基础生态教育。在教育的各个阶段，充分利用其有效手段，对学生进行生态思维上的引导和德性品质上的教育。把生态引入立德树人的各个层面，从学校建设到教学管理的各个领域、各个环节都要贯彻生态伦理价值观。其次，在家庭教育上，父母要从小引导孩子的生态价值观，在日常生活中培养孩子的生态意识和生态行为。最后，在社会层面上，各种社会团体、企业都要把生态德性教育当作团体文化的一部分，对其成员进行生态意识上的影响。

弘扬中华传统生态文化，滋养德性土壤。文化作为主导人类文明进程的主要力量，为德性的培养提供源源不断的养分支持。中国传统文化向来强调人与自然和谐共生的关系，蕴含着丰富且深刻的生态智慧。不管是“天人合一”的整体生态观，还是“节物利用”的日常生态观，还是“以时禁发”的自然生态观，无一不体现着人与自然之间的共生关系，显示出传统文化在生态伦理上的智慧。当今，国家大力推行生态文明建设，中国传统文化中蕴含的人与自然和谐相处的思想对当下的生态建设意义重大。通过推崇这样一种传统文化，不仅可以改善现代人的生态思维模式，而且可以促进人民对于社会理想和人生境界的追求。

三　目标：建设美丽中国的生态共同体

习近平指出：“走向生态文明新时代，建设美丽中国，是实现中华民族伟大复兴的中国梦的重要内容。”[②] 美丽中国不仅是生态文明建设的战略目标，而且是生态伦理建设的价值目标。从生态文明建设的目标来看，

① 杨国荣：《伦理与存在：道德哲学研究》，广西师范大学出版社，2015，第145页。

② 《习近平谈治国理政》，外文出版社，2014，第211页。

建设美丽中国，就是要构建人与自然、人与人、人与社会和谐发展的文明社会。从生态伦理建设的目标来看，构建美丽中国，就是要努力实现生态好公民所追求的美好生活。构建和谐、稳定、美丽的生态共同体，是生态公民追求的共善，也是其伦理目的。这既是公民好人格的内在追求，又是公民好生活的外在要求。而要实现美丽中国的总体目标，不仅需要全体人民形成生态伦理共识，遵循绿色发展的新生态发展理念，而且需要从法治、政治、经济、德性等多方面、全方位地构建生态伦理体系。通过全体人民共同的生态努力，最终实现美丽中国的伟大中国梦。

建设美丽中国，努力实现人的全面发展。生态伦理的价值定位是，生态伦理应该符合于最广大的人民群众，服务于人的全面发展。建设美丽中国的出发点和落脚点都是人民群众。人民群众作为生态文明的建设者，也是其成果的享受者。对于人民来讲，良好的生态环境是其生存、发展的基本条件，也是必须条件。只有实现了生态上的目标建设，人的全面发展的高层次需求才可能有条件去实现。从基本生存需求来看，良好的自然环境为人的全面发展提供了最基本的生存需求上的保证。从高层次的发展需求来看，良好的生态环境有利于培养人的审美情趣、道德追求等，从而促进人的精神境界的提高。

建设美丽中国，努力实现人民的美好生活。在我们向第二个百年奋斗目标进军的过程中，要深刻认识到人民对美好生活的向往。对此，习近平总书记发表了重要讲话，“人民对美好生活的向往总体上已经从‘有没有’转向‘好不好’，呈现多样化、多层次、多方面的特点，其中有很多需求过去并不是紧迫的问题，现在人民群众要求高了，我们对这些问题的认识和工作水平也要相应提高”。① 在人民不断增长的多样需求当中，生态需求无疑是重中之重。在经济短缺和供给不足的落后年代，最基本的生存需求得到满足，就是令人羡慕的好生活。但是随着经济的发展，生活水平的提高，在基本的生存需求得到彻底满足之后，人们开始产生发展层次上的诸多需求。在对生活、出行等环境的要求上面，环境优雅、绿色健康

① 习近平：《新发展阶段贯彻新发展理念必然要求构建新发展格局》，《求是》2022 年第 17 期。

的生态环境更符合人民对美好生活的愿景。生态问题逐渐发展成为人民最关心、最关乎人民切身利益的问题。建设美丽中国的生态伦理目标，无疑是在努力实现人民对美好生活的向往。在生态上，健康、良好的生活一定是人民所追求的美好生活。在国家发展的新阶段面对不平衡、不充分的发展现状，从生态、经济、政治等多方面解决发展难题，才能不断平衡发展和人民日益增长的美好生活需要之间存在的矛盾。

天人互动的德行理据：《诗经》中的政治伦理观及其德性意蕴

魏　敏*

（湖北大学哲学学院，武汉）

摘　要：在中国传统思想文化体系中，政治伦理思想始终占据着核心地位。中国第一部诗歌总集《诗经》在以诗歌的语言和形式向人们展示一幅集风俗、战争、劳作等为一体的社会生活画卷的同时，也蕴含了丰富的政治伦理思想。虽然《诗经》中的政治伦理思想大多以朴素、含蓄的政治道德思考为主，但是向我们阐释了周代政治的权力正当性来源问题、政权的道德性证明问题以及政治主体的伦理性规范问题，并且蕴含了相应的价值意义与德性意蕴。

关键词：天；德；人；《诗经》；政治伦理观

诞生于中国传统伦理思想奠基时期的《诗经》堪称周代社会一面独一无二的“镜子”，记载了周初至周代晚期社会生活的方方面面，从风俗、爱情、战争到劳作、祭祀、宴饮等无一不体现了当时的生活面貌、社会状态和道德观念。从《诗经》中我们可以读到周代社会人的理性自觉和主体意识觉醒式的反思，当时形成了沟通天人之际的政治精髓，蕴含了丰富的政治伦理思想。西周以前也讲天人关系，但被束缚在神权统治下的夏商时期的天人关系只是单向度的神灵庇佑或降福、降灾于人类，人在徒待天命

* 魏敏，湖北大学哲学学院博士研究生。

的历史境遇中缺失自主性。而自西周完成政权变革和朝代转换后，其政治伦理思想中出现了“天人互动”的场景，周人给“天”以绝对的空间，“天”也给周人一定的能动自由，由此拉开了“天”与“人”之间双向互动的历史序幕，而沟通天人之际的道德依据不仅在《诗经》，而且在整个西周王朝都是以“德”为核心展开的德行实践内容。

“德”是贯穿《诗经》始终的哲学范畴。而与“德”一同出现的中国古代早期德性伦理思想则将人与现实生活中的种种联系在一起，指导人运用理性或智慧，根据其谋求生存的更好的本性为指向去培育，使人的活动及其主体成为道德的品质，[①] 展现了人的意志、价值、情感等伦理需求。“满天星斗”式的社会共同体状态自夏朝终结，人们从生产力低下、环境险恶的时期一路走来，从没有放弃过对生存与好生活的向往和追求，从信仰自然宗教、祈福神灵庇佑到觉醒状态下的“永言配命，自求多福”，[②] 伦理思想与政治领域逐步完成了二者的交融、延伸及运用，人类对德性生活的追求也在随着历史与时代变化而更替、进步。《诗经》中蕴含丰富的政治伦理思想，虽然大多以朴素、含蓄的政治道德思考为主，却初步确立了关于周代政治的伦理理念、伦理目标以及伦理规范等重要话题，彰显了深刻的德性意蕴。

一　权力的正当性来源：“天命靡常”与“以德配天”

西周政治伦理思想的形成是在对殷商政治之法有所损益的基础上，有效结合社会实际条件，对政权的来源和正当问题做出的“其命维新”式的思考，实质性地通过价值革命实现思想文化领域内的转换。而这种精神文化领域内的革新不仅表现在周人“大胆”地通过架空殷商宗教信仰中至上神“帝”的概念，从而赋予新的道德性至上神“天”以崇高的地位；而且表现在对“天命靡常”“以德配天”等核心问题的政治思考及其在周人政治实践中的启蒙运用过程中。而《诗经》恰以诗歌的形式呈现出先民关

① 江畅：《德性论》，人民出版社，2011，第30—31页。
② 《诗经·大雅·文王》。

于“天”与“人”的这种对话过程。

殷商王朝从壮大到灭亡，是因为殷人将自身政权过分建立在天命（“帝”）的基础上，骄矜自大终致其幻想破灭。殷商社会是一个具有典型巫觋文化传统和浓郁宗教氛围的社会。结合现有卜辞资料来看，殷人有着多元的鬼神信仰传统和复杂的“尚鬼”祭祀礼仪。在由“天神、地祇、人鬼”组成的神灵信仰系统中，“帝”是拥有无上权威和最高权能的至上神。它主宰着风雨雷电、水涝干旱；它管辖天时，既可降福降祥，亦可降饥降灾。[①]“帝”这种管理着自然和下国的气质受到殷人无可争议的信仰，但这种崇拜和景仰在经历了商朝多位王的统治之后已严重变“味”，以至在商朝末期纣王发出了“我生不有命在天乎”[②]的历史呼喊。《诗经》里对商朝初期开国建业及英雄人物的描写是铿锵雄壮的，如“天命玄鸟，降而生商，宅殷土芒芒……殷受命咸宜，百禄是何”；[③]而到了商朝后期，类似“文王曰咨，咨女殷商。曾是强御？曾是掊克？曾是在位？曾是在服？天降滔德，女兴是力”[④]的诸多诗文篇目却都旨在刺说商末君王刚愎自用、恣意妄为，以致身死国灭。

其实结合《诗经》《尚书》等史料文献记载我们可以分析出，在殷商先民的宗教信仰和精神文化领域中，越到后期越呈现出明显的天人二分趋势。“帝”作为天的代表是超自然力的象征，它不受人的控制，不为人的意志左右。“祖”是人的代表，祖先神尤其是近世先祖则是无上人力的象征。“帝”在由盛而衰的过程中被“祖”所替代，人类力量的不断增强和主体地位的进一步确立使殷人感受到了自身的强大，因而激发了其唯我独尊的自大意识。而自从周由偏居一隅的诸侯国变成中原王朝的执政者，极具政治谋略的周人竟一改从前，率先发出了“天命靡常”与“以德配天”的呼声。《大雅·文王》篇是一首典型的政治诗篇。首章有言“文王在上，於昭于天”，点明文王建立周朝的依据是听奉天的旨意统治天下。虽

① 参见陈来《古代宗教与伦理：儒家思想的根源》，生活·读书·新知三联书店，2017，第97页。

② 《尚书·商书·西伯戡黎》。

③ 《诗经·商颂·玄鸟》。

④ 《诗经·大雅·荡》。

然周和夏商都是奴隶式王朝，但周的“命”却是新的，所谓“周虽旧邦，其命维新”。[①] 周人继承并发展了殷商时代的天命观，将其作为政治统治的根本依据，但与殷商时期的不同之处在于，天命和人事相比，周人更偏重人事，甚至可以说在周人那里增添了殷商社会没能具备的关注人事的内容，这种调整是与“天命靡常”的认识同时发生的。“天命靡常”即上天的命令没有恒常不变的，这种观念的形成如《大雅·荡》诗首章所言“天生烝民，其命匪谌”一般，也与《尚书·周书·大诰》的“天棐忱辞”“越天棐忱”“天难堪”，《康诰》的“为命不于常”意义相同，都是指天命时常在变，不可但信天命而忽略人事。因此，《文王》篇下句写道“无念尔祖，聿修厥德。永言配命，自求多福”，意思是要感念祖先意旨，修养自身的“德”，才能长久地顺应天命，求得多种福分。天命虽然无常，但周朝统治者以“德”取胜，所谓“天命有德”。[②] 周人代“天”而行，以有德之师伐灭无德之商，其政权的正当性来源问题就围绕“以德配天”展开论证。

“以德配天”之“德”的内在含义成为思考这一问题的关键。哲学史上有众多学者对“德”的起源与观念演变进行梳理论证。此处主要参考陈来先生对其释义的理解：“德的原初含义与行、行为有关，从心以后，则多与人的意识、动机、心意有关。行为与动机、心念密切相关……从西周到春秋的用法来看，德的基本含义有二，一是指一般意义上的行为、心意，二是指具有道德意义的行为、心意。由此衍生出的德行、德性分别指道德行为和道德品格。”[③] 晁福林先生认为，“德”在殷人那里更多的是来源于神意的“得”之意义。殷人也赞美“德”，但这种赞美只是出于对天命的赐予的赞美，没有产生道德意义上的“德”之内涵。而在将目光多投于现实政治的周人那里，“德”开始萌发伦理道德层面的意义。初步具备理性思考能力的周人“不仅考虑从天和先祖那里得到了什么东西，而且要

---

① 《诗经·大雅·文王》。

② 《尚书·虞书·皋陶谟》。

③ 陈来：《古代宗教与伦理：儒家思想的根源》，生活·读书·新知三联书店，2017，第278页。

念及如何保持、稳固这种获取”,[①] 这一时期的“德”其实是杂糅着道德观念在内的“制度之德”。[②] 翻检《诗经》各章,“德”是出现频率最高的词之一。《诗经》中包含“德”字的诗句共计70句,“国风”9见,“小雅”18见,“大雅”34见,“周颂”5见,“鲁颂”4见。而从含义来看,首先当从属于政治范畴的“王者配天之德”之意。

(1)“其德不爽,寿考不忘。”(《小雅·蓼萧》)

(2)“乃及王季,维德之行。”

“厥德不回,以受方国。”(《大雅·大明》)

(3)“维此王季,帝度其心。貊其德音,其德克明。”(《大雅·黄矣》)

(4)“济济多士,秉文之德。”(《周颂·清庙》)

(5)“於乎不显,帝王之德之纯。”(《周颂·维天之命》)

“以德配天”落实到政治实践领域要求统治者做到“以德治国”。推行以德治国需要统治者“敬德”“明德”,即“敬明其德”。周人声称不敬德是殷商灭亡的原因,而“敬德”则是宗周兴起的本质。统治者修明其德,才能激发民众的效行。如“穆穆鲁侯,敬明其德。敬慎威仪,维民之则。允文允武,昭假烈祖。靡有不孝,自求伊祜”。[③] 此篇旨在说明鲁侯尽心尽力、修明德性、效法先祖高尚美德,才能有文治武功的建立,也才能成为臣民效法的榜样。统治者显明其德,才能感化外族使其信服。如“明明天子,令闻不已,矢其文德,洽此四国”。[④]“申伯之德,柔惠且直。揉此万邦,闻于四国。”[⑤] 其意概指德行高尚的周天子施行德政、推行德治,辐射和融洽四州之地,才能巩固国家政权,安定黎民百姓。而最深层次的含义是,统治者只有敬明其德,才会被“天”看见,才会符合天命甚至于成

① 晁福林:《先秦时期“德”观念的起源及其发展》,《中国社会科学》2005年第4期。

② 参见王国维《观堂集林》,中华书局,1959,第453—477页。

③《诗经·鲁颂·泮水》。

④《诗经·大雅·江汉》。

⑤《诗经·大雅·崧高》。

为受到天命护佑的人选。“天”与“人”之间经由“德”这架精神与价值的桥梁实现了双向互动。我们可以看到后期孔子“为政以德”的政治哲学命题也是据周初“以德配天”的政治道德思考转化而来，其不仅肯定“德”在政治实践领域的价值意义，也肯定“人”在政治实践领域发挥的能动作用，与周人的思考有着同样的内涵。

二　政权的道德性证明：“求民之莫”与“宜民宜人”

治国当以德，这是周人治国理政的基本理念，也是“德”在行为上的道德实践。统治者统治国家实则对民众进行管理，一个国家的构成离不开“民”这一核心要素。统治者要践行“德”，即做到“敬明其德”与“以德配天”，意味着要做到“求民之莫”与“宜民宜人”。在古代中国政治思想中，“天”是一切合法性的根源，也是一切凝聚力和向心力的根源。宗周时代与夏商前朝明显不同，这是一个“人道主义之黎明”[①] 和“人文精神之跃动”[②] 的时代，在这个时代里“人”的重要性被逐渐觉察，“人事”的地位在政治实践领域开始被重视。而“德”作为明君共有的道德品质和道德要求，既是敬仰天命的内在要求，更是体察下民的现实需求，因而宗周王朝的统治者深谙民心向背对于巩固统治和加强管理的重要性。这种意识在《诗经》文本中也有多方面的体现。

《诗经》中关于“敬德”的内容很多，其核心内容都是“保民”，也就是修德爱民。《大雅·假乐》首章就明确地表达了天命、明德与保民三者之间的关系。“假乐君子，显显令德，宜民宜人。受禄于天，保右命之，自天申之。”“假，嘉也。宜民宜人，宜安民，宜官人也。”“显，光也。天嘉乐成王，有光光之善德，安民官人皆得其宜，以受福禄于天。”[③] 上天嘉美具有美好德性的成王，因其能安定百姓和贵族，所以能够享受天赐予的福禄。在这里，“宜民宜人”是“显显令德”的内容，也是“受禄于

① 傅斯年：《性命古训辨证》，广西师范大学出版社，2006，第 90 页。
② 徐复观：《中国人性论史（先秦篇）》，上海三联书店，2001，第 13 页。
③ 李学勤主编《十三经注疏：毛诗正义》，北京大学出版社，1999，第 1106 页。

天”的根据。因其“宜民宜人”而具有“显显令德”，所以能够“受禄于天”而成为统治权力的配享者和行使者。末章再言“之纲之纪，燕及朋友。百辟卿士，媚于天子。不解于位，民之攸塈。”“塈”指“休息”，“成王以恩意及群臣，群臣故皆爱之，不解于其职位。民之所以休息，由此也”。[①] 周王能担负起天下的纲纪，勤于政事，让群臣百姓俱得安定，群臣百姓也能以感恩之心爱戴拥护天子。《诗经》中歌颂周代明君的政治诗篇很多，从中可看出，“保民”是保障周王与百姓之间和谐关系的基础，修德爱民在统治者与被统治者之间也架起了一座沟通的桥梁。

“保民”的宗旨在“求民之莫”。“求民之莫”就是求得民众的安定。如何求得民众安定？那便是依靠统治者推行德行。“黄矣上帝，临下有赫。监观四方，求民之莫。”“莫，定也。”“以殷纣之暴乱，乃监察天下之众国，求民之定，谓所归就也。”[②] 此句诗的意思是伟大的天高高在上，洞察着人间的一切，追求民众生活的安定。通过将天拟人化的方式号召统治者要向天看齐，推行美好的德行，时时处处体察民众之疾苦，让百姓安居乐业。再者，“岂弟君子，民之父母……岂弟君子，民之攸归……岂弟君子，民之攸塈”，[③] 意思是君子具有高尚的德行，像民众的父母一般，令百姓乐于归附并且爱戴尊重。敬德爱民不是一句高悬于统治者上方的空话，只有实实在在地为民众考虑，才能达到“求民之莫”的目标。《诗经·大雅·泂酌》篇的“民之父母”“民之攸归”“民之攸塈”三句排比反复告诫统治者应如何对待民众，要以父之尊、母之慈一般的德性去尽力关爱民众，想民众之所想，才能真正得到民众的支持和拥护。可以说，周代统治者对于“保民”这一政治理念有着极高的实践追求，这一点在历史上自周初传承而来，直至今日也不过时。

“保民”的另一个重要命题在于“重农裕民”，所谓“民之大事在农”。[④] 农民问题历来是中国社会的重点问题，而立足于古代政治角度，早在商周时期的统治者就意识到了“重农裕农”对于稳定统治的重要作

① 李学勤主编《十三经注疏：毛诗正义》，北京大学出版社，1999，第1108页。

② 李学勤主编《十三经注疏：毛诗正义》，北京大学出版社，1999，第1018页。

③ 《诗经·大雅·泂酌》。

④ 《国语·周语上》。

用。《诗经》中保有相当数量的农事诗，例如“豳风”中的《七月》，“周颂”中的《丰年》《噫嘻》《载芟》等。周人出自西部黄土高原，从先辈起就致力于农业生产。周的始祖后稷被尊为农神，他“降播种，农殖嘉谷”。[①] 在《诗经》中，既有《大雅·绵》嘉美古公亶父在岐下时“乃疆乃理，乃宣乃亩”；也有《周颂·噫嘻》歌颂成王“率时农夫，播厥百谷”；还有《周颂·载芟》言农家“千耦其耘，徂隰徂畛”“载获济济，有实其积”。这些诗篇都彰显出对农事的讴歌和对农业生产的热情。正因为统治者重视推行农业，才会有《诗经》中大量农事诗的出现。人们在辛勤劳作中或诉说生活苦寒，或讴歌明君恤民，时刻关联着社会政治。除此之外，当时统治者也注重为民众营造安定和谐的生活环境，《诗经·鄘风·定之方中》就记录了卫国营造都城的事情：“定之方中，作于楚宫。”定，指定星，又称营室星，特指古人在每年夏历十月中旬到十一月初的农闲时段大兴土木。在农耕文明和统治者重视的双重作用下，人们的农业生产和生活环境得到保障，统治者不违农时，尊重自然规律，最大限度地保证民众的利益，因而也能从根本上稳固自身的利益。

“保民”思想在《诗经》文本中的一个独特显现即强调君民和谐。君民和谐的首要表现是君王尊贤重才。尊贤重才与周人的“以德配天”“宜民宜人”等政治观念也是一脉相承的。自周开始重视“人事”，在王朝的施政中也出现了一批杰出人才。周公曾言：“一饭三吐哺，犹恐失天下之士。”[②] 大雅中的《崧高》与《烝民》就是典型的称赞贤才的诗篇。《崧高》中尹吉甫开篇即言“崧高维岳，骏极于天。维岳降神，生甫及申。维周之翰，四国于蕃，四方于宣”，赞赏甫侯与申伯两位人才对周朝兴安的巨大作用。《烝民》中对英才仲山甫的溢美之词更是冲贯全诗，足以看出尊贤重才在当时的重要意义。君民和谐的第二个表现即君民“宴以合好”，[③] 即君臣之“和”。《诗经》中有很大篇幅的宴饮诗着重描写了君王与臣民饮酒宴乐之时的和乐融洽的气氛，比如“鼓瑟鼓琴，和乐且湛”，

---

① 《尚书·周书·吕刑》。
② 《史记·鲁周公世家》。
③ 李山：《诗经的文化精神》，东方出版社，1997，第 79 页。

孔疏载："言文王有酒殽，以召臣下。臣下既来。我有嘉宾，既共宴乐。"① 君王重视民，才会有君臣共饮场面的时时出现。君王与臣民之和谐，恰在宴饮仪式中得到充分彰显。

三　政治主体的伦理性规范："为章于天"与"仪刑文王"

在对权力的正当性来源和政权的道德性证明做了阐释之后，西周王朝也树立了一系列关于政治主体的伦理性规范。政治是人类历史发展到一定阶段而出现的社会现象，它的承担者与运行主体皆是人。在古代中国，这一角色的主要扮演者是统治者，政治生活也是以统治者为先、为主。因此，中国古代的政治生活更多围绕统治者展开，由君主的言行进而影响到国家和民众的言行与生活。《诗经》也有很多篇目是围绕政治主体的伦理规范这一话题而展开的，具体表现为呼吁统治者效法先王、明德慎罚和加强自我道德修养。

首先，统治者在治国理政中应注重效法先王，即《诗经》所言"仪刑文王，万邦作孚"，② 具体包括法先王之政与法先王之德两个方面。效法先王的政治观念也是周初统治者在夏殷之鉴的基础上对三代兴亡的总结，主要表现为后王对先王优秀政治品行的推崇、继承和效法。《大雅·绵》一诗是关于周民族的史诗性颂诗，《毛诗序》载："《绵》，文王之兴，本由太王也。"③ 全诗八章，叙述了太王率全族迁岐，建设周原的史实。《周颂·思文》："思文后稷，可配彼天。立我烝民，莫匪尔极。"此篇主载"后稷有德，可以配天"。④ 《周颂·维天之命》："维天之命，於穆不已。於乎不显，文王之德之纯。""经陈文王德有余衍，周公收以制礼，顺文王之意，使后世行之"，⑤ 称赞文王的光明诚敬及其好声望。《周颂·武》："於皇武王！无竞维烈。允文文王，克开厥后。嗣武受之，胜殷遏

① 李学勤主编《十三经注疏：毛诗正义》，北京大学出版社，1999，第559页。

② 《诗经·大雅·文王》。

③ 李学勤主编《十三经注疏：毛诗正义》，北京大学出版社，1999，第979页。

④ 李学勤主编《十三经注疏：毛诗正义》，北京大学出版社，1999，第1309页。

⑤ 李学勤主编《十三经注疏：毛诗正义》，北京大学出版社，1999，第1283页。

刘，耆定尔功。”此篇赞颂武王战胜殷王及建立周朝的历史功业。除此之外，还有《大雅·文王有声》一篇：

> 文王有声，遹骏有声。遹求厥宁，遹观厥成。文王烝哉！
> 文王受命，有此武功。既伐于崇，作邑于丰。文王烝哉！
> 筑城伊淢，作丰伊匹。匪棘其欲，遹追来孝。王后烝哉！
> 王公伊濯，维丰之垣。四方攸同，王后维翰。王后烝哉！
> 丰水东注，维禹之绩。四方攸同，皇王维辟。皇王烝哉！
> 镐京辟雍，自西自东，自南自北，无思不服。皇王烝哉！
> ……

“遹求厥宁”意为求得天下安宁；“有此武功”主要指文王军事和战斗能力强；“匪棘其欲”是说文王不贪私欲、品行端正；“四方攸同”是讲四方诸侯都来依附于文王。周代统治者保持着对先王的崇敬、推崇心理，加之周代宗法分封制的社会结构也要求人们履行尊祖敬宗的义务，因此周人在政治和社会生活中始终秉持着效法先王德行的习惯。“宗法文化原型的重大特征是其崇古取向。宗法国家的统治者将祖宗神圣化，由于神必定是认识上的先知，所以，神化的祖先的英雄业绩就成为后人认识真理的圭臬。”① 先王作为建国兴业的执行者虽然存在于“过去”，可他们的精神和品德却能永垂不朽，能为周代的现世之王提供治国安邦的良方，相应的也对现世之王的品德和行为造成影响。

在效法先王典章制度和德行的基础上，统治者应该做到明德慎罚。明德慎罚思想也是周公吸取殷亡教训，适应宗周统治者的政治需要而提出的。据《尚书·微子》记载，殷商时期“小民方兴，相为敌仇”，商纣王荒淫暴虐，“厚赋税以实鹿台之钱，而盈钜桥之粟……以酒为池，悬肉为林，使男女倮相逐其间，为长夜之饮……重刑辟，有炮烙之法”。② 周公在看到刑罚的种种弊端之后，转而强调伦理规范和道德建设

---

① 刘广明：《宗法中国》，上海三联书店，1993，第43页。

② 《史记》卷三《殷本纪》。

的重要性。宗周以怀柔代施暴的方式，在治国理政中围绕“德”与“罚”的取舍倾向——“明德”而“慎罚”进行。“明德”即敬德、崇德、尚德，是慎罚的指导思想；慎罚，即刑罚适中，不滥罚乱杀，是明德的维护手段。“我将我享，维羊维牛，维天其右之。仪式刑文王之典，日靖四方。伊嘏文王，既右飨之。我其夙夜，畏天之威，于时保之。”① “仪刑文王，万邦作孚。”② 这两段诗都旨在告诫统治者只有效法先王的典章制度，才能统一天下、安定四方，而先王典章制度的精华便是“明德慎罚”。以“德”感召教化，少以“罚”强迫驱使，才能真正做到“仪式刑文王之典，日靖四方”。

统治者不仅要做到明德慎罚，而且还要不断加强自身的道德修养，这种提倡可以说是中国历史上个人道德修养模式的开启。加强道德修养和效法先王之德政与德行、明德慎罚相比起来，可施行的范围更大，因为它不仅局限于统治者或统治阶级内部，普通民众也可以通过磨砺提高自身道德修养境界。由此，政治主体的伦理性规范也就通过道德或政治主体能动的作用影响到国家的普通民众。《诗经》中关于提高道德修养话题的篇目比比皆是。“瞻彼淇奥，绿竹猗猗。有匪君子，如切如磋，如琢如磨。瑟兮僩兮，赫兮咺兮。有匪君子，终不可谖兮。”③ 全诗主要讲的是君子之德。“如切如磋，如琢如磨”主要描绘修养德性所下的功夫，强调“德”不是静止不变的，是可以通过个人长期坚持并为之不懈努力获得的。“蟋蟀在堂，岁聿其莫。今我不乐，日月其除。无已大康，职思其居。好乐无荒，良士瞿瞿。”④ 此诗借蟋蟀之喻，主张个体在修养道德的过程中要有抵制欲望和诱惑，排除干扰。“其维哲人，告之话言，顺德之行。其维愚人，覆谓我僭。民各有心”,⑤ 也是讲明智之人能够听取善言，顺其道德之行。个体道德修养的加强是一个对自身道德对比反思和检验修正的环节，也是一个不断向他人借鉴取经的过程。

① 《诗经・周颂・我将》。
② 《诗经・大雅・文王》。
③ 《诗经・卫风・淇奥》。
④ 《诗经・唐风・蟋蟀》。
⑤ 《诗经・大雅・抑》。

总之，从“以德配天”到“求民之莫”、“仪刑文王”与“明德慎罚”，不论是德治的政治伦理理念，还是保民的政治伦理目标，或是“明德慎罚”的政治伦理规范和原则，《诗经》文本中对这些政治理念都有所发扬与彰显，而且对往后的先秦儒家乃至整个中国传统社会的发展都产生了重要影响。

四　《诗经》政治伦理思想的德性意蕴

我们探讨《诗经》中蕴含的政治伦理观及其德性意蕴，主要立足于《诗经》中许多篇章的取材和方向与人的政治生活和伦理道德紧密相连。《诗大序》有言：“诗者，志之所之也，在心为志，发言为诗，情动于中而形于言，言之不足，故嗟叹之，嗟叹之不足，故咏歌之，咏歌之不足，不知手之舞之足之蹈之也。”诗可以表达人们的所思所想和人们对社会生活的原始思考。《诗经》中所蕴含的政治伦理思想与以“德”为核心的德性伦理思想交融互贯着，渗透到人的政治生活、社会生活与精神文化层面。人类从蒙昧、无知一路走来，在“祛除巫魅”和“追逐理性”的路上，周人做出了历史性的贡献。不论是对于风俗、爱情、战争，抑或是劳作、宴饮、祭祀的记录和描写，贯穿《诗经》始终的是在当时的社会历史条件和生产力发展水平下，人对好生活孜孜不倦的追求与向往。而《诗经》政治伦理思想的德性意蕴主要表现在以下三个方面。

第一，人逐步建立起在理性基础上的德性信仰。“人”不仅指相对于神而言的独立的个体，也包括社会范围内的人类群体。所谓德性，用现代的语言表达就是指人运用理性或智慧根据其谋求生存的更好的本性为指向去培育，使人的活动及其主体符合道德的品质，即一种“优良的或值得赞扬的品质”。[①] 所谓德性信仰，就是对德性的坚定选择和信念。“德”是贯穿《诗经》始终的核心范畴和哲学理念，也是西周王朝的主题词。西周时期，人们在对天命的思考过程中，一步步挣脱神和宗教的樊篱，给作为主体的人在天地间留足了位置。人的意志在“天命”与“人事”的变更中

---

① 江畅：《论德性》，《伦理学研究》2010 年第 4 期。

被重视起来。人因有“德”而能被天重视，人在与天的互动中感受到因具备“德”而掌握的主动性与可能性，因此，人的力量在政治实践领域中愈发地被突出、壮大。与此同时，人的理性能力也在潜移默化地提高，在对“天”、“德”和“人”的关系的初步思考中，天人互动的思维方式开始生成。不论这种思维方式的生成是主动的还是依赖于政治局势的影响而被动地发生的，人对天总归不再像从前那样一味地戒慎恐惧，反而意识到天的意志与人的意志的内在统一，统治者因有“德”而被天看重，推行德政便能使百姓归附，家国兴旺。因此，人开始广泛地运用这种理性能力和思考能力，在治国理政层面推行了一系列相应的政策。德性信仰的建立便是这样一个与人的觉醒、理性能力的凸显环环相扣的过程。而且，早在《诗经》时代人就意识到德性兼具认知与实践两个层面。《诗经》中经常出现的“德音”和“德行”即包括这两个方面的含义：“厌厌良人，秩秩德音”,[①]“德音莫违，及尔同死”;[②]“百尔君子，不知德行”,[③]“有觉德行，四国顺之”。[④]认知观念中的“德”能够被推动至行为实践中去，同步建立起对德性的信仰和对德性的实践，是自周代开始的人类主体精神的能动彰显。

第二，“求民之莫”的民本思想开始发端。中国传统政治哲学确立于殷周之际。在这一历史时期，天命、敬德与民情观念互相交融，演化成中国传统政治哲学中的三个重要范畴，从而形成了以“以民为本”为价值取向的传统政治哲学模式。历史上，对于这一时期的民本思想也存在诸多争议，综合来看，我们仍要从正反两个面向对其展开思考。从反面来看，周代社会对于政治之根本的领会并不是周人或民众的觉悟，而是统治者之体察。在周人的思想中，民本观念被置于“天”“王”“民”三者的互动循环中：天命为德，王能明德。天命保其民，王能保民那么就能保天命，也就是说“保民而王”。但是民众在此境遇中没有被赋予任何政治自主性。随着历史环境的改变，“保民而王”注定会出现操作和理论上的双重困境。

① 《诗经·秦风·小戎》。
② 《诗经·邶风·谷风》。
③ 《诗经·邶风·雄雉》。
④ 《诗经·大雅·荡》。

但从正面来看，我们认为，处于殷周之际及周代生产力发展水平和社会历史条件下的民本观念的萌芽仍是中国历史上一次具有里程碑意义的“革新”。它使得西周的政治理念和君民关系发生了深刻变化。普通民众在政治生活中虽然没有政治自主性，却有一定的表现力，民众的生活情境和呼声如何，直接反映在君主治国理政的实践反馈中。就算君王为了“保民而王”的政治目的，也会在相当程度上进行人文关怀的考量，体察民情、了解民意，普通民众的生活水平、精神需求也就会随之得到相应的保障。

第三，“德”由政治上的德治逐渐演化为个人的道德品质。《诗经》与“德”有关的篇章除了赞美文、武、周公之政德之外，还有很多是赞美个人的崇高德行，由此可以说政治上的“德”也对个体道德层面产生了重要影响，而这大概经历了这样一个过程：首先，德从政治上的德治演化为一般意义上的德，这种“德”初指恩惠。从本质上看，为政以德的政治治理模式是一种给予性的统治模式，要求统治者在克除私欲的基础上考虑百姓的利益，给予百姓恩惠，以获得百姓的支持和拥戴。《尔雅》释“惠”为“爱也”“顺也”。例如“昊天不佣，降此鞠讻。昊天不惠，降此大戾”。[①]“维此惠君，民人所瞻。”[②] 将“德”与“惠”联系，可以造就个人的德性，如“申伯之德，柔惠且直”，[③]“君子信谗，如或酬之。君子不惠，不舒究之”。[④] 还有用“德”直接代替“惠”的。如“硕鼠硕鼠，无食我麦！三岁贯女，莫我肯德”，[⑤]“德”在此处具有恩惠之意，施惠的行为就是有德的行为。其次，德开始和“孝”“恭”“柔”“直”“温”“信”等联系起来成为一种并列的品质，有时甚至上升为上述品质的代名词，占据统领的位置。“有冯有翼，有孝有德，以引以翼”，[⑥]“温温恭人，维德之基”，[⑦]“申伯之德，柔惠且直”[⑧] 等，在这些诗句中，“德”主要表达

① 《诗经·小雅·节南山》。
② 《诗经·大雅·桑柔》。
③ 《诗经·大雅·崧高》。
④ 《诗经·小雅·小弁》。
⑤ 《诗经·魏风·硕鼠》。
⑥ 《诗经·大雅·卷阿》。
⑦ 《诗经·大雅·抑》。
⑧ 《诗经·大雅·崧高》。

出基础或并列的道德意味。虽然《诗经》中也有很多围绕“孝”“恭”“柔”“直”等单独的道德品质展开描述的诗篇，但是随着时代的发展，到了西周晚期，“德”已经逐渐演变为人的一种重要道德品质，因而更具概括和统领其他道德品质的意义。“德”也开始和君子联系起来成为君子美德或君子品行的代名词，如“湛湛露斯，在彼杞棘。显允君子，莫不令德”,①“淑人君子，其德不回”② 等。最后，“德”在超越政治层面成为个人品质的代名词的同时，也超越了个体层面成为良善或美好的代名词。《诗经》中的篇目和“德”联系最多的不是表示个体行为的“德行”一词，而是“德音”一词。“德音”一词出现 12 次之多，比如“厌厌良人，秩秩德音”,③ “德音莫违，及尔同死”,④ “彼美孟姜，德音不忘”⑤ 等，均表示好的道德品质和道德声誉的意思。“德”逐步超越指代具体事物的限制，而能够形容任何美好事物。由此，我们说《诗经》中的周代社会对个人道德品质和优良德行的推崇和重视都达到了一种全新的地步，虽然周人所崇奉的德“还没有进入到个人内心自省的领域”,⑥ 没有演变成后期注重个人内在修身和心性的提升，却彰显了人们在那个时代，在努力向善、向好生活的过程中对于德性及与德性相关的情感、价值等方面的追求。

---

① 《诗经·小雅·湛露》。
② 《诗经·小雅·鼓钟》。
③ 《诗经·秦风·小戎》。
④ 《诗经·邶风·谷风》。
⑤ 《诗经·郑风·有女同车》。
⑥ 晁福林:《先秦时期“德”观念的起源及其发展》,《中国社会科学》2005 年第 4 期。

图书在版编目(CIP)数据

国家治理现代化的哲学理据：首届桂子山政治哲学论坛（2022）文集 / 熊富标，李婉芝主编. -- 北京：社会科学文献出版社，2023.6

（华中师范大学政治学一流学科建设成果文库. 桂子山政治哲学论坛文集）

ISBN 978-7-5228-1995-2

Ⅰ.①国… Ⅱ.①熊… ②李… Ⅲ.①国家-行政管理-现代化管理-中国-文集②政治哲学-中国-文集 Ⅳ.①D630.1-53②D092-53

中国国家版本馆 CIP 数据核字(2023)第 111570 号

华中师范大学政治学一流学科建设成果文库·桂子山政治哲学论坛文集

国家治理现代化的哲学理据

——首届桂子山政治哲学论坛(2022)文集

主　　编 / 熊富标　李婉芝

出 版 人 / 王利民
责任编辑 / 周　琼
文稿编辑 / 梅怡萍
责任印制 / 王京美

出　　版 / 社会科学文献出版社 · 政法传媒分社 (010) 59367126
地址：北京市北三环中路甲 29 号院华龙大厦　邮编：100029
网址：www.ssap.com.cn
发　　行 / 社会科学文献出版社 (010) 59367028
印　　装 / 三河市龙林印务有限公司

规　　格 / 开 本：787mm × 1092mm　1/16
印 张：19.5　字 数：305 千字
版　　次 / 2023 年 6 月第 1 版　2023 年 6 月第 1 次印刷
书　　号 / ISBN 978-7-5228-1995-2
定　　价 / 118.00 元

读者服务电话：4008918866